中国近代国家转型与民族关系之建构

——民国民族关系史专题研究

彭武麟等著

中央民族大学出版社
China Minzu University Press

图书在版编目（CIP）数据

中国近代国家转型与民族关系之建构——民国民族关系史专题研究／彭武麟等著. —北京：中央民族大学出版社，2017.1（2018.3重印）

ISBN 978-7-5660-1304-0

Ⅰ. ①中…　Ⅱ. ①彭…　Ⅲ. ①民族关系—民族历史—研究—中国—民国　Ⅳ. ①K280.06

中国版本图书馆 CIP 数据核字（2017）第 020753 号

中国近代国家转型与民族关系之建构——民国民族关系史专题研究

著　　者　彭武麟等
责任编辑　黄修义
封面设计　汤建军
出 版 者　中央民族大学出版社
　　　　　北京市海淀区中关村南大街 27 号　邮编：100081
　　　　　电话：68472815（发行部）传真：68932751（发行部）
　　　　　　　　68932218（总编室）　　　　68932447（办公室）
发 行 者　全国各地新华书店
印 刷 厂　北京盛华达印刷有限公司
开　　本　880×1230（毫米）　1/32　印张：11.75
字　　数　300 千字
版　　次　2017 年 1 月第 1 版　2018 年 3 月第 2 次印刷
书　　号　ISBN 978-7-5660-1304-0
定　　价　46.00 元

前　言

由于民族史研究内容与对象复杂而宽泛，迄今学术界尚未做全面深入的学术讨论。尽管如此，人们按照整体民族史、断代民族史、族别史、区域民族史，以及民族政治、经济、社会文化、宗教、风俗习惯、语言艺术等专门史分类与书写，仍然是当下民族史研究领域不争的事实。进而观之，近几十年来，相继涌现的蒙古学、藏学、西域学、土司学，以及像彝学、苗学、壮学等以民族与区域为核心的专门研究领域，也无不与民族史研究内容与对象交叉重叠，互为表里。换言之，上述学术领域都是不同视野下民族史研究的内容之一，只不过是各自侧重点相异而已。本书阐述的内容仅是近代民族关系史中民国时期民族关系史相关的问题，同样是民族史研究应有之义，同时也是近代史、民国史研究不可或缺的重要课题之一。

全书共13个专题内容，虽然形式上看似分散，而实际上是以中国近代政治重建、国家转型为理论“关照”，将民族关系问题与民国时期历史发展演变之大背景结合起来考察，各个专题内容既有区别又有联系，不过是同一主题之下的不同历史课题而已。总体来看，民国时期民族关系问题是近代以来中国政治重建与国家转型中的民族关系建构历史进程的重要组成部分，也就是这一时期如何建构统一多民族现代国家问题。无论是重大历史事件发生、发展、演变，还是思想认识领域中关于民族关系问题之认知，以及重要历史人物活动，无不受到这一历史主题的规定和制约；在某种意义上说，民国史也就是民国民族关系史，是近代中国民族关系历史矛盾运动过程中的重要历史环节。其中之要义在于，如何在近代国家转型过程中解决民族平等与国家政治统一之间的机制问题，即如何克服传统中国内部的族群矛盾、如何将社会成员从特定的地缘关系中解放并组织起来成为主权国家的权利主体、如何在不同地区和文化认同之间形成平等的和具有各自特点的现代民族国家政治结构。

具体而言，全书内容为从辛亥革命到新中国成立的整个民国时段，基本问题包括以下四个方面：一是重大历史事件与民族关系问题，如辛亥革命、五四运动等；二是族际、民族区域认知与历史建构，如满族与“中华民族”之近现代历史发展的关系、20 世纪 30 年代“新疆论”、近代转型时期回族面临的双重性困境等；三是民族区域历史事件与民族关系问题，如 1911—1921 年的外蒙古问题、20 世纪 30 年代湘西革屯运动、滇西干崖土司与盈江设治局（1932—1950）、南京国民政府国家整合下的热、绥、察改省等；四是民族区域政治与历史人物，如杨增新治疆及其历史功过、1931—1937 年德王与南京国民政府之关系、吴忠信与民国藏事、1945—1949 年的包尔汉等。

平实而论，过去关于民国民族关系问题的研究，大多是中央政府民族政策、少数民族革命及民族国家统一与分裂等方面的课题。本书 4 个方面 13 个专题，既是对这一领域研究的继承与扩展，又是对这一研究领域的突破和创新。首先，其中一些专题内容在过去的研究中尚未涉及，在文献材料方面搜集整理了一些过去研究中尚未利用的中央及地方档案材料、报刊文献、回忆录等；其次，研究内容与理论观点突破了过去传统民族史、民国史研究中的革命史、政治史范式的不足与局限。众所周知，民国时期民族关系问题涉及的历史事件及历史人物复杂敏感；传统民族史书写的多是少数民族革命史内容，如农民起义、革命与反侵略爱国斗争等，而传统民国史研究多数是以政治史替代民族关系问题或更多的是忽略与遗漏。本书专题研究在近代政治重建与国家转型视野下，将二者有机地联系在一起，有利于民国时期民族关系问题研究领域的不断发展与创新，同时，也有利于推进民国史中有关边疆民族历史问题研究的发展与创新。

特别需要指出的是，将近代民族关系史与近代史、民国史结合起来考察研究，尚面临诸多困难与挑战。一方面，近代民族史相对于其他民族史的研究领域而言，研究基础相对薄弱；另一方面，它是一个多学科交叉综合的研究领域，需要民族政治学、历史人类学等相关社会科学的理论工具与学术视野的参与和支持，研究难度较大。虽说本书专题内容在该领域有一定的学术创新，但无论是具体内容方面还是理论分析方面都有待进一步扩展和提炼，尽管各部分专题几经修改。而且，这些专题内容也仅仅是民国民族关系史研究的一小部分，尚有许多整体性、综合性、区域性的具体课题有待进一步深入探讨。

本书是国家社科基金一般项目“民国时期民族关系调查研究”的最终成果，也是北京市重点学科建设“中国近现代史”的成果之一。虽然一些专题内容在相关期刊上发表过，但是，由于我们水平有限，仍存在不足之处，尚祈方家批评指正。

彭武麟

2016 年 9 月 28 日

目　录

一、辛亥革命与中国近代国家转型及其民族关系之建构

彭武麟

由于诸种原因，以往学术界对辛亥革命的研究大多集中于中国近代革命与现代化进程之相关课题，而忽略了它与民族及民族关系之重要关联性问题。辛亥革命既是清王朝终结的标志，也是民国开端的标志，是中国近代国家转型及其民族关系之建构这一动态历史过程中的关键一环，不仅在中国近代民族关系史上具有里程碑的意义和影响，而且对民国之际近代国家转型也具有重要意义和影响。它承上启下，一方面继承了统一多民族国家的历史传统，另一方面又开创了统一多民族现代国家的历程，是中华民族政治发展史上的新起点。

（一）理论创构：单一民族（汉族）国家还是多民族（传统中国境内的各民族）国家

众所周知，辛亥革命与此前中国历史上任何一次革命不同，它是比较完全意义上的资产阶级革命，就像孙中山所说的不是“英雄革命”，而是“平民革命”。这种革命性质，决定了辛亥革命的核心内容是要解决近代以来中国的国家重建问题，就是如何实现由传统王权国家向现代民主国家转型，即由统一的多民族传统国家转变为统一的多民族现代国家，其中包括重建国家政治制

度结构与重建国内民族政治关系两方面的内容。对于前者，辛亥革命的理论准备比较充分和明确，而对于后者却遇到了理论难题，即建立单一民族（汉族）国家还是建立多民族（传统中国境内的各民族）国家？对于这些问题的认识和思考，肇端于甲午战后的严复、康有为、梁启超等维新改良思想家，基本上在武昌起义前形成较一致的“五族共和”的社会政治共识。其理论背景是西方现代民族主义理论的传入和影响，现实背景则是国内民族关系现状和资产阶级革命运动的高涨，经历了由传统民族思想到现代民族思想的整合与认同过程。

虽然传统的中国是一个统一的多民族国家，在民族认知与民族和国家关系表述上也不乏文献和史籍记载，但从总体上来看，大多是关于不同地域及其部族、种族的传统民族志描述，在观念形态上未能超出封建大一统民族政治文化理论的局限，其中最突出的特征就是儒家文化主导和华夏中心论。平实而论，中国真正遭遇到民族与民族关系问题是近代以后的事情，尤其是在甲午战争之后越来越严重的民族危机情形之下，中国人关于这个问题的认识和思考开始进入近代国家转型与民族关系建构这一历史课题之中，具有了现代性意义。早在维新时期，严复在译介社会进化论的著作《天演论》中就指出：“人之有群，其始亦动于天机自然乎。”“夫如是之群，合以与其外争，或人或非人，将皆可以无畏，而有以自存。”[①] 严氏后来在《论世变之亟》《原强》《救亡决论》等文章中进一步阐述了他的“合群”自强说，虽然没有直接提到民族或民族主义，但具有中国现代民族思想的启蒙意义。[②] 康有为

① 王栻编：《严复集》第5册，中华书局，1986年，第1344页。

② 参见金冲及：《辛亥革命和中国近代民族主义》，《近代史研究》2001年第5期，第4页。

提出“满汉不分、君民合治”、合为中华的主张[①]，把近代中国关于国家建构与国内民族关系问题的认识推进了一大步。后来康氏在与革命派论战的著名文章《辨革命书》中，从历史、文化、民族关系等方面对他的“大中国观”又进行了较为详细的说明，认为，“只有所谓中国，无所谓满汉；帝统宗室，不过如汉刘、唐李、宋赵、明朱，不过一家而已”[②]。戊戌变法失败后，梁启超先后发表了一系列文章宣传西方民族主义理论，对国内民族关系问题进行了创造性的思考和建构，并针对当时国内民族关系现状提出了“中华民族”的名称和“小民族主义”“大民族主义”等概念。虽然对前者他没有做详细的解释，但对后者他的解释是十分清楚的：“吾中国言民族者，当于小民族主义之外，更提倡大民族主义。小民族主义者何？汉族对于国内他族是也。大民族主义者何？合国内本部属之诸族以对于国外之诸族是也。”[③] 不难看出，上述维新改良派的思考包含民族认同与政治认同两个方面。民族认同就是如何从传统的“华夷秩序”中解放出来以实现对中华民族的自觉认同，政治认同就是在维护国家统一的前提下实现从“朝廷国家”到“民权国家”的过渡。其中之要义，则是力图寻找一条解决民族平等与国家政治统一之间的协调和平衡的渠道与路径，即如何克服帝国内部的族群矛盾、如何将社会成员从特定的地缘关系中解放出来并组织起来成为主权国家的权

① 康有为：《请君民合治满汉不分折》，见汤志钧编：《康有为政论集》（上），中华书局，1981 年，第 340—343 页。

② 康有为：《辨革命书》，见张枬、王忍之编：《辛亥革命前十年间时论选集》第 1 卷上册，生活·读书·新知三联书店，1960 年，第 217 页。

③ 梁启超：《政治学之大家伯伦知理之学说》，《饮冰室合集·文集之十三》，中华书局，1989 年，第 75—76 页。

利主体、如何在不同地区和文化认同之间形成平等的和具有各自特点的政治结构。① 维新派的这些探讨，不仅在思想理论层面上是中国现代民族国家话语之张本，而且在当时的舆论界产生了巨大的影响。

戊戌变法失败后，中国思想界这一认同与整合的脉络主要在以孙中山为代表的革命派和立宪派两个思想阵营中延伸。面对日益严重的民族危机，早在檀香山创建兴中会时孙中山就响亮地提出了推翻清王朝封建专制统治、“振兴中华”② 的口号，高举民族主义大旗。由于西方民族建国理论与中国历史上传统民族关系之扞格、少数民族之一的满族是统治民族，以及由于清王朝实行民族压迫与民族歧视造成的不正常的国内民族关系现状，革命派在这一问题上出现了狭隘、偏激甚至是错误的倾向。章太炎在《正仇满论》一文中说，满族乃“异种，非吾中夏神明之胄”③，是当时满汉异种论的典型代表，进而主张满汉分治：“自渝关而外，东三省者，为满洲之分地；自渝关而内，十九行省者，为汉人之分地。”④ 邹容的《革命军》是当时影响巨大的革命宣传品，但其中却充满了种族复仇主义情绪。他在该书绪论中的第一句话就说“诛绝五百万有奇之满洲种，洗尽二百六十年残惨虐酷之大

---

① 参见汪晖：《现代中国思想的兴起》上卷第二部“帝国与国家”，生活·读书·新知三联书店，2004 年，第 825 页。

② 孙中山：《檀香山兴中会章程》，《孙中山全集》第 1 卷，中华书局，1981 年，第 19 页。

③ 章太炎：《正仇满论》，张枬、王忍之编：《辛亥革命前十年间时论选集》第 1 卷上册，生活·读书·新知三联书店，1960 年，第 96 页。

④ 章太炎：《正仇满论》，张枬、王忍之编：《辛亥革命前十年间时论选集》第 1 卷上册，生活·读书·新知三联书店，1960 年，第 97 页。

耻辱，使中国大陆成干净土”[①]；而在第六章所列“革命独立之大义”二十五条中有六条相关内容，如第五条称“驱逐居住中国中之满洲人，或杀以报仇”[②]。就连孙中山在同盟会成立前也把满族称为“东北一游牧野番贱种”[③]，主张“将满洲鞑子从我们的国土上驱逐出去”[④]。革命派的这种狭隘、偏激有着特殊的时代背景，而其合理内核在于推翻清王朝的民主革命。在经过与改良派的论战及革命形势的不断高涨，革命派开始重新审视并修正自己的看法和主张。章太炎在1908年6月撰写的《排满平议》中指出：“排满者，排其皇室也，排其官吏也，排其士卒也。若夫列为编氓，相从耕牧，是满人者，则岂欲事刃其腹哉？”[⑤] 显然较之他过去的民族复仇论有了较大的转变。比较彻底的是勇于追求真理、与时俱进的孙中山。1906年冬，孙中山与黄兴、章太炎等制定《中国同盟会革命方略》，在对满族将士的布告中说：“我辈皆中国人也，今则一为中华民国军之将士，一则为满洲政府之将士，论情谊则为兄弟，论地位则为仇雠，论心事则同是受满洲政府之压制，特一则奋激而起，一则隐忍未发，是我辈

① 邹容：《革命军》，张枬、王忍之编：《辛亥革命前十年间时论选集》第1卷下册，生活·读书·新知三联书店，1960年，第651页。

② 邹容：《革命军》，张枬、王忍之编：《辛亥革命前十年间时论选集》第1卷下册，生活·读书·新知三联书店，1960年，第675页。

③ 孙中山：《敬告同乡书》，《孙中山全集》第1卷，中华书局，1981年，第232页。

④ 孙中山：《中国问题的真解决》，《孙中山全集》第1卷，中华书局，1981年，第255页。

⑤ 章太炎：《排满平议》，张枬、王忍之编：《辛亥革命前十年间时论选集》第3卷，生活·读书·新知三联书店，1960年，第51页。

虽立于反对之地位，然情谊具在，心事又未尝不相合也!"[①] 针对同盟会民族主义纲领中"驱除鞑虏"的缺陷，孙中山在东京《民报》创刊周年庆祝大会的演说中又做了明确的解释："民族主义，并非遇着不同族的人便要排斥他，是不许那不同族的人来夺我民族的政权。""兄弟曾听见人说，民族革命是要尽灭满洲民族，这话大错。"[②] 应当说，在对国内民族关系的认识上革命派逐渐接近维新派的"大中国观"[③]。

同时，不能忽视的是立宪派的认识。在经历义和团运动和八国联军的打击后，清政府开始所谓新政以图自救，其中的重头戏就是"预备立宪"。在清末立宪运动中，立宪派在关于民族主义和国内民族关系问题认识上承康、梁之余绪并有所发展，其中最具代表性的是杨度的"金铁主义"。1907 年 1—5 月，杨度在《中国新报》第 1-5 号上连续发表近十多万字的长篇论文《金铁主义说》，其中第五、第六、第七节依据英国政治学家甄克思在《社会通诠》中提出的蛮夷社会（亦曰图腾社会）、宗法社会、国家社会（军国社会）的社会发展理论，对当时国内民族关系及政治发展做了较详尽的分析和论述。他认为，"以今日中国国家论之，其土地乃合二十一行省、蒙古、回部、西藏而为其土地[④]，其人民乃合满、汉、蒙、回、藏五族而为其人民，不仅于

① 孙中山：《招降满洲将士布告》，《孙中山全集》第 1 卷，中华书局，1981 年，第 311 页。

② 孙中山：《在东京〈民报〉创刊周年庆祝大会的演说》，《孙中山全集》第 1 卷，中华书局，1981 年，第 324—325 页。

③ 参见何志虎：《康有为的"大中国观"与革命派放弃"驱除鞑虏"口号》，《史学月刊》2000 年第 5 期，第 54—59 页。

④ 杨度此说有误，没有把当时被日本割占的台湾省计算在内。

国内之事实为然，即国际之事实亦然”①。根据五族社会发展程度而论，“汉族为首，满次之，蒙、回、藏又次之”，但同为中国国民，即“汉、满、蒙、回、藏之土地不可失其一部，汉、满、蒙、回、藏之人民不可失其一种，必使土地如故，人民如故，统治权如故”②。至于民族主义问题，杨度认为无论满族还是汉族皆应以国家主义为本，即国家民族主义是各民族的共同取向，进而在国民统一之下实现民族平等、文化融合。而实现其所谓的国民社会的途径，是以汉族为中心的民族同化和君主立宪的国家政治制度，达到国民与民族这二者的相互统一。“其始也，姑以去其种族即国家之观念；其继也，乃能去其君主即国家之观念，而后能为完全之国民，庶乎中国全体之人混化为一，尽成为中华民族，而无痕迹、界限之可言。”③ 可见，杨氏“合五族为一家”的认识在国内民族构成及其关系问题上较之维新派又有了明显的进步，尽管在许多具体问题仍然存在偏差甚至是谬误。④除杨度外，还有立宪运动中关于“平满汉之界”的各种奏折和舆论。据统计，《清末筹备立宪档案史料》一书所收该类奏折达20余通，其中满族有4人、蒙古族有1人、汉族有12人。这些奏折中不仅提出“撤旗”、立法等消除满汉界限的建议，而且就

① 杨度：《金铁主义说》，刘晴波主编：《杨度集》，湖南人民出版社，1986年，第280页。

② 杨度：《金铁主义说》，刘晴波主编：《杨度集》，湖南人民出版社，1986年，第304页。

③ 杨度：《金铁主义说》，刘晴波主编：《杨度集》，湖南人民出版社，1986年，第372页。

④ 由于理论及时代的局限，杨度在很多问题上自相矛盾甚至是错讹，如他说蒙古族“与汉人向非同国之国民”等（见前引文，第260页）。

满汉等国内民族关系的同质性、一体性也做了较深入的阐述。[①]同时，以一批满族留日学生为主在东京、北京创办的《大同报》及《北京大同日报》，专门以提倡“汉满人民平等，统合满、汉、蒙、回、藏为一大国民”为宗旨，宣传“五族大同”[②]。

上述各派虽然政治立场不一样，但在关于国内民族关系问题的认识上大致是殊途同归，正如一些学者所说：“改良派和革命派的分歧是，前者主张各族合在君主政体下，后者主张合在共和政体下。”[③] 因而，辛亥革命一爆发，“五族共和”就顺理成章地成为社会各界的共识。从总的来看，上述认同与整合的载体是国家政治重建问题，而主题是如何调适国内民族关系问题，其主要的动力群体是汉族政治文化精英，以及满族、蒙古族等少数民族上层政治文化精英。

（二）妥协与认同：从“驱逐鞑虏”到“五族共和”

在中国近代国家转型及其民族关系之建构问题上，辛亥革命不仅是思想理论层面的创构，同时也是一个政治实践过程，即经历了从“驱逐鞑虏”到“五族共和”的政治妥协与认同过程。

虽然“驱逐鞑虏”被明确地写在同盟会的革命纲领上，但在武昌起义前革命派的实践活动中它的主要作用在于革命宣传和社会动员，其实无论是汉族地区还是边疆民族地区大都赞成支持同盟会的革命主张。由于这一口号带有明显的大汉族主义的偏狭

---

① 见《清末筹备立宪档案史料》下册（五、满汉关系），中华书局，1979年。

② 参见黄兴涛：《现代“中华民族”观念的历史考察——兼论辛亥革命与中华民族认同之关系》，《浙江社会科学》2002年第1期，第133页。

③ 参见张正明、张乃华：《论孙中山的民族主义》，《民族研究》1981年第6期，第5页。

性及辛亥革命本身动力群体的复杂性，因而在武昌起义爆发后“驱逐鞑虏”迅速被“五族共和”所取代，成为南京临时政府成立和南北议和的政治基础。

一方面，“五族共和”是南方革命阵营中革命派与立宪派联合的政治基础并在筹建临时政府的过程中得以确立下来。在武汉光复的次日，起义的领导人便议定“改政体为五族共和”；“国旗为五色，以红、黄、蓝、白、黑代表汉、满、蒙、回、藏为一家。”① 虽然湖北军政府实际上并没有将五色旗作为国旗，但此议一出实开“五族共和”之先声。11月9日和11日，湖北和上海两地先后发出建议成立临时政府的通电，都力争控制中央政权。同时，各地在光复后也使用不同形式的国旗，“鄂、湘、赣三省用十八星旗，粤、桂、闽、滇、黔数省用青天白日三色旗，江、浙、皖及各省多用五色旗”②。11月15日，“各省都督府代表联合会”在上海召开。由于首义之区湖北方面的力争，各省代表联合会于24日决定迁往武昌开会，同时各省留一人在上海以便联络。此时，湖北形势吃紧，汉口、汉阳相继失守。11月30日，各省代表联合会在汉口英租界举行，代表中革命派与立宪派各占一半。12月2日，会议做出两项重要决议：一是通过《临时政府组织大纲》，一是决定“虚临时总统之席以待袁君反正来归”。同日，江浙联军攻克南京，江浙集团声势大振，决定在南京组织成立中央临时政府，并立即电催汉口代表东下。12月4日，陈其美（上海都督）、宋教仁（欧阳振声代表）联合程德全（江苏都督）、汤寿潜（浙江都督）、蔡元培、章炳麟等人，各

① 曹亚伯：《武昌革命真史》（中），上海书店，1982年，第37页。

② 冯自由：《中华民国旗之历史》，《革命逸史》（初集），中华书局，1981年，第22页。

省留沪代表在上海江苏省教育总会召开共和联合大会，议决“取五族共和的意义，决以五色为国旗，红、黄、蓝、白、黑象征汉、满、蒙、回、藏”①。程德全、汤寿潜、黄兴及多数与会代表认为，五色旗“既可表明革命行为，系为政治改造而起，非专为种族革命；又能缓和满、蒙、回、藏各族的心理，与汉人共同努力赞助共和。此议发出，群以为是”②。虽然这一议决因当时大多数代表尚在武汉而不具有完全效力，但它标志着“五族共和”已经成为革命阵营的政治共识。12 月 25 日，众望所归的孙中山自海外回到上海。29 日，会议正式选举孙中山为临时大总统。1912 年 1 月 1 日，孙中山在南京宣誓就职，宣告中华民国临时政府成立。1 月 10 日，临时参议院决议，以五色旗为国旗，取红、黄、蓝、白、黑五色，表示汉、满、蒙、回、藏五族共和之意。③

另一方面，“五族共和”也是南北政治势力相互较量、议和妥协的重要政治纽带。④ 袁世凯重新出山后翻云覆雨，在君宪与共和之间玩弄政治权谋，意在掌控国柄。12 月 18 日，“南北议和”在上海举行。会议从 18 日至 31 日共进行五次，表面上公开讨论的议题主要是君主立宪还是民主共和，实际上是在私下讨论由谁来掌握政权。革命党人屡次公开表示，如果袁世凯反正即推

① 黄炎培：《我亲身经历的辛亥革命事实》，《辛亥革命回忆录》第 1 集，中华书局，1961 年，第 66 页。

② 吴景濂：《组织南京临时政府的亲身经历》，《辛亥革命回忆录》第 8 集，文史资料出版社，1982 年，第 412 页。

③ 《政府公报》，民国元年 6 月。

④ 日本学者认为南北议和中，“五族共和”是主张“优待满蒙回藏”的北方提出的。参见［日］村田雄二郎：《孙中山与辛亥革命时期的“五族共和”论》，《广东社会科学》2004 年第 5 期。

举他为大总统。而对于袁世凯来说，以君宪向南方讨价还价，以“五族共和”逼清帝退位，正好可收一石二鸟之效。几经周折后，双方初步达成“开国民会议，解决国体问题，从多数取义”① 的协议。所谓“国民会议”，是南方要求坚持的形式而已，实质上是双方达成了清帝退位后选举袁为大总统的默契。

正当南北双方就国民会议地点是上海还是北京的问题上争论不休之际，孙中山回国并被选举为临时大总统，南京临时政府宣告成立。袁世凯随即恼羞成怒，一方面授意唐绍仪辞职并通知伍廷芳停止和谈，另一方面指使段祺瑞等北洋将领连续通电抵拒共和，对南方进行武力恫吓，一时局势陡变，南北之间似乎又要开战。孙中山开始态度坚决，力主北伐。但是，外有帝国主义列强的封锁扼杀，内有临时政府内部的分歧、涣散和既成的议和事实，孙中山无力回天，被迫妥协。这样，在 1912 年 1 月上旬，南北双方达成一项协议：南方同意让出政权，袁世凯则同意在逼清帝退位后建立“共和”政体。随后，袁世凯加紧逼宫步伐。此时的清廷已是“流水落花春去也”，虽然有少数满蒙亲贵的顽固叫嚣及“宗社党”的垂死挣扎，但最终不得不接受优待条件而宣布退位。1912 年 2 月 12 日，清廷颁布退位诏书，曰：“今全国人民心理多倾向共和，南中各省既倡议于前，北方诸将亦主张于后，人心所向，天命可知。予亦何忍因一姓之尊荣，拂兆民之好恶。是用外观大势，内审舆情，特率皇帝将统治权公诸全国，定为共和立宪政体……袁世凯前经资政院选举为总理大臣，当兹新旧代谢之际，宜有南北统一之方，即由袁世凯以全权组织

---

① 《南北代表会议问答速记录》，中国史学会主编：《辛亥革命》（八），上海人民出版社，1957 年，第 84 页。

临时政府，与民军协商统一办法。总期人民安堵，海宇乂安，仍合满、汉、蒙、回、藏五族完全领土为一大中华民国。”① 清帝退位，宣告了在中国绵延了2000多年的封建帝制的终结，同时也标志着南北统一告成。2月13日，孙中山向临时参议院提出辞职咨文，并推荐袁世凯继任临时大总统。2月15日，参议院举行临时大总统选举，到会17省代表每省一票，袁世凯以全票当选。3月10日，袁世凯在北京正式就职，他在就职宣言中称："世凯深愿竭其能力，发扬共和制精神，涤荡专制之瑕秽，谨守宪法。”② 3月11日，《临时约法》正式颁布，重申“五族共和”的立国原则。4月1日，孙中山正式辞职。4月5日，南京临时参议院决议政府迁往北京。至此，南北统一，民国告成。4月22日，袁世凯发布大总统令称：“现在五族共和，凡蒙藏回疆各地方，同为我中华民国领土，则蒙藏回疆各民族，即同为我中华民国国民。”③

从南北议和的过程中可以看出，双方在政权问题上反复争斗，但对于“五族共和”的原则并无疑义，相反“五族共和”成为均加以认同的立国原则，成为政治妥协的一个重要砝码和基石。总之，辛亥革命在实践中并非像它的革命纲领中所宣扬的“驱逐鞑虏”，而是“五族共和”。虽然实际的政治发展没有实现革命者的初衷，但它所展示的近代国家转型及其民族关系构建无疑是十分清楚的，就是新生的民国是在清王朝基础上重建的多民族国家而非单一民族国家。

---

① 《清帝宣布退位旨》，中国第二历史档案馆编：《中华民国史档案资料汇编》（第2辑），江苏人民出版社，1981年，第72页。

② 《南京临时政府公报》第36号。

③ 《中国大事记》，《东方杂志》第8卷，第12号，第7页。

（三）历史转折：辛亥革命对于中国近代国家转型及其民族关系之建构的意义

辛亥革命虽然失败了，但它在中国近代国家转型及其民族关系之建构历史进程中的作用与影响不可低估，具有里程碑式的意义。一方面，它是由统一的多民族传统国家到统一的多民族现代国家历史进程中的重大突破；另一方面，它也初步确立了民族平等的现代多民族统一国家的政治组织形式与合法性基础。合而言之，辛亥革命是中国近代民族关系史上的重大历史转折，是中华民族发展史上的新起点。

近代以前，中国各民族在几千年的历史发展过程中逐渐形成了多元一体格局。这一民族关系格局的形成，除了特殊的地理环境、传统思想文化观念及长期的历史交往过程外，就是以“中国”这个历时性的政治共同体为核心的王朝认同，即代表“中国”的大一统封建中央王朝始终是各民族关系与国家认同的最高形式和目标。[①] 但是，近代以来这种传统的民族关系与国家认同面临巨大的危机和挑战，在内外部双重危机之下如何重建现代民族国家及其重新审视和调整传统民族关系与国家认同，成为近代中国的重大历史课题。辛亥革命前的70多年里，围绕这一主题，不同阶级、阶层都进行过各种探索的思考与实践。自鸦片战争后魏源、林则徐等人的开眼看世界及“师夷长技”，仅仅是中国人调整传统政治文化视野的一个开端。以洪秀全为代表的太平天国英雄们的斗争业绩固然可歌可泣，但最终因近代历史环境的大变动使他们没有完成改朝换代的传统历史循环而归于失败。持续近

---

① 姚大力：《中国历史上的民族关系与国家认同》，《中国学术》2002年第4期，第7页。

三十年之久的洋务运动，试图在维护封建专制制度的前提下进行现代军事与经济领域的努力，结果王朝中兴的美梦也在甲午战争的炮声中破灭。继之而起的资产阶级维新派的变法运动，虽然在立宪改良的制度安排与设计中的“平满汉之界”“大民族主义”等具有一定建设性的贡献，即希望通过建立一个统一的多民族君主立宪国家来挽救整个中华民族面临的生存危机，实现现代民族国家的重建的历史任务；但是，维新派的努力由于自身的诸多缺陷和守旧顽固势力的反攻倒算而很快流产。而后来“扶清灭洋”的义和团运动与清廷的“预备立宪”新政，只不过是旧式农民阶级的呐喊和抗争与统治阶级的无奈挣扎。与上述历史环节不同的是，辛亥革命及其揭橥的“五族共和”，无论是在国家政治结构方面还是在民族关系与国家认同方面都具有历史里程碑的意义。一方面，它结束了在中国绵延了2000多年的封建君主专制制度，开创了民主共和制度的新时代。另一方面，它也结束了以王朝为核心的传统民族关系与国家认同，赋予了“中国”这个历时性政治共同体以现代意义，从此以后，中国各民族政治认同的对象是民主共和的现代国家而不再是一家一姓的传统朝代国家，这在中国近代民族关系史上无疑是一个新的历史起点。正如日本学者所论，它“把帝国（清王朝）的复合性民族结构或重新构成为‘中华民族’这一文化—国民共同体，并且把她与‘中国’这一政治单位安排得恰到好处”①。

1912年1月1日，孙中山在临时大总统就职宣言书中指出：“尽扫专制之流毒，确定共和，以达革命宗旨，完国民之志

① ［日］村田雄二郎：《孙中山与辛亥革命时期的“五族共和”论》，《广东社会科学》2004年第5期。

愿……国家之本，在于人民，合汉、满、蒙、回、藏诸地为一国，即合汉、满、蒙、回、藏诸族为一人，是曰民族之统一。武汉首义，十数行省先后独立。所谓独立，对于清廷为脱离，对于各省为联合，蒙古、西藏意亦同此。行动既一，决无歧趋，机枢成于中央，斯经纬周于四至，是曰领土之统一。"① 这里，孙中山的就职宣言书言简意赅地阐明了南京临时政府的性质及其民族关系建构的形式与内容：一是以主权在民的原则建立共和政体来取代封建专制的清王朝；二是多民族的现代统一国家而不是单一民族国家；三是国家领土主权原则，即"国家之统一""民族之统一""领土之统一"。它一方面在国家领土主权与民族构成上完全继承了清王朝的政治遗产，同时另一方面又代之以崭新的民主共和国的现代政治体制，即"五族共和"的多民族单一制现代民族国家。从民族政治关系类型看，它也规定了民主共和国是中国各民族政治关系的最高表现形式，其中，各民族既有享有平等的政治权利，又有维护民族团结和国家统一的责任和义务。随后，在孙中山的主持下，临时参议院起草了《中华民国临时约法》，并经审议通过后正式向全国公布。在这部具有宪法性质的国家根本大法中，"五族共和"即民主共和的多民族统一国家的组织形式与原则进一步得到确立。在民族关系与领土主权方面，《临时约法》的规定更为明确："中华民国领土，为二十二行省、内外蒙古、西藏，青海"；"中华民国人民，一律平等，无种族阶级宗教之区别。"② 总之，南京临时政府的组织结构与政治原

① 《临时大总统就职宣言书》，中国第二历史档案馆编：《中华民国史档案资料汇编》（第2辑），江苏人民出版社，1981年，第1—2页。

② 《中华民国临时约法》，中国第二历史档案馆编：《中华民国史档案资料汇编》（第2辑），江苏人民出版社，1981年，第106页。

则，体现了主权在民、代议制、三权分立等现代民主政治模式，同时也初步实现了国内民族关系由传统到现代的基本转型，即由封建大一统时代进入了“五族共和”的新阶段。正如袁世凯所说的：“我中华国民，不论满、汉、蒙、回、藏何种民族，均由专制朝廷之臣仆，一跃而为共和平等之人民，实我中华无上之光荣，亦世界罕闻之盛举。”① 袁氏虽然后来因背叛民国而遭世人唾弃，但是他的这段话还是充分地说明了民国成立对于近代中国近代国家转型及其民族关系之建构的意义。

总之，辛亥革命时期“五族共和”的近代国家转型及其民族关系之建构，是上述思想文化领域与政治实践领域双重认同与整合的结果。前者即在清王朝的基础上通过改良或革命的方式重建现代多民族统一国家而不是单一民族（汉族）国家，在理论上完成了对国内民族关系的认识由传统到现代的创造性转换。后者虽然袁世凯成为最大的赢家，但中国从清王朝统一到民国五色旗下没有出现大规模的内战和民族分裂，委实是不幸之中之万幸。② 辛亥革命的胜利，彰显了在近代国家转型中如何调适国内民族关系的问题上，中华民族既具有深厚的历史文化传统底蕴又具有理论置换与创新的智慧；辛亥革命的失败，也同样彰显了中国近代国家转型及其民族关系之建构这一历史进程的艰难与滞重。

---

① 《致北方各督抚各府州县电》，中国第二历史档案馆编：《中华民国史档案资料汇编》（第2辑），江苏人民出版社，1981年，第79页。

② 辛亥革命中，“在各省武装起义并出现一定程度的混乱局面时，却没有发生世界上许多国家出现的那种狂热的大规模种族仇杀，更不用说什么种族清洗了。中国人对自己历史上这种现象也许习以为常，并不觉得有什么惊讶的地方，但同世界上许多地方发生的事情比较一下，就会使人深深地慨叹：这是多么不易！”（见金冲及：《辛亥革命和中国近代民族主义》，《近代史研究》2001年第5期，第17页。）

（四）现实困境：问题与局限

毋庸讳言，从中国近代国家转型及其民族关系之建构的历史进程来看，辛亥革命时期的“五族共和”仍然存在诸多问题和局限，并且面临严重的现实危机。

其一，“五族共和”仅仅解决了取代清王朝的民国是多民族国家而非单一民族（汉族）国家的问题，而对于国内民族关系的结构以及少数民族成分的认识是模糊的。众所周知，中国自古以来就是多民族国家，除了主体民族汉族外就是众多的少数民族。这种关系，在传统历史话语表述中就是“华夷之辨”的封建大一统民族政治理论。与之比较，“五族共和”虽然具有以民族平等构建国内民族政治关系的历史突破，但是与实际现状和内在要求相比仍然显得十分粗糙。它所谓的汉、满、蒙、回、藏，更多的是指“十八行省”与满、蒙、回、藏五个地域，即五个地理单元，并不是清楚地指称民族成分及其政治关系格局，所以用在指“民族”时确乎并不切当。① 现在看来十分明显的缺陷就是以满、蒙、回、藏来代替少数民族，这一提法与国内民族关系格局的现实也相去甚远，“五族”的框限忽略了其他少数民族在国家中的政治权益，因而“五族共和”或“五族平等”又包含国内各民族不平等的形式和内容。对此当时就有不同的声音，如云南军都督府提出“使汉、回、满、蒙、藏、夷、苗各族结为一体，维持共和……联合中国各民族构造统一之国家……汉、回、

① 潘先林：《论“五族共和”思想的影响》，《云南社会科学》2006 年第 5 期，第 90 页。

满、蒙、藏、夷、苗各族视同一体”①，显然这里所说的民族与国家关系、与“五族共和”已经有出入了。后来，孙中山也批评说：“现在说五族共和，实在这五族的名词很不切当。我们国内何止五族呢?”② 同时，作为南京临时政府的立国方针，“五族共和”实质上是资产阶级处理国内民族关系的理论表述，强调的重心是民族同化而不是民族平等，因此，它除了对国内少数民族成分认识局限外，更重要的是囿于阶级的局限。虽然武昌起义后，革命党人迅速地由“排满”革命转向“五族共和”，与他们政治上模仿西方的民主国家模式一样，在民族问题上，他们同样没有完全突破西方民族主义理论的影响。

其二，由于理论上的粗糙与局限，虽然“五族共和”成为建构国内民族关系的基本准则，但在具体认识与实践中还存在许多问题。一方面，以主体民族汉族政治精英为代表的南方革命阵营虽然确立了“五族共和”的基本原则，但实际上是大汉族主义的传统观念浓厚，常常将“中华民族”与汉族混为一谈，将“五族共和”与汉族国家政权等量齐观，表现在实践中就是实行民族同化政策，即以汉族同化满、蒙古、回、藏等少数民族。孙中山对以五色旗为国旗存在疑义，他在复函参议院时说：“贵会咨来决议用五色旗为国旗等因，本总统对于此问题，以为未可遽付颁行。”③ 南北议和中南方将政权“渡让”给袁世凯，当时南

① 孙璞：《云南光复军政府成立记》，中国科学院历史研究所编：《云南贵州辛亥革命资料》，科学出版社，1959 年，第 46 页。

② 孙中山：《在上海中国国民党本部会议的演说》，《孙中山全集》第 5 卷，中华书局，1982 年，第 394 页。

③ 孙中山：《复参议会论国旗函》，《孙中山全集》第 2 卷，中华书局，1982 年，第 17 页。

方认为袁世凯是汉人就是其中的重要因素之一。[①] 在实践中，“五族共和”虽然被写进了大总统就职宣言书和《临时约法》，各种文告和讲话也屡次不离“五族一家”“五族平等”等词句，而见之于有效、具体的制度安排却寥寥无几。更为严重的是，南京临时政府甚至是在实行一种民族同化政策。孙中山就设想实行“合汉、满、蒙、回、藏族为一人”“合汉、满、蒙、回、藏而成一家，亦犹是一族”[②]。当时各社会团体也以积极推进民族同化为宗旨。同盟会在其新修订的会章的“总则”部分中，就赫然写明“实行种族同化”[③]。立宪派人士和少数旧官僚成立的中华民国联合会的“假定政纲”中规定：“励行移民开垦，促进边荒同化。”[④] 中华民国联合会宣布改组为统一党后其政纲也规定：“融和民族，齐一文化。”[⑤] 黄兴和刘揆一组织发起的“中华民族大同会”声明：“今既合五大民族为一国矣，微特藩属之称，自是铲除，即种类之界，亦将渐归融化……组织斯会，藉岁时之团聚，谋意识之沟通……相挈相提，手足庶无偏枯之患，同袍同

---

① 清帝退位后，孙中山曾亲率国民政府各部部长及右都尉以上将校参谒明孝陵，其祭文曰：“从此中华民国完全统一，邦人诸友，享自由之幸福，永永无已，实维我高皇帝光复大义，有以牖启后人，成兹鸿业。文与全国同胞，至于今日，始敢告无罪于我高皇帝。”（孙中山：《祭明太祖文》，《孙中山全集》第2卷，中华书局，1982年，第95页。）

② 陈锡祺主编：《孙中山年谱长编》（上册），中华书局，1991年，第698页。

③ 《中国同盟会总章》，《孙中山全集》第2卷，中华书局，1982年，第160页。

④ 胡绳武、戴鞍钢：《中国20世纪全史册·辛亥风雷》，中国青年出版社，2001年，第441页。

⑤ 《统一党章程》，章伯锋、李宗一编：《北洋军阀》第1卷，武汉出版社，1999年，第371页。

泽，痛痒更有相关之情。”[1] 可见，民族同化成为具体民族政策的出发点，其实质是以汉族同化其他少数民族从而实现所谓的“民族之统一”。

另一方面，少数民族尤其是政治地位相对较高的满、蒙对于“五族共和”的认识也存在相当大的差距。同盟会“驱除鞑虏”的口号，给满、蒙古等少数民族造成巨大的心理压力，特别是他们的上层分子更是对革命共和疑惧重重；又由于大多数少数民族的社会经济发展相对滞后，其政治发展水平也还未达到资产阶级的民族平等阶段。因此，他们在“五族共和”问题上同样存在不同的看法。武昌起义爆发后，清廷面临灭顶之灾，原来与满洲贵族联系紧密的蒙古王公纷纷活动以维护自己的政治地位和权益，对于革命后国家组织形式十分关切。南北议和开始后，蒙古王公联合会致电南方代表伍廷芳称：“共和国将仅以十八行省组织之乎？抑将合满、蒙、藏、回共组织之乎？满、蒙、藏、回土宇辽阔，几占全国之大半。其人民习惯，只知有君主，不知何所谓共和，更深惧诸君子少数专制之共和……如诸君子固持己见，鹜虚名、速实祸，以促全国之亡……则我蒙古最后之主张未便为诸君子宣布。”[2] 同时，他们还组织勤王队，并发表通电宣称：“如朝廷允认共和，即行宣告独立，与中国断绝联系，以为君主立宪之援助。”[3] 对此，伍廷芳回电解释说：“民军起义之目的，欲和汉、满、蒙、回、藏为一大共和国，此举并非为汉人自私自利起见，乃欲与

① 《与刘揆一等发起组织中华民国民族大同会启》，湖南省社会科学院编：《黄兴集》，中华书局，1981 年，第 147 页。

② 《蒙古王公致伍廷芳函》，渤海寿臣：《辛亥革命始末记》，台湾文海书社，1969 年，第 904 页。

③ 《蒙藩反对共和之举动》，《大公报》1912 年 1 月 22 日。

满、蒙、回、藏同脱专制奴仆之苦，而享共和兄弟之乐……民国成立，汉、满、蒙、回、藏一律平等，确无疑义。”并保证蒙古在民国政体下的一切与其他民族平等的权利，“满、蒙、回、藏原有之王公爵俸及旗丁口粮等，必为谋相当之位置，决不使稍有向隅，且国民平权，将来之大总统汉、满、蒙、回、藏人皆得被举政治上之权利，决无偏倚”[①]。清帝宣布退位后，蒙古族王公的态度虽然发生了转变，但仍然是有条件的，“若以中国国体而论，本宜于君主，而不宜于民主，唯今日全国人心既皆坚持共和，且各亲贵亦多赞成此事，我辈又何所用其反对。今唯全听御前会议如何解决，如决定共和，我蒙古自无不加入大共和国家”[②]。作为统治民族满族总代表的清廷在退位诏书中将南京临时政府“五族共和”的汉、满、蒙、回、藏变成了满、汉、蒙、回、藏，显然不是简单的疏漏而是对五族中各自政治地位的不同表达，即虽然已经逊位但仍然没有忘记自己是少数民族并且是曾经主宰中国260余年的皇族。同样，少数民族聚居的云南军督府提出的“汉、回、满、蒙、藏、夷、苗”，又是对“五族共和”的一种修正，看起来在民族成分的表述上更全面一些，但它所包含的民族权利的诉求更具有区域民族特点。至于其他少数民族，大多数仍然滞留在传统的政治环境中，对于“五族共和”几乎是茫然无知。

其三，由于外部因素的干涉和利用，边疆民族地区出现了严重的危机，给国内民族关系的发展造成了诸多后遗症。辛亥革命

---

① 《伍廷芳复蒙古各王电》，渤海寿臣：《辛亥革命始末记》，台湾文海书社，1969年，第905—906页。

② 《今日之御前会议》，渤海寿臣：《辛亥革命始末记》，台湾文海书社，1969年，第907页。

的爆发及南京临时政府的成立，引起了西方列强的极大关注。他们一方面拒不承认南京临时政府并实行经济封锁，支持袁世凯夺取政权，另一方面在中国内地政局混乱之际在边疆民族地区制造分裂阴谋活动。蒙古地区，在沙俄的策动下哲布尊丹巴集团于1911年12月1日在库伦宣布独立，宣称："本蒙古原系独立之国，是以现在议定仍照旧制，自行立国，将一切事权不令他人干预，业已行文撤销满、汉文武大小各官之事权，并令即日回籍。"[①] 12月28日，外蒙古成立"大蒙古国"，以活佛哲布尊丹巴为"皇帝"。同时，内蒙古地区也产生了一系列的连锁反应。1912年1月，呼伦贝尔额鲁特总管胜福组建军队，占领呼伦贝尔，宣布"独立"，称："大众议定，起大清国义军，保守疆土，决不承认共和，亦不受汉官节制。"[②] 此外，喀喇沁郡王贡桑诺尔布、哲里木盟郡王乌泰等内蒙古王公上层也在日俄等国的策动下积极筹划所谓"独立""自治"活动。在西藏，武昌起义爆发、清政府被推翻的消息传到西藏后，拉萨"人心惶惶，谣言四起，番言杀汉，汉言杀番，各怀疑惧"[③]，局势大乱。在英国的支持、唆使下，达赖喇嘛于1912年年初，发布了实际上是脱离

---

① 唐在礼、唐在章：《蒙古风云录》，著者刊，1912年，第5—6页。

② 《黑龙江巡抚周树模致内阁军咨府陆军部理藩部电》，中国史学会主编：《辛亥革命》（七），上海人民出版社，1957年，第306页。

③ 《藏乱始末见闻记四种》，《民元藏事电稿》，西藏人民出版社，1983年，第146页。

祖国的“驱汉命令”①，西藏地方与中央政府的联系几近断隔。在新疆，沙俄在南疆制造“策勒村事件”，并以护商、护侨为名分别增兵喀什、伊犁、阿尔泰等边境地区。

总之，上述理论上的粗糙、具体认识与实践中的大汉族主义传统思想和民族同化政策，以及边疆民族地区的严重危机等三个方面因素，是辛亥革命时期国家转型及其民族关系之建构存在的主要问题与局限。虽然“五族共和”开启了中国近代国家转型及其民族关系之建构的新阶段，但由于主客观方面的原因它又是非常简陋而脆弱的，如同南京临时政府本身存在多方面问题而仅存短短的三个月一样。特别是袁世凯夺取政权后打着民国的招牌实行个人封建专制独裁，“五族共和”也成为一块有名无实的空招牌，中国近代国家转型及其民族关系之建构仍然面临严重的危机和挑战。

辛亥革命之后的民国史，在一定意义说也是近代国家转型及其民族关系建构的历史。一方面是在现代性话语下的中华民族认同建构，即“中华民族”是一个还是多个的问题争论；另一方面是在国家政治重建中各种政治力量之间的矛盾和斗争。二者间的互动与整合，是辛亥革命之际中国近代民族认同与政治认同这一双重变奏的赓续，是诸多重大历史事件与人物活动的重要背景和动力所在，构成了一部宏大、复杂而生动的交响曲。在内忧外患的苦难岁月中，中国各族人民休戚与共、风雨同舟，最终在中

① 达赖喇嘛发布的文告称：“内地各省人民，刻已推翻君王，建立新国。嗣是以往，凡汉人递到西藏之公文政令，概勿遵从，身着蓝色服者，即新国派来之官吏，尔等不得供应……凡我营官头目人等，务宜发愤有为，苟其地有汉人，固当驱除净尽，即其地未居汉人，亦必严为防守，总期西藏全境汉人绝迹，是为至要。”（牙含章：《达赖喇嘛传》，人民出版社，1984年，第240页）。

国共产党的领导下建立了新中国，中国民族关系史也开始了新纪元。历史不能重演，但人们可以从中吸取经验教训。虽然当下全球化潮流不可阻挡，但世界性的民族问题仍然十分严重。对于多民族的中国来说，它不仅是历史问题同时也是现实问题。辛亥革命的历史经验说明，如何处理民族关系是中国国家政治建构中不可回避的重要问题之一，而且需要不断地创新、发展，与时俱进。当前中国的现代化事业取得了辉煌的成就，但边疆民族地区发展性问题仍然突出，国家民族事务同样面临新课题。特别是在一些国家和地区因民族冲突而出现政治分裂、我国一些民族地方因各种原因出现不安定因素的当下，我们更应该从国家政治制度创新层面正视民族关系问题，坚持党和国家的民族政策，不断完善民族区域自治制度。

作者简介：彭武麟，1962 年生，湖南古丈人，土家族，博士，中央民族大学历史文化学院教授。

二、试论满族与"中华民族"之近现代历史发展关系之主要阶段与基本特征

王　宇

前　言

满族与"中华民族"之现代历史发展关系问题，是中国近代民族关系史研究特别是民国民族关系史研究领域的重要课题之一。众所周知，满族是当今中国56个民族之中的重要一员，是"中华民族"的有机组成部分。虽然目前国内外学术界关于满族、"中华民族"的研究成果较多，但对于二者近现代历史发展关系问题尚未进行深入的研究。①

---

① 关于满族研究方面代表性的作品有王锺翰：《满族简史》（中华书局1979年版），李燕光、关捷主编：《满族通史》（辽宁民族出版社2003年版），张杰、张丹卉：《清代东北边疆的满族（1644—1840）》（辽宁民族出版社2005年版），刘小萌：《满族从部落到国家的发展》（中国社会科学出版社2007年版），（俄）史禄国：《满族的社会组织——满族氏族组织研究》（高丙中译，商务印书馆1997年版），Elliott，Mark C. *The Manchu Way：The Eight Banners and Ethnic Identity in Late Imperial China*（Stanford University Press2001），孙静：《"满洲"民族共同体形成历程》（辽宁出版社2008年，常书红：《辛亥前后的满族研究——以满汉关系为中心》（社会科学文献出版社2011年版）。关于"中华民族"研究方面代表性的作品有刘正寅：《试论中华民族整体观念的形成与发展》（《民族研究》2000年第6期），黄兴涛：《现代"中华民族"观念形成的历史考察——兼论辛亥革命与中华民族认同之关系》（《浙江社会科学》2002年第1期），郝时远：《辛亥革命与中华民族内涵之演变》（《民族研究》2011年第4期），郑大华：《论晚年孙中山"中华民族"观的演变及其影响》（《民族研究》2014年第2期），费孝通主编《中华民族多元一体格局》（中央民族大学出版社2003年版）。

本文拟以辛亥以后满族与“中华民族”之现代历史发展关系之阶段与特点做一探讨，其要义如下：①辛亥之际是满族与“中华民族”现代历史发展关系的开端，主要特点表现为满族成为“五族”之一，“五族”成为“中华民族”的代名词，包含了民族与政治两个方面的内容；②民国时期是满族与“中华民族”之现代历史发展关系的又一个重要阶段，主要特点表现为“民国”招牌下的“五族共和”政治危机以及民族民主革命之认识与重建；③新中国时期满族与“中华民族”现代关系最终确立，满族成为中国56个民族中平等的一员，“中华民族”是中国内各民族的总称，具有历史与现实的双重意义。

（一）“五族共和”：辛亥之际的满族与“中华民族”

近代以降，如何实现由统一多民族传统国家到统一多民族现代国家的转型，是近代以来中国历史的主题。近代以前，无论从历史渊源还是历史发展过程来看，满族与“中华民族”都是中国传统民族关系历史中不同层面和内容，属于前现代的历史范畴。近代以来，中国遇到来自西方的“民族国家”这一现代性的挑战。在这一过程中，传统中国的“华夷”民族观念[①]逐渐发生蜕变，“中华民族”开始形成一个现代国家民族，开始了对内部民族关系进行自我体认的觉醒过程。其中，满族与“中华民族”关系问题无疑是十分重要的环节之一，对中国近现代民族关系发展产生了深远的影响。就这一历史进程而言，辛亥革命及其“五族共和”无疑是一道门槛，满族由此成为“五族”之一，而

---

① 参见郑大华：《论中国近代民族主义的思想来源及形成》，《浙江学刊》2007年第1期；封安波：《论20世纪初华夷观向近代民族观的转变》，《求索》2011年第7期。

“五族共和”则变为“中华民族”的代名词。

辛亥之际，是中国近现代历史上大变动的时代，对于满族与“中华民族”之近现代历史发展关系问题亦是如此。毋庸讳言，辛亥革命之前中国虽然自鸦片战争后就开始了近现代历程，但民族政治关系局限于传统历史范畴，即满族是统治民族，主体民族汉族及其他民族是被统治民族，其中最为突出的是“满汉关系问题”①。在改良、革命等一系列思想理论层面、政治变革运动中，“满汉关系问题”成为中国近现代民族关系思想认识之张本，亦是满族与“中华民族”在近现代历史发展关系中重要的开端。

一方面，从甲午战争至辛亥革命，中国思想理论界关于民族问题的认识和讨论，初步赋予了“满”“满洲”到“满族”的转变，同时也初步赋予了“中华民族”以“五族共和”的现代意义。

首先，严复、康有为、梁启超开始了对民族、民族主义及国内民族关系问题的现代性思考，并与满汉关系问题结合起来，开启了满族与“中华民族”近现代历史发展关系之端倪。严复翻译的《天演论》成为国人了解西方近代民族主义思潮的理论文本，其虽主张“物竞天择，适者生存”社会进化论、“合群”自强保种之说，但对“排满”则不以为然，强调将“排满”与提倡民族主义的政治立场联系起来：“中国社会，宗法而兼军国者也，故其言法也，亦以种不以国。观满人得国凡三百年，而满汉种界，厘然犹在……是以今日党派，虽有新旧之殊，至于民族主

① 参见迟云飞：《清末最后十年的平满汉畛域问题》，《近代史研究》2001年第5期；朱东安：《晚清满汉关系与辛亥革命》，《历史档案》2007年第1期；[美] 路康乐著，王琴、刘润堂译：《满与汉：清末民初的族群关系与政治权力》（1861—1928），中国人民大学出版社，2010年。

义，则不谋而皆合。今日言合群，明日言排外，甚或言排满……盖民族主义，乃吾人种智之所固有者，而无待于外铄，特遇事而显耳。虽然，民族主义将遂足以强吾种乎？愚有以决其必不能者矣。”[①] 康有为对满汉关系问题有进一步深刻的认识。1898 年，康有为奏陈光绪帝，称“方今绝海棣通，列强邻迫，宜合举国之民心，以为对外之政策，不宜于一国民之内，示有异同”，故而提出“君民合治，满汉不分，以定国是而一人心，强中国”的政治主张，理应“立裁满汉之名，行同民之实”，最终“合为中华”[②]。康有为反对狭隘的民族主义，“谈革命者，开口必攻满洲，此为大怪不可解之事，满洲、蒙古，皆吾同种，何从别而异之，其辫发衣服之不同，犹泰伯断发文身耳”，并倡导“大中国”，即“以我之愚，窃爱大中国，爱一统”，强调“只有所谓中国，无所谓满汉；帝统宗室，不过如汉刘、唐李、宋赵、明朱，不过一家而已”[③]。戊戌变法失败后，梁启超积极宣传西方近代民族主义理论，发表了《国家思想变迁异同论》《论民族竞争之大势》《新民说》等多篇文章，创造性地提出了“中华民族”名称与“小民族主义”“大民族主义”概念，明确提出了“合汉、合满、合回、合苗、合藏，组成一大民族”的政治主张。[④] 1905 年，梁启超分析了中国民族的多元性和混合性，“中华民族自始本非一族，实由多数民族混合而成”，将满族与“中

① 王栻主编：《严复集》，中华书局，1986 年，第 926 页。

② 康有为：《请君民合治满汉不分折》，载汤志钧主编：《康有为政论集》（上），中华书局，1981 年，第 340—343 页。

③ 康有为：《答南北美洲诸华商论中国只可行立宪不可行革命书》，载汤志钧主编：《康有为政论集》（上），中华书局，1981 年，第 487—489 页。

④ 梁启超：《政治学大家伯伦知理之学说》，《饮冰室合集 · 文集之十三》第一册，中华书局，1989 年，第 76 页。

华民族”关系的认知向前推进了一大步。[1]

其次，自1903年开始的“排满论”到革命派与改良派论战中的“满汉关系”问题争论[2]，对满族与“中华民族”近现代历史发展关系的认知影响最大。关于“排满论”甚嚣尘上的原因，时人称“满汉二族厉害关系全然相反”，欲求自存，非先除去满人不可，由是“汉满种族之问题渐生，而排满之风潮起矣”[3]。1903年12月，孙中山在檀香山发表演说，“我们一定要在非满族的中国人中间发扬民族主义精神，这是我毕生的职责。这种精神一经唤起，中华民族必将使其四亿人民的力量奋起，并永远推翻满清王朝”[4]。“排满”运动的急先锋当属章炳麟，他主张“满族是异种，非吾中夏神明之胄”，强调实行满汉分治，“自渝关而外，东三省者，为满洲之分地；自渝关而内，十九行省者，为汉人之分地”[5]，坚持“汉族必须排除满洲异种”，才能“光复中国之种姓也，光复中国之州郡也，光复中国之政权也”[6]。邹容在《革命军》开篇即言“扫除数千年种种之专制政体，脱去数千年种种之奴隶性质，诛绝五百万有奇之满洲种，洗尽二百六十年残惨虐酷之大耻辱，使中国大陆成干净土”，并不断渲染种族

---

① 梁启超：《历史上中国民族之观察》，《新民丛报》，第65—66号，1905年。

② 参见崔志海：《辛亥时期满汉关系问题论争的再考察——以〈民报〉和〈新民丛报〉为中心》，《史林》2011年第4期。

③ 陶成章：《浙案纪闻》，见《陶成章集》第五卷，中华书局，1980年，第32页。

④ 孙中山：《在檀香山正埠的演说》，《孙中山全集》第一卷，中华书局，1981年，第227页。

⑤ 章炳麟：《正仇满论》，张枬、王忍之编：《辛亥革命前十年间时论选集》第一卷，生活·读书·新知三联书店，1960年，第96—97页。

⑥ 章太炎：《排满平议》，张枬、王忍之编：《辛亥革命前十年间时论选集》第三卷，生活·读书·新知三联书店，1960年，第51页。

主义仇杀，“先推翻满洲人所立北京之野蛮政府，驱逐居住中国中的满洲人，或杀以报仇，诛杀满洲人所立之皇帝，以儆万世不复有专制之君主”①。革命派以《民报》为舆论阵地，突出种族问题，强调“满汉异种”，矢志“驱除鞑虏，恢复中华”，试图打破传统多民族国家的框架，建立一个单一的汉族民族国家，最终目的是建设起一个“中华=中国人=汉族”的公式。②

改良派的论述以“君民合治，满汉不分”为基本内容，强调合群才能抵御列强。如叶恩认为，“今满汉也，皆黄种也，同一民族也，同一民族则宜团为一体，不宜歧视。汉满民族，同担义务，同享利权，则中国不数千年而强，大清之统不万年而存，未之有也”③。时人对革命派的革命排满主张也进行了批评，“因满人为异族，故当以汉人代满人，则此说尤谬。夫以汉人视满，则满人为异族；以苗民视汉人，则汉人又为异族。使实行民族主义，在彼满人，固当驱逐，即我汉人，亦当返居帕米尔西境，以返中国于苗民，岂得谓中土统治权，当为汉人所独握”④。改良派以《新民丛报》为宣传阵地，宣传具有满汉融合的政治概念的“中华民族”，在“以华变夷”传统民族观角度上解释满汉关系，借此应对革命派“排满”的革命呼声，找到实现传统民族关系向现代转换的路径。

① 邹容：《革命军》，张枬、王忍之编：《辛亥革命前十年间时论选集》第一卷，生活·读书·新知三联书店，1960年，第651—675页。

② 王柯：《民族与国家：中国多民族统一国家思想的系谱》，中国社会科学出版社，2001年，第193页。

③ 叶恩：《上振贝子书》，张枬、王忍之编：《辛亥革命前十年间时论选集》第一卷，生活·读书·新知三联书店，1960年，第209—210页。

④ 志达：《保满与排满》，张枬、王忍之编：《辛亥革命前十年间时论选集》第二卷，生活·读书·新知三联书店，1960年，第916页。

最后，清末立宪运动中的“五族”论，是满族与“中华民族”近现代历史发展关系认识的进一步深化。立宪派代表人物杨度对国内民族关系问题进行了较为完整的表述，其《金铁主义说》集中体现了“五族合一”思想，“国民之汉、满、蒙、回、藏五族，但可合五为一，而不可分一为五”“至于合五为一，则此后中国，亦为至要之政”①。关于满汉关系的问题，他认为无论满族还是汉族都应以国家主义为本，即国家民族主义是各民族的共同取向，进而在国民统一之下实现民族平等、文化融合，“其始也，姑以去其种族即国家之观念；其继也，乃能去其君主即国家之观念，而后能为完全之国民，庶乎中国全体之人混化为一，尽成为‘中华民族’，而无痕迹、界限之可言”②。杨度强调在实行“国民统一之策”时，除了实现满汉平等之外，还要同化蒙、回、藏，“蒙、回、藏同化之后，不仅国中久已无满、汉对待之名，亦已无蒙、回、藏之名词，但见数千年混合万种之中华民族，至彼时而益加伟大，益加发达而已矣”③。

留日满族学生倡导立宪，创办《大同报》，既反对排满，也反对排汉，强调满汉协同“蒙回藏诸族，团结一体，安定内部”，即“攘外必先安内”，以巩固国基为主，“一致对外”，认为只有“唤醒国民同负责任，监督政府，扶起国家，称雄世界，足以御排满之波而熄排汉之焰”④。关于中国人在种族上的区分，

① 杨度：《金铁主义说》，刘晴波主编：《杨度集》，湖南人民出版社，1986 年，第 302—304 页。

② 杨度：《金铁主义说》，刘晴波主编：《杨度集》，湖南人民出版社，1986 年，第 372 页。

③ 杨度：《金铁主义说》，刘晴波主编：《杨度集》，湖南人民出版社，1986 年，第 369 页。

④ 乌泽声：《满汉问题》，《大同报》，第一号，第 1—2 页。

旗人恒钧认为可以分为“满、汉、蒙、回、藏”五族，今日中国之领土则为“满、汉、蒙、回、藏”五族合并为一团，欲释中国之定义，“当以满汉蒙回藏五族人民为其构成唯一无二之原因”。他还强调“今日之中国非汉人之中国，亦非满人之中国，乃满、汉、蒙、回、藏之中国”①。

上述认知与讨论，虽然涉及内容广泛，但聚焦的是国家近代转型中的民族关系问题，民族问题与国家政治重建相互交织在一起，初步解决了满族是“五族”之一，而“五族”则是由多民族构成的“中华民族”的主体，二者互为表里，相辅相成。

另外，辛亥革命的政治实践初步完成了满族与“中华民族”近现代历史发展关系中现代民族国家的制度安排。

其一，从武昌起义到南京临时政府的成立，是各民族的民主革命，而非一般意义上的民族革命，开启了满族与“中华民族”近现代历史发展关系的历史闸门。1911 年 10 月 10 日，武昌起义爆发，各省相继独立，各民族地区也相继光复，辛亥革命成为一场全国各族人民参与的近代民族民主革命运动，不仅结束了中国 2000 多年的封建王朝历史，而且也建立了具有现代民族国家形式的中华民国。② “五族共和”成为南北政治势力的基本共识，在议和、谈判、较量中实现了国家转型。1912 年 2 月 12 日，清廷宣布逊位诏书，“今全国人民心理多倾向共和，南中各省既倡议于前，北方诸将亦主张于后，人心所向，天命可知，予亦何忍因一姓之尊荣，拂兆万民之好恶，是用外观大势，内审舆情，特率皇帝将统治权公诸全国，定位立宪共和国体……总期人民安

① 恒钧：《中国之前途》，《大同报》第五号，第 1—3 页。

② 林家有：《辛亥革命与少数民族》，河南人民出版社，1981 年，第 115—133 页。

堵，海宇乂安，仍合满、蒙、汉、回、藏五族完全领土为一大中华民国”①。通过清帝逊位，避免了国家分裂与民族仇杀，并将清王朝原有的领土、主权完整地移交给民国政府，实现了政权的平稳过渡。《清室优待条件》分为清帝、清皇族及满、蒙古、回、藏各族待遇等三部分内容，“满、蒙、回、藏各民族赞同共和，与汉人平等，满蒙回藏原有之宗教，听其信仰自由”②。

其二，民国取代清王朝，“五族共和”奠定了统一多民族现代国家的合法性与正当性，从国家制度层面开启了满族与“中华民族”近现代历史发展关系的又一面向。1912 年 1 月 1 日，南京临时政府成立，孙中山在南京就职宣言时提出：“尽扫专制之流毒，确定共和，以达革命宗旨，完国民之志愿……国家之本，在于人民，合汉、满、蒙、回、藏诸地为一国，即合汉、满、蒙、回、藏诸族为一人，是曰民族之统一。”③ 汉、满、蒙、回、藏的“五族共和”之论由此得以倡导。3 月 11 日，《中华民国临时约法》颁布，规定“中华民国人民一律平等，无种族、阶级、宗教之区别”④。这标志着“五族共和”正式成为国家民族政策的重要内容。辛亥革命的政治实践，对于满族与“中华民族”

① 《谕内阁钦奉隆裕皇太后懿旨特率皇帝将统治权公诸全国定为立宪共和国体由袁世凯以全权组织临时共和政府合满蒙汉回藏五族领土为中华民国》，载阎初、冯明珠等主编：《涓滴成洪流——清宫国民革命史料汇编》（四），台北世界书局，2011 年，第 355 页。

② 《附录优待条件并列于正式公文由两方代表照会各国驻北京公使转达各该政府》，载阎初、冯明珠等主编：《涓滴成洪流——清宫国民革命史料汇编》（四），台北世界书局，2011 年，第 358—361 页。

③ 中国第二历史档案馆编：《临时大总统就职宣言书》，《中华民国史档案资料汇编》（第二辑），江苏人民出版社，1991 年，第 1—2 页。

④ 孙中山：《中华民国临时约法》，《孙中山全集》（第二卷），中华书局，1982 年，第 220 页。

之近现代历史发展关系的意义在于，满族由清王朝时代的统治民族成为民国时代的“五族”之一，由“五族”构成的“中华民族”则成为中国现代国家民族的代表，二者是一个交相互动的历史过程。

总之，辛亥之际是满族与“中华民族”之近现代历史发展关系的一个重要阶段，无论是思想认识上还是政治实践上，都开启了二者之近现代发展过程，这就是“中华民族”作为现代国家民族与作为“中华民族”之一的现代满族的历史过程。但需要指出的是，这仅仅是一个开端，充满了诸多历史问题与局限，并未客观地反映中国多民族的历史与现实。[①] 南京临时政府颁布了《临时大总统关于限期剪辫致内务部令》，对“满虏窃国，易于冠裳，强行编发之制”进行抨击，强调“今者满廷已覆，民国成功，凡我同胞，允宜涤旧染之污，作新国之民”“凡未去辫者，于令到之日，限二十日一律剪除净尽，有不遵者以违法论，以除虏俗”[②]。此时，歧视满族风气日盛，大量的反满叙事文本如《满夷猾夏始末记》等相继刊行，充斥着歧视满族的宣传。迫于生计，大量的满族人只好剪除辫子、隐藏族群身份、冠以汉姓，以一种“受损身份”谋职度日。[③] 民国年间，满族人口从清末的450万降到150万左右。[④] 然而，我们对此也不能过于苛求，如同正确看待辛亥革命本身的局限与不足一样。

---

① 参见彭武麟：《南京临时政府时期的国家转型与民族关系之建构：以“五族共和”为中心》，《民族研究》2009年第3期。

② 中国史学会主编：《辛亥革命》（八），上海人民出版社，2000年，第28页；中国第二历史档案馆编：《临时大总统就职宣言书》，《中华民国史档案资料汇编》（第二辑），江苏人民出版社，1991年，第32页。

③ 金启孮：《北京郊区的满族》，辽宁民族出版社，1998年，第125页。

④ 王锺翰：《“国语骑射”与满族的发展》，《故宫博物院院刊》1982年第2期。

（二）危机与重建：民国政府时期的满族与“中华民族”

民国政府时期是满族与“中华民族”之近现代历史发展关系的又一重要阶段，这一阶段又可分为北洋政府时期与南京国民政府时期两个阶段，总体特征表现为“民国”招牌下的“五族共和”之政治危机与紧张以及民族民主革命之实践与认识中的重建与升华。

第一个阶段，北洋政府时期。满族在“五族共和”招牌下的有名无实，族群政治张力凸显；“大汉族主义”的民族同化代替了辛亥之际的“五族共和”成为“中华民族”的代名词。满族与“中华民族”之近现代历史发展关系面临严重的现实危机。

首先，在国家政治制度层面，北洋政府打着“五族共和”的幌子，在民族政策方面仅有其表，而无其实，推行民族同化政策，满族与“中华民族”近现代历史发展关系陷入危机之中。袁世凯上台后相继颁布了各项法律重申“五族平等”，维护其统治。1912 年 4 月 13 日，北洋政府颁布《劝谕汉、满、蒙、回、藏各族联姻令》，鼓励汉族与满、蒙、回、藏各族进行通婚，“以除异同之迹……以期情谊之孚”[①]。1914 年 5 月，北洋政府颁布《中华民国约法》，规定“中华民国人民，无种族、阶级、宗教之区别，法律上均为平等，人民于法律范围内，有信教之自由”“中华民国元年二月十二日所宣布之大清皇帝辞位后优待条件，清皇帝待遇条件，满蒙回藏各族待遇条件，永不变更其效力”[②]。随后，又批准成立了五大民族生计会，该会以“开通民

① 《临时公报》，1912 年 4 月 14 日。

② 陈荷夫：《中国宪法类编》，中国社会科学出版，1980 年，第 381—388 页。

智，利用厚生，务使一般人民皆能自谋生活，得享共和幸福”为宗旨，“无男女、种族、阶级之区别，凡五族男女，已经成年，皆得以会员”[①]。内务部又批准成立了以“扶助共和政体，化除汉、满、蒙、回、藏畛域，谋一致之进行”为宗旨的“五大民族共和联合会”（简称五族共和会），该会由赵秉钧为联合会总理，陆建章为协理。[②]

继袁世凯执掌北洋政府者均是军阀和政客，虽然在政府各种文件、法规中强调实行“五族共和”、民族平等，只不过是一纸空文，满族受到普遍歧视，其政治地位与社会身份均发生了重大变化，“自从民元到如今，民族沉怨四海深；旗族伤残如草菅，谁敢自言满族人”[③]。按照协议，清东陵陵寝和后龙风水区享受民国《优待皇室条件》，所有权归皇室，管理机构和驻军保持原状，开支由民国政府在每年拨给皇宫的400万两白银名下支付，但因北洋政府财政困难，无力支付，守陵八旗子弟生活无着，守陵大臣不得不上书逊帝溥仪及北洋政府，请求将部分后龙禁地用以砍伐开垦之用。[④] 袁世凯死后，军阀混战、政局动荡，北洋政府更无暇顾及满族问题，旗人生计问题愈演愈烈，“政局虽屡改，其不改者有一事，即八旗生计问题是也；政局虽屡改，其所改者

① 《黎光熏等组织五大民族生计会呈请备案文件》，中国第二历史档案馆编：《中华民国档案史料汇编》（第三辑政治二），江苏古籍出版社，1991年，第775—776页。

② 《五大民族共和联合会章程及实行细则》，中国第二历史档案馆编：《中华民国档案史料汇编》（第三辑政治二），江苏古籍出版社，1991年，第926页。

③ 《民族问题五种丛书》辽宁省编辑委员会：《满族社会历史调查》，辽宁人民出版社，1985年，第201页。

④ 参见全国图书馆文献缩微复制中心：《东陵公牍》，全国图书馆文献缩微复制中心2005年。

实亦一事，即八旗生计问题终无正式之解决”①。北洋政府所支付清皇室的岁费则大幅度下降，“政府并未足额支付清室，清皇室财政不如意，穷困异常，时常典卖旧物为生。梁敦彦、铁良等二十五名前清遗老，联名奏请张作霖对清皇室予以援助”②。1916年后，京城八旗的粮饷也出现了拖欠现象，经常有24个都统联合起来向总统府索饷的事情发生，“到民国七（年）、八年，旗饷支付就更困难了，一些旗兵只能在三大节（正月、五月、八月）领些钱，饷银成了变相的救济费，后来只能领十几个铜元而已”③。

其次，各类满族社会团体成立，凸显了满族族群性特征与政治张力，尤其是满族贵族遗老遗少的政治逆流产生了十分重要的历史影响。

民国以后，满族同进会、筹办八旗生计会、三旗共和协进会、旗族生计研究会、驻防八旗同乡自治会、八旗世爵世职生计联进会、清室五处生计维持会④等满族的社会团体组织纷纷成立。他们或多方筹款，解决旗人生计问题；或向政府呈文，要求平等的政治权力。其中，满族同进会⑤是最具代表性的团体，该

---

① 章福荣：《旗族最后之五分钟》，《旗族存亡一大问题》，1922年，第40页。

② JACAR（亚洲历史资料中心（JACAR）National Archives Japan）Ref. B03050747100，张総司令清室补助二関スル件（外务省外交史料馆）。

③ 《北京满族调查报告》，中国科学院民族研究所辽宁少数民族社会历史调查组编《满族社会历史调查报告》中国科学院民族研究所辽宁少数民族社会历史调查组，1963年，第8页。

④ 于彤、袁凤华辑：《北洋政府时期北京社团一览》，《北京档案史料》1991年第1—3期。

⑤ 参见拙文《齐满人之心志，逐共和之权益：民国前期满族同进会及其权利诉求》，载达力扎布主编：《中国边疆民族研究》，中央民族大学出版社，2012年，第138—150页。

会主张辑合五族感情，敦睦“旗族”私谊，“促共和之进行，尽分子之责任，求国民之幸福”①。满族同进会对八旗军警界演说时称，“现在五族共和了，我们旗人也是五族里的一族，我们中国的存亡，旗人们也担着责任。中国从此强盛，我们是同享幸福，中国真要灭亡，我们是一样受罪。我看我们现在的中国，就仿佛是一家子人家儿，我们既然是家里人，就不能置身事外了，然而人们的职业，可是各有不同，也有为商的，也有当兵行政的，行当儿虽不一样，那维持国家的责任，可是谁也推不开的”②。此演说意在强调旗人同属“中华民族”的一分子，享有同等的责任与权利。满族同进会会员恒钧参加了黄兴等人发起成立“中华民国民族大同会”（后改成“中华民族”大同会）③。作为“五族共和”之一的满族，其政治身份转变与社会团体建立，既表现了满族人对本民族自身命运的关注与忧虑，也体现了对“中华民族”的认同。

1912—1916年，以肃亲王善耆为首的宗社党联合部分蒙古上层王公，与日本侵略势力相勾结，两次策动满蒙独立运动，均以失败告终。1924年，冯玉祥发动北京政变，修改《优待条件》，以及1928年清东陵惨遭洗劫，标志着维系中华民国与传统

① 《满族同进会劝告八旗父老子弟书》，《顺天时报》，1912年4月30日。

② 中国第二历史档案馆藏：《满族同进会劝告八旗军警界同胞白话浅说》，内务部，全宗号1001（2），案卷号710。转引自戴迎华：《清末民初旗民生存状态研究》，人民出版社，2010年，第126页。

③ 《临时政府公报》，1912年4月3日，第56号。

帝制之间脆弱的政治纽带被斩断了。[①]上述历史事件，虽然不是溥仪投靠日本成立“伪满洲国”的最主要因素，但是与其满族族群政治张力也不是毫无关系。[②]换言之，如果满族不是传统帝制的统治民族，恐怕这种现象也可能是另外一种情形。

第二个阶段，南京国民政府时期。一方面，满族依旧在民族平等外衣下有名无实，民族权利遭到剥夺，并屡遭歧视，满族成为“中华民族”宗族论下的一个宗支；另一方面，中国共产党在新民主主义革命理论与实践中，对满族与“中华民族”关系进行了理论总结与科学表达，即“中华民族”是中国各民族的代表，满族是“中华民族”的一员。

首先，南京国民党及其政府虽然在发表演说和制定政策时声称要继承“三民主义”，提倡各民族一律平等，而在实际过程中推行的却是民族压迫、民族歧视、民族同化政策。1927 年，国民党在对全体党员的训令中声明：“本党已至以革命统一全国之时机，今后不但须使中华民族对外求自由平等，且须使国内少数民族一律平等，以证实本党之民族主义为民族解放。本党同志当对于满、蒙、回、藏少数民族之解放，力予援助，使能在本党统

---

① 参见张书才：《民国政府修正清室优待条件》，《溥仪出宫后图谋恢复优待条件史料》，《历史档案》，2000 年第 1 期。JACAR（亚洲历史资料中心（JACAR）National Archives Japan）Ref. B03050747400 清室待遇问题/2 大正 13 年 11 月 7 日から大正 13 年 11 月 26 日（外务省外交史料馆）。

② “我听到东陵守护大臣报告了孙殿英盗掘东陵的消息，当时所受到的刺激，比我自己被驱逐出宫时还严重；我的复辟、复仇的思想，这时达到了一个新的顶峰”。“蒋介石曾试图以恢复‘优待条件’安抚溥仪，却遭到溥仪冷笑‘国民政府早干什么去了？优待条件废了那么多年，孙殿英渎犯了我的祖陵，连管都没管，现在是怕我出去丢蒋介石他们的人吧，这才想起优待’”。爱新觉罗·溥仪：《我的前半生》，中华书局，1977 年，第 230—231 页、第 283 页。

一之后，相与自由联合。”[①] 1928 年，蒋介石完成“二次”北伐。1929 年 3 月，在国民党第三次全国代表大会上，国民党强调“于民族主义上，乃求汉、满、蒙、回、藏人民密切的团结，成一强固有力之国族”[②]。南京国民政府时期颁布了《中华民国训政时期约法》《中华民国宪法草案》《中华民国宪法》等三部宪法，其中对少数民族问题均有涉及。1931 年，南京国民政府以宪法的形式规定了各民族一律平等，“中华民国国民，无男女、种族、宗教、阶级之区别，在法律上一律平等”[③]。1936 年 5 月，南京国民政府在《中华民国宪法草案》中，提出“中华国族”的名称，强调了“中华民国各民族均为中华国族之构成分子，一律平等”[④]。1946 年 12 月，南京国民政府通过《中华民国宪法》，强调了“中华民国各族一律平等，中华民国人民，无分男女、宗教、种族、阶级、党派，在法律上一律平等”[⑤]。

国民党和蒋介石的中华民族“宗族论”，否认满族的存在。1928 年后，南京国民政府打着孙中山“三民主义”旗号，大力推进“国族建构”，认为各个民族都是“中华民族”中的宗族宗支，而且只承认汉、满、蒙、回、藏五个宗族，无视其他民族的

---

① 荣孟源：《中国国民党历次代表大会及中央全会资料》（上册），光明日报出版社，1985 年，第 315 页。

② 《中国国民党第三次全国代表大会重要决议案》，中国第二历史档案馆编：《中华民国史档案资料汇编》（第五辑第一编政治二），江苏古籍出版社，1991 年，第 84 页。

③ 《中华民国训政时期约法》，中国第二历史档案馆编：《中华民国史档案资料汇编》（第五辑第一编政治一），江苏古籍出版社，1991 年，第 269 页。

④ 《中华民国宪法草案》，中国第二历史档案馆编：《中华民国史档案资料汇编》（第五辑第一编政治一），江苏古籍出版社，1991 年，第 275—288 页。

⑤ 《中华民国宪法》，载陈荷夫：《中国宪法类编》，中国社会科学出版，1980 年，第 425—426 页。

存在。1942年8月，蒋介石在西宁演讲时称：“我们中华民国是由整个中华民族所建立的，而我们中华民族乃是联合我们汉、满、蒙、回、藏五个宗族组成一个整体的名词。我说我们是五个宗族而不是五个民族，就是说我们都是构成中华民族的分子，像兄弟合成家庭一样。故我们只有一个中华民族，而其中各单位最适当的名称，实在应为宗族。”① 蒋介石在《中国之命运》一书中强调，“‘中华民族’是多数宗族融合而成的，我们的各宗族，实同为一个民族，并且为一个体系之一个种族”。关于满族，蒋介石和南京国民政府拒绝承认“满族是一个单一”的民族，认为满族已经完全被汉族所同化，成为一体的“中华民族”的组成部分，“迄于清代，则农工商业的经营，更全赖汉族努力，即满族亦融化与中华民族”之中，满族入主中原，其宗族的融化，与金代相同，故辛亥革命以后，满族与汉族，实已融合为一体，更没有歧异的痕迹”。②

其次，在国民党推行民族同化政策的背景下，当时主流知识界尤其是民族历史学界否认满族作为单一的少数民族，强调“中国只有一个民族——中华民族”，反映了民族危机之下满族与“中华民族”近现代历史发展关系的又一侧面。傅斯年在《中国民族革命史稿》中强调：“满人的祖先，乃明代的土司，汉化本已甚深，满洲的若干姓氏，最初都是汉姓，后来才强行泯除汉字的痕迹，现今满人在生活、语言、宗教上均与汉人无殊，因此都

① 《总裁论宗族与民族》，《中央周刊》1943年6月3日。

② 蒋中正：《中国之命运》，青年军出版社复印本，第2—9页。

已成为汉人。”[①] 1939 年，顾颉刚也认为，“满人本不是一个民族，在今日，除了鱼皮达子之外，固已全体融化在汉人里了，即在当年亦不具一个民族的条件”[②]。1942 年，吴文藻认为，满族已“成为历史名词”“东北三省虽是满族的发祥地，现在确已变为中华民族的垦殖区。满族入关，统治中原二百六十余年，在此期间，满汉完全同冶一炉，成为一个国族的构成分子”[③]。1944 年，萧一山强调，“历史上何曾有一个满族”“女真人早就被汉人同化了，充其量不过剩下爱新——金一姓而已，还能叫做满族？”[④]。同时，关于“中华民族”，主流知识界呈现出“一体”与“多元”的争论。[⑤] 顾颉刚发表《中华民族是一个》一文，强调了中国只有一个“中华民族”。费孝通则对“中华民族是一个”提出了质疑，认为少数民族的存在是客观事实，“谋求政治的统一，不一定要消除‘各种各族’之间的界限”。顾费之争虽然表面上是“中华民族”多元还是一元之争，事实上则是“是否承认非汉群体民族性”的问题。

① 《中国民族革命史》是孟真先生未完成的著作，而且从来没有发表过，因此暂名《中国民族革命史稿》，大致是民国二十七年秋天到翌年春天的一段时间内在昆明写成的。傅乐成：《傅孟真先生的民族思想》，王为松编：《傅斯年印象》，学林出版社，1997 年，第 203—204 页。

② 顾颉刚：《再论“本部”与“五族”》，《益世报》第 20 期，1939 年 5 月 10 日。

③ 吴文藻：《边政学发凡》，《边政公论》1942 年第 1 卷第 5、第 6 期合刊。

④ 萧一山：《“中华民族”与所谓“满族”》，《四川青年》第二卷，1944 年第 1 期，第 14 页。

⑤ 参见周文玖、张锦鹏：《关于“中华民族是一个”学术论辩的考察》，《民族研究》2007 年第 3 期；周文玖：《从“一个”到“多元一体”——关于中国民族理论发展的史学史考察》，《北京大学学报》2007 年第 4 期；黄天华：《民族意识与国家观念——抗战前后关于“中华民族是一个”的论争》，中国社会科学院近代史研究所民国史研究室、四川师范大学历史文化学院编《一九四〇年代的中国》，社科文献出版社，2009 年，第 1044—1061 页。

南京国民政府只是给予了满族形式上的平等，而“遭杀戮之残、忍隐名之羞、受歧谬之恻”则是国民党统治时期满族真实的生存状况。[①]为了争取平等权利，北平满族协会等满族团体相继成立，成为满族向社会发声的重要窗口。时人曾对北平满族协会在当时的进步作用这样评价：“一是团结起来向国民党争取平等的民族权利；二是拒绝了伪民政局长马汉三想利用该组织进行征兵的要求；三是拒绝了南京方面要求的将‘北平满族文化协会’改为以‘拥护戡乱，实施宪政’为宗旨的‘中国满族协会’的要求；四是启发满族人民认清国民党固守大汉族主义的面目；五是该会青年部曾组织小规模讲演会，介绍了苏联民族政策等。”[②]

最后，共产党既承认“中华民族”一体性，也承认“中华民族”多元性，强调“中华民族”的各民族不论大小一律平等，在理论层面将满族视为“中华民族”的一员，从而将满族与“中华民族”的近现代历史发展关系提升到一个新的高度。中国共产党充分认清中国历史和现实国情，成功地肩负起了构建现代统一多民族国家的历史任务，最终确立了多民族共同构成“中华民族”这一国家民族地位。1923 年 1 月，李大钊强调，“今后中国的汉、满、蒙古、回、藏五大族，不能把其他四族作那一族的隶属，应实现联合而非隶属的关系”[③]。1938 年 8 月 1 日，时任延安中宣部副部长兼秘书长的杨松发表《论民族》，强调，“中华民族代表中国境内各民族，是中国境内各民族的核心，团结中

① 参见赵书：《建国前后北京的满族》，《满族研究》1992 年第 2 期。

② 赵书：《辛亥革命后的北京满族》，载北京市政协文史资料委员会编：《辛亥革命后的北京满族》，北京出版社，2002 年，第 13 页。

③ 李大钊：《平民主义》，《李大钊全集》第四卷，人民出版社，2006 年，第 123 页。

国境内各民族成为一个国家，中国境内还存在着少数民族，如满族（古称东胡族）"[①]。1938 年 10 月，毛泽东在《论新阶段》中，明确提出，"允许蒙、回、藏、苗、瑶、夷、番等各民族与汉族有平等权利，在共同对日原则下，有自己管理自己事务之权，同时与汉族联合建立统一国家"[②]。1939 年 12 月，中国共产党阐释了"中华民族"的基本内涵，即"中华民族包括汉、满、蒙、回、藏、苗、瑶、番、黎、夷等几十个民族，是世界上最勤苦耐劳，最爱和平的民族。中国是一个多民族的国家，中华民族是代表中国境内各民族之总称，四万万五千万人民是共同祖国的同胞，是生死存亡利害一致的"[③]。1940 年 2 月，在延安主持西北工作委员会工作的关烽（即贾拓夫）认识到团结各民族抗战的重要性，指出中华民族是由"中国境内汉、满、蒙、回、藏、维吾尔、苗、瑶、夷、番各个民族组成的一个总体"，抗战胜利、新中国成立，没有国内各个民族的积极参加，是没有最后保证的。[④] 中国共产党主张"团结中华各族（汉、满、蒙、回、藏、苗、瑶、番等）为统一的力量，共同抗日图存"，实行"各民族

① 杨松：《论民族》，中共中央统战部编：《民族问题文献汇编》，中共中央党校出版社，1991 年，第 767 页。

② 毛泽东：《论新阶段》，中共中央统战部编：《民族问题文献汇编》，中共中央党校出版社，1991 年，第 595 页。

③ 《八路军政治部抗日战士政治课本》，中共中央统战部编：《民族问题文献汇编》，中共中央党校出版社，1991 年，第 807—808 页；毛泽东：《中国革命和中国共产党》，中共中央统战部编：《民族问题文献汇编》，中共中央党校出版社，1991 年，第 625—627 页。

④ 关烽：《团结中华各族争取抗战建国的胜利》，中共中央统战部编：《民族问题文献汇编》，中共中央党校出版社，1991 年，第 816 页。

一律平等”的民族政策。[①] 1945年4月，毛泽东对“宗族论”进行了批判，“国民党反人民集团否认中国有多数民族存在，而把汉族以外的各少数民族称为‘宗族’，他们对于各少数民族，完全继承清朝政府和北洋军阀政府的反动政策，压迫剥削，无所不至……这是大汉族主义的错误的民族思想和错误的民族政策”，并强调了中国共产党完全同意孙先生“中国民族自求解放、中国境内各民族一律平等”的民族政策，共产党人必须积极地帮助“各少数民族的广大人民群众为实现中国而奋斗，必须帮助各少数民族的广大人民群众，包括一切联系群众的领袖人物在内，争取他们在政治上、经济上、文化上的解放和发展，他们的语言、文字、风俗、习惯和宗教信仰，都应被尊重”[②]。中国共产党承认少数民族存在的客观事实，制定了适合中国国情的民族政策，为新民主主义民族的平等、团结之路奠定了基础。[③]

总的来说，民国政府时期是满族与“中华民族”之近现代历史发展关系的又一个重要阶段，二者在危机与重建中交相互动，呈现出错综复杂的历史面向。具体来说，在辛亥革命的基础上，民国时期的满族与“中华民族”之近现代历史发展关系既有倒退也有发展和创新。前者是北洋政府、南京国民政府在民族关系认识上受到西方民族主义理论的束缚，推行“大汉族主义”后者是对满族与“中华民族”关系的认识未曾出现中断，尤其

① 《中共中央扩大的六中全会政治决议案》，中共中央统战部编：《民族问题文献汇编》，中共中央党校出版社，1991年，第608页；《实行正确的民族政策》，中共中央统战部编：《民族问题文献汇编》，中共中央党校出版社，1991年，第681—682页。

② 毛泽东：《论联合政府》，中共中央统战部编：《民族问题文献汇编》，中共中央党校出版社，1991年，第742—743页。

③ 参见周昆云：《抗日战争时期中国共产党对国内少数民族的认识》，《广西民族研究》2003年第3期。

是中国共产党立足中国国情，将马克思主义的民族理论“中国化”，坚持马克思主义的民族平等观，既承认“中华民族”的“多元”，也承认“中华民族”的“一体”，不仅在理论层面承认满族族群特征，而且将满族视为“中华民族”的一员，最终通过民族民主革命实现了政治重建与民族平等的有机合一。伴随着新民主主义革命的胜利，满族与“中华民族”之近现代历史发展关系掀开了历史崭新的一页。

（三）地位争议与确认：新中国时期的满族与“中华民族”

1949 年，中华人民共和国成立，从根本上废除了民族歧视与民族压迫，实现了民族国家的“大一统”格局，开启了满族与“中华民族”近现代历史发展关系的新纪元。满族从新中国成立前后的地位争议到被确认为单一的少数民族，再到建立县乡两级民族区域自治单位，满族与“中华民族”的近现代历史发展关系进入新的历史阶段。这一阶段的主要特征是：满族被确认为单一的少数民族，成为“中华民族”有机的组成部分；“中华民族”成为中国各民族的总称，成为包括汉族、满族等 56 个民族组成的大家庭。

首先，新中国在法律制度中明确实行平等的民族政策，是满族与“中华民族”近现代历史发展关系的新时期，奠定了二者关系最终确认的政治基础。民族平等原则成为新中国民族政策的核心内容，民族区域自治制度是新中国的一项基本政治制度。1949 年 9 月，中国人民政治协商会议通过了具有国家宪法性质的《共同纲领》，不仅宣布了“中华人民共和国境内各民族一律平等，反对大汉族主义和狭隘的民族主义，禁止民族间的歧视、压迫和分裂各民族团结的行为”，而且还规定了“各少数民族聚居区实行民族区域自治，各少数民族均有发展其语言、文字、保持或改革其风俗习惯及宗教信仰的自由”①。1954年9月，《中华人民共和国宪法》规定，“中华人民共和国是统一的多民族国家，各民族一律平等，各少数民族聚居的地方实行区域自治”②。按照《共同纲领》及《共和国宪法》规定，满族享有平等的政治权利。

其次，在政治实践过程中，满族经历了地位争议，但最终被新中国政府正式认定为中国少数民族之一，真正获得了平等的政治权力，成为新中国时期满族与“中华民族”近现代历史发展关系中的关键步骤。关于满族的政治地位，新中国成立前就曾存在争议。1949年1月18日，中共中央中原局第三书记邓子恢就“开封郑州现有满族人（在旗）2000多，间接提出在联合政府中或人民代表会议中是否按民族单位派代表参加”一事，应如何予以答复请示中央。③ 1月28日，中央予以回复，认为满族人民自深入内地后，居住分散且与汉族人民长期相处，其生活习惯大都已与汉族人无甚差别或差别极少，其所通用的语文也是汉族语文，这种民族界限的消除是一种进步的现象，对于具备此种情况的满人“不应再当作国内一个民族来宣传来强调，而只要照顾他们的某些特殊需要就够了”。而“开封、郑州两市之二千余满人，如是聚居情况，保有若干民族特点，则仍应采取民族自治政策，允许其建立下层自治政权，并选举代表参加市人民代表大

① 《中国人民政治协商会议共同纲领》，中共中央统战部编：《民族问题文献汇编》，中共中央党校出版社，1991年，第1290页。

② 陈荷夫：《中国宪法类编》，中国社会科学出版社，1980年，第217页。

③ 《邓子恢关于满人是否参加联合政府向中央的请示》，中共中央统战部编：《民族问题文献汇编》，中央党校出版社，1991年，第1219页。

会。如既非聚居，又无民族特点，则不需采取民族自治政策。如他们已有民族性的人民团体，仍可允许此项团体派代表参加市人民代表大会。或虽无此项团体而因为实际上有必要，亦可设法使人民代表会议中有满籍代表（但不是作为民族代表参加）"[①]。9月21日，第一届中国人民政治协商会议第一次会议召开，满族没有作为民族单位被邀请。[②]

1952年10月10日，山东分局统战部致电中央统战部，请示是否将满族列为少数民族，"我省德州、益都、青岛等地均有聚居满族，中央人民政府民族事务委员会编印的中国少数民族人口统计资料中列有满族一项，但我们未曾看到中央有关满族的指示，该族是否应列入少数民族，我们对该族应采取何种态度，敬希速示"[③]。12月7日，中共中央统战部在回复中正式强调"满族是我国境内的一个少数民族"，理由有二："其一，虽然满人与汉人长期杂居，其民族语言与民族习惯的特点逐渐消失，特别辛亥革命以来他们更有有意识地隐藏自己的民族特点，改变民族成分，但是他们的民族情感仍然相当强烈地存在着；其二，满人需要得到政府的承认以及政府对满族地位的认可。中华人民共和国成立后，全国各少数民族获得了民族平等权利，都呈现出欣欣

① 《中共中央关于对满人的政策给中原局的指示》，中共中央统战部编：《民族问题文献汇编》，中央党校出版社，1991年，第1218页。

② 国内少数民族代表（正式代表十人，候补代表二人）：刘格平（回族）、张冲（彝族）、奎璧（蒙古族）、朱早观（苗族）、吴鸿宾（回族）、杨静仁（回族）、朱德海（朝鲜族）、王国兴（黎族）、天宝（藏族）、白寿彝（回族）；金汉文（蒙古族）、多杰才旦（藏族）。政协全国委员会办公厅编：《开国盛典：中华人民共和国诞生重要文献资料汇编》（上册），中共文史出版社，2009年，第264、第569—560页。

③ 中共中央统一战线工作部编：《民族政策文件汇编》（党内文件），1960年，第59页。

向荣的新生气象，许多地方的满人也纷纷起来，要求人民政府承认他们是少数民族，并享有民族平等权利，这是自然的合理的现象。承认他们的少数民族的地位，保障他们应享有的民族平等权利，是完全必要的。”中央统战部要求确实保障满族人民平等的政治权利以及帮助他们实行民族区域自治，并请各中央局、分局、各省、市、区党委统战部对满人情况“加以调查，连同处理意见报告回复中央统战部”[①]。12月10日，北京市民政局召开座谈会，满族代表20多人出席了会议，关于满族人的工作，列入政府民族工作的日程。[②] 1953年，全国第一次人口普查时，经过识别和归并，满、蒙古、回族等民族被确认为38个少数民族。[③]

新中国在政治上保障了满族人参政议政的权力，18名满族人士作为民族单位的代表出席了1954年第一届全国人民代表大会。[④] 在设置和调整组织机构方面，载涛提出“统一我国马政组织机构，进行全面马政计划生产改良，以利建设而免浪费案”。此提案审查意见为“交国务院研究处理”[⑤]。1954年9月，公布的第一届全国人民代表大会民族委员会委员名单中，关山复、罗

---

① 中共中央统一战线工作部编：《民族政策文件汇编》（党内文件），1960年，第58页。

② 赵书：《建国前后北京的满族》，《满族研究》1992年第2期。

③ 黄光学：《新时期民族问题探索》，中央民族学院出版社，1989年，第88页。

④ 18名满族代表为舒舍予、载涛、林纳、王喜明、白希清、秉志、程砚秋、关山复、傅雨田、高凤琴、佟玉兰、吴执中、吴英恺、罗常培、邱新野、万毅、李涛、胡可；柳杨：《少数民族参政权研究——以1949至1954年参加全国政协与全国人大为例》，中央民族大学博士学位论文，2012年，第61—63页。

⑤ 《中华人民共和国第一届全国人民代表大会第一次会议提案》，中华人民共和国第一届全国人民代表大会第一次会议秘书处印，1954年9月24日，第50页；《中华人民共和国第一届全国人民代表大会第一次会议提案审查意见》，提案审查委员会，1954年9月26日，第14页。

常培作为满族人的代表名列其中。①

再次，团结满族人民，恢复满族民族成分，成为新中国成立时期满族与“中华民族”近现代历史发展关系中重要内容。坚持和促进各民族团结，是新中国民族政策的重要方面。为了团结广大的满族人民，国务院于1956年2月18日发布通知，要求禁用“满清”一词，该通知指出：“‘满清’这个名词是在清朝末年中国人民反对当时封建统治者这一段历史上遗留下来的称谓。在目前我国各民族已经团结成为一个自由平等的民族大家庭的情况下，如果继续使用，可能使满族人民在情绪上引起不愉快的感觉。为了增进各民族间的团结，今后各级国家机关、学校、企业，各民主党派、各人民团体，在各种文件、著作和报纸、刊物中，除了引用历史文献不便改动外，一律不要用‘满清’这个名称。”② 3月8日，北京市人民委员会办公厅下发也下发通知，要求各单位照办。③

溥仪、溥杰从“伪满战犯”成为新中国的公民。1959年、1960年，溥仪和溥杰相继在抚顺战犯管理所获得特赦，被安排在全国政协文史资料研究委员会工作。1961年6月10日，周恩来总理接见了溥仪、溥杰、嵯峨浩等人，重申了满族是中国境内的少数民族之一，强调“现在的问题，是要恢复满族应有的地位。辛亥以后，北洋军阀和国民党反动政府歧视满族，满人不敢

① 《第一届全国人民代表大会民族委员会主任委员、委员名单》，《人民日报》1954年9月29日。

② 《国务院关于今后在行文中和书报杂志里一律不用“满清”的称谓的通知》，002-008-00054，北京市档案馆藏。

③ 《北京市人民委员会关于国家机关宿舍收费问题、今后行文和书刊杂志中一律不用“满清”及各机关、商店、工地不得随意占用路面的通知》，133-001-00067，北京市档案馆藏。

承认自己是满族，几乎完全和汉人同化了，分不清了。民族将来是要互相同化的，这是自然发展的结果，但不能歧视，不能强制。因此现在还要把满族恢复起来”①。在中国共产党民族平等政策的感召下，原先在大汉民族主义压迫下隐瞒自己民族成分的满族人民，纷纷要求恢复原来的民族成分。1981年，《关于恢复或改正民族成分的处理原则的通知》颁布实施，“凡属少数民族，不论其在何时出于何种原因未能正确表达本人的民族成分，而申请民族成分的，都应当予以恢复”②。许多曾隐瞒民族身份的满族申请恢复和改正，“民国初年，李承荫曾因生计改隶民籍，新中国成立后他的女儿李少波根据生父的遗愿，到派出所提出了恢复自己满族成分的申请”③。曾一度呈现下降趋势的满族人口开始迅速增长起来。1964年全国人口普查中，满族人口为近270万人，1982年人口普查满族为430多万人，1990年人口普查为980多万人，2000年人口普查为超过1000余万人（其中男性为5547800人，女性为5134500人），成为中国第二大少数民族。④显而易见，不断增强的民族认同与平等的政治环境是新中国成立后满族人口增长的主要原因之一。

最后，满族在“中华民族”大家庭中获得平等的民族区域

① 中共中央文献研究室编辑委员会编：《周恩来选集》（下卷），人民出版社，1984年，第319—320页。

② 国家民委办公厅编：《中华人民共和国民族政策法规选编》，中国民航出版社，1997年，第106页。

③ 赵书：《从一张洪宪元年批示看当时北京满族状况》，《满族研究》1986年第3期。

④ 《民族问题五种丛书》辽宁省编辑委员会编：《满族社会历史调查》，民族出版社，2009年，第1页；王元青：《满族人口加速发展带来的思考》，《民族团结》1994年第5期。

自治，将新中国时期的满族与“中华民族”近现代历史发展关系推向新的高度。民族区域自治是中国解决民族问题的一项基本政策，也是新中国的一项重要政治制度。20世纪50年代，部分满族自治乡成立。1953年7月，河北省遵化县成立了两个满族民族乡，即裕大满族自治乡及马兰关、南新城、裕营房3个民族联合乡。[①] 当地满族人民这样歌唱道：“月儿弯弯年岁长，中国有了共产党，救我饥苦恩情大，又帮咱建满族乡，满汉团结在一起，有事大家共协商”。[②] 由于“各种历史原因”，后来满族民族区域自治问题并未得到解决。[③] 为消除满族实现民族区域自治的障碍，1983年，李维汉致信中央领导说：“满族享有实行区域自治的权利，并有实行区域自治的条件。现在，百万人口以上的少数民族除满族外都有了自治区或自治州，唯有满族至今没有自治地方……满族自治问题过去没有解决好，这个问题的历史同我关系较多，我应该把自己对这个问题的理解和看法写出来，供中央决策参考。”[④] 党中央对此非常重视，派人到东北进行调研。20世纪80年代中期，县一级的满族自治单位相继建立。1985年至1990年，13个满族自治县及约200个满族乡镇在辽宁、吉林和河北3个省建立起来，满族拥有了县乡两级的民族区域自治单位。

总的来说，新中国成立后，党和政府承认了满族作为单一的

---

① 遵化县志编纂委员会编：《遵化县志》，河北人民出版社，1990年，第19页。

② 尤永春、徐成瑞、丁瑞明、杨文合：《马兰峪满族人民的今昔》，《民族研究》1959年第5期。

③ 何溥滢：《新中国成立后满族的发展》，《满族研究》1987年第4期。

④ 参见石光树：《解决中国的一大悬案——以此怀念李维汉并纪念我国民族区域自治制度确立五十周年》，《中国民族》1990年第10期。

少数民族，确认了满族平等的政治地位，实现了满族民族区域自治，赋予了满族与“中华民族”关系现代性意义。近代历史对于满族来说，又有着特殊记忆，满族对“中华民族”的发展做出了巨大贡献。同样，近代百年，不仅是满族对现代民族国家政治认同的过程，也是“中华民族”由自在走向自觉的过程。满族成为中国56个民族中的平等一员，与其他民族人民一样，获得了平等的政治权利。“中华民族”成为各民族普遍认同的统称和归属，各民族的团结有爱成为“中华民族”的生命所在、力量所在、希望所在。① 当然，“中华民族”同样包括港澳台同胞，而“中华民族”也是两岸实现和平发展的重要认同基础。②

作者简介：王宇，1984年生，河北遵化人，满族，博士，中央民族大学学校办公室。

① 中华人民共和国国务院新闻办公室：《中国的民族政策与各民族共同繁荣发展》，人民出版社，2009年，第7、第15页。

② 郝时远：《中国共产党怎么样解决民族问题》，江西人民出版社，2011年，第305页。

三、中国近代政治重建与国家转型中的危机与挑战

——以 1911—1921 年的外蒙古问题为中心

赵逸妍

绪　论

1911 年的辛亥革命是中国近现代史上具有里程碑意义的事件，它不仅结束了中国延续数千年的传统帝制，更是近代中国政治重建与国家转型真正意义上的开端，是中国近代民族关系建构和国家认同的新起点。但当人们正在享受辛亥革命带来曙光的时候，边疆民族地区则伴随辛亥革命的胜利却出现了严重的危机，其中具有代表性的事件之一就是外蒙古问题。它不仅涉及近现代外交史、国际关系史，而且涉及民族史及民族关系史，内容相当丰富且头绪繁杂，是民国民族关系史上十分重要而又相当敏感的课题之一。近年来，海内外学术界逐渐关注该问题，但有说服力的成果较少。特别是一些媒体非学理的渲染，不仅无益于学术研究讨论，而且有害于民族关系和国际交往，甚至会造成严重的民族政治事件。因此，如何审视辛亥革命之后的外蒙古问题，不仅具有重要的学术价值，而且具有一定的现实意义。

如果从历史时间跨度而言，辛亥革命之后的外蒙古问题几乎贯穿整个民国时期。自1911年，沙俄乘中国爆发辛亥革命之机策动外蒙古宣布“独立”，到1946年外蒙古真正意义上成为独立国家，其中的分分合合，夹杂着近代中国构建民族国家中存在的如何实现政治独立、民族独立、国家认同、民族认同等一系列问题，纷繁复杂。由于学识及问题之重心关系，本文选择以1911—1921年外蒙古问题为讨论中心，着重考察这十年间外蒙古问题演变的成因。

实际上，学术界关于这一问题已经有不少的资料及论著面世，但看法却显偏颇，如认为是蒙古民族近代独立革命①、喀尔喀蒙古人政治选择的行动过程②、内外蒙古民族分裂事件③、沙

① 相关论点参阅陈崇祖《外蒙近世史》，文海出版社，1965年。他在文中提出蒙古独立，民族自觉主义为其主要原因。黄丽生《蒙古意识与中国认同的纠葛——民初外蒙古独立运动与内蒙古的反应》，蒙藏委员会，2002年6月。在文中提出蒙古独立的诉求，即是欲以民族文化的认同强化独立建国运动的正当性，此正符合当时国际民族自觉的思潮。冯建勇《“政治博弈”与“国家建构”：辛亥革命场域的外蒙问题》[《纪念辛亥革命100周年国际学术研讨会论文集》(一)，2011.10] 文中以王宗洛思想为例，指出辛亥革命前后，知识分子被煽动起民族主义思想热情，推动外蒙蒙古民族独立活动。

② 相关论点参阅周竞红：《蒙古民族问题述论》，社会科学文献出版社，2011年。

③ 相关论点参阅刘华明、赤真《1911—1921年的外蒙古问题》，《民国档案》1994年第1期；熊建军、陈少牧：《关于民国时期外蒙古独立事件的回顾与思考》，《党史研究与教学》2007年第2期；樊明方：《海山与1911年外蒙古“独立”》，《中国边疆史地研究》2005年第4期。

俄等列强的侵略分裂阴谋[①]、苏联的强权政治[②]等。甚至有论者断言外蒙古问题是由沙俄、苏联一手造成的，是“中国人民心中永远的痛”[③]。笔者认为，基于全面的综合考察，1911—1921 年的十年间，外蒙古的问题经历了形式上的独立—自治—撤治—独立四个阶段，实际上是中国近代政治重建与国家转型中的危机与挑战的必然反映。主要有以下几个方面：（1）西方列强的殖民侵略扩张造成的民族危机；（2）中国近代以来的政治衰败；（3）近代民族主义思潮之影响；（4）世界社会主义运动的冲击。

（一）从独立到自治：沙俄的殖民扩张与远东政治

辛亥革命胜利的凯歌，是中国近代政治重建与近代国家转型中的里程碑。与此对照，外蒙古独立事件好像是一个不和谐的音符，但仔细分析起来它又是情理之中的事情。

首先，从中国近代民族危机的大背景下看，外蒙古独立是列强自鸦片战争以来对中国进行殖民侵略扩张的一个历史写照。

1840 年，资本主义的英国用坚船利炮打开中国的东南大门，

① 相关论点参阅吴福环、苗健：《辛亥革命前后中国的边疆危机》，《新疆大学学报》2001 年第 4 期；刘存宽：《中俄关系与外蒙古自中国的分离（1911—1915）》，《历史研究》2004 年第 4 期；应俊：《试论 1917—1921 年外蒙古问题》，《鞍山师范学院学报》2007 年第 1 期；朱昭华：《袁世凯政府时期中俄有关外蒙古问题的交涉》，《西伯利亚研究》2009 年第 2 期；穆畅：《中俄针对外蒙古独立问题的交涉》，《宜宾学院学报》2010 年第 7 期。

② 相关论点参阅卢纪雨：《雅尔塔会议与外蒙古问题》，《内蒙古大学学报》（人文社会科学版）1998 年第 6 期；孙顺才：《外蒙古独立过程述评》，《滨州教育学院学报》1999 年第 4 期；杜君：《20 年代初期苏俄扶植外蒙古独立评析》，《内蒙古民族大学学报》2005 年第 1 期；樊明芳：《苏俄军队进占库伦与外蒙古人民党政权的建立》，《新疆社会科学》2010 年第 3 期。

③ 《外蒙古独立——中国人心中永远的痛》，《领导科学》2001 年第 12 期。

其他列强纷至沓来，国门既开，边疆民族地区首当其冲，成为各国蚕食、分裂的重要对象。清末民初，边疆危机一直是近代中国构建民族国家过程中面临的严峻挑战，北方的蒙古地区，西部的新疆、西藏，东北地区除被割让大片领土之外，西方列强通过经济、宗教、文化等渗透，以及利用中央政权的衰落，在边疆鼓动制造国家认同危机，以达到分裂目的。如在新疆，从19世纪下半叶开始，英、俄殖民者分别以印度、西伯利亚为基地，向新疆扩张。20世纪，英国趁新疆动乱之际，以宗教旗帜为号召，在南疆建立了新疆历史上第一个分离政权“东突厥斯坦伊斯兰共和国”，对之后的新疆问题产生恶劣的影响。在西藏，20世纪初，英国利用给予西藏商业的大奴隶主在藏印贸易中的各种便利和实惠，以及撤退在亚冬的教堂，极力拉拢达赖集团，使达赖集团最终由排英投俄转变为亲英叛清，为其之后制造西藏独立埋下伏笔。在外蒙，俄国也极力拉拢第八世哲布尊丹巴呼图克图等蒙古僧俗上层，向其灌输亲俄疏汉的思想，俄驻库伦领事希什马廖夫就蛊惑一些反对俄人开采金矿的外蒙王公，说俄国此举目的在于“蒙古国土、人民和王公的繁荣，舍此别无他求”，而汉族人在此地发放高利贷，使“整个蒙古族及其所有财物，已成汉族人的抵押物，这在政治上和经济上都是蒙古的末日”。“与此相反，沙皇希望为王公们寻找一条出路，摆脱这种不堪忍受的困境。”①可见在辛亥革命爆发之前，列强便通过各种手段制造近代中国边疆危机，以期达到侵略扩张的目的。

1911年，辛亥革命爆发，推翻了中国长达2000年的传统帝

① 中国社会科学院近代史研究所编：《沙俄侵华史》（第四卷下册），人民出版社，1990年，第645页。

制，建立了具有近代民族国家意义的中华民国，开始了现代民族国家的新纪元，但遗憾的是，它没有完成近代中国的历史任务。

一方面，作为传统多民族国家，在西方列强的进逼及世界现代化潮流的冲击下，中国面临政治重建与国家转型的历史课题，也就是建构现代民族国家，争取民族独立。于是，以孙中山为首的革命党人在辛亥革命前夕提出“驱除鞑虏，恢复中华”的口号，希望借以对“中华”的民族认同，达到推翻清朝统治的目的。这一具有浓厚民族主义色彩的口号，对当时边疆地区的国家认同、民族认同的冲击性显而易见。东北、新疆、内外蒙古、西藏等民族地区并没有纳入武昌起义时打出的“十八星旗”之下，“恢复中华”仅仅是恢复内陆十八行省，有学者提出“在此情景下，如果说，内地的独立是脱离清政府，则边疆的‘独立’意味着脱离中国”①。蒙古社会在面对大汉民族主义大行其道、自身近代化过程中社会危机不断加深时，“驱除鞑虏”的口号使更多的蒙古王公选择求援沙俄，于是，在辛亥革命取得胜利的同时，反而出现“外蒙独立”这一与统一民族国家构建相冲突的事件。

另一方面，在这一过程中外蒙古地区作为中原王朝北部的屏藩，最早最直接面临西方特别是沙皇俄国的威胁和挑战。外蒙古独立事件就是这一历史过程的反映。沙俄自《尼布楚条约》订立和喀尔喀三部臣服清朝开始，就千方百计地拉拢喀尔喀诸王公，企图以外蒙古为跳板，侵吞中国，但介于蒙古与清王朝的同盟关系，沙俄的阴谋并没有成功。及至清末，沙俄一直通过各种

---

① 冯建勇：《“政治博弈”与“国家建构”：辛亥革命场域的外蒙问题》，《纪念辛亥革命100周年国际学术研讨会论文集》（一），2011年10月，第105页。

政治军事活动不断渗透，无论是东清铁路的建设和运营，还是旅顺、大连的租借，都强化了俄国在东北的势力，也不断加强对蒙古王公的影响，它还通过笼络蒙古社会的最高宗教领袖哲布尊丹巴，离间蒙古和中央王朝的关系，使自身的势力在蒙古站稳脚跟，也使蒙古王公逐渐产生亲俄意愿。早在辛亥革命前，以杭达多尔济亲王为首的外蒙古代表团就前往俄国寻求“独立”的支持和帮助，俄代理外交大臣尼拉托夫亲自接见，并召开“远东问题特别会议”，会议认为俄国应以“调停人”的身份“通过外交途径支持蒙古人捍卫独立之愿望”，“支持他们为捍卫喀尔喀之独特制度，同中国人进行斗争”特别会议认为：“应立即派遣两连哥萨克带着机枪加强我国驻库伦领署卫队。”① 武昌起义的消息传来，沙俄认为这是分裂多民族国家最好的机遇，于是一方面积极开展外交活动，向北京政府施压，要求外蒙“自治”并由俄国控制，与日本进一步建立分割满蒙共识；另一方面提前向蒙古族人提供武器，“并由俄国聘来教习十一人”“专任教练，陆续交替”②，训练蒙兵，俄国驻华公使廓索维慈则“经由使署私下劝告他们，切莫放过中国发生革命这一非常有利之时机，以保证喀尔喀之独立发展”③。11 月中旬，杭达多尔济一行回到库伦，11 月 30 日，在沙俄驻库伦总领事馆的策划和指挥下，杭达多尔济等向清朝驻库伦办事大臣三多提出最后通牒，宣布“将蒙古全

① 陈春华译：《远东问题特别议事录》（1911 年 8 月 4 日［17 日］），《俄国外交文书选译——关于蒙古问题》，黑龙江教育出版社，1991 年，第 3—7 页。

② 唐在礼、唐在章撰，黄藻音点校：《蒙古风云录》，《北洋政府时期的蒙古地区历史资料》，黑龙江教育出版社，1999 年，第 29 页。

③ 陈春华译：《驻库伦代理领事致远东司司长科扎科夫报告》（第 1166 号 1911 年 11 月 28 日［12 月 11 日］”，《俄国外交文书选译——关于蒙古问题》，黑龙江教育出版社，1991 年，第 16 页。

土自行保护，定为大蒙古独立帝国，公推哲布尊丹巴为大皇帝”，代表中央政府的三多则需立刻出境。12 月 1 日，哲布尊丹巴集团在得到俄国的军事和外交支持后，正式宣布独立。28 日，举行登基典礼，八世哲布尊丹巴称“大蒙古国日光皇帝”，以“共戴”为年号，组成所谓“独立政府”。为求国际社会的承认，哲布尊丹巴政权还于 1912 年向日本、法、英、美等国政府发出“照会”，通报（外）蒙古已脱离清朝（中国）独立，要求建立通商友好关系①。据当时驻北京公使库朋斯齐的报告，当时俄国在外蒙的行为“不必担心列强反对”，“五等文官世清在 3 月 30 日［4 月 12 日］函中层荣幸地报告阁下，美国公使嘉乐恒向他断然表示：在他所接历次训令中，没有一点能促使他反对我国在蒙古及满洲的活动，或者甚至不怀好意地对我国之活动进行监视……当时朱尔典爵士向我表示，他坚信任何其他大国均不打算阻止我国在中国边境地区我国天然势力范围内采取我们认为必须采取之措施。英国公使还告诉我：‘现在贵国在中国西部地区及外蒙完全可以自由行动，不过，在满洲，贵国必须考虑日本之利益和要求。’”② 可见西方列强从各自利益出发，在瓜分中国问题上达成一致，尤其是在中国边疆问题上，各分一杯羹，从而直接造成中国近代严重的边疆危机。在外蒙独立事件问题上，无论是清政府还是袁世凯的北京政府，也极力想通过派遣驻京蒙古王

① 参阅《蒙古人民共和国历史》第二卷下册第 1619—1620 页，中见立夫《博格多汗政权的对外交涉努力与帝国主义列强》。转引自《蒙古民族通史》第五卷（上），内蒙古大学出版社，2002 年，第 204 页。

② 陈春华译：《驻北京公使致外交大臣紧急报告》（第 32 号 1912 年 5 月 1 日［14 日］），《俄国外交文书选译——关于蒙古问题》，黑龙江教育出版社，1991 年，第 28—29 页。

公赴库伦斡旋、颁布优待蒙古的政令和法律等手段，取消独立，但同样面对西方列强的干预，尤其是俄国的怂恿和支持，局面一时难以扭转。

其次，就独立事件本身考察，它是沙俄长期进行殖民侵略扩张的历史写照。19 世纪之后，俄国资本主义经济因素迅速发展，但面对欧洲先进国家的竞争压力，其西进实力有限，于是将目光转向中亚及中国，觊觎着从西北到东北的清代中国边疆地区。鸦片战争之后，俄国通过《伊塔通商章程》取得当地的领事裁判权，伊犁、塔尔巴哈台地区几百年来为蒙古卫拉特部的世居地，清朝建立统治之后，这一带仍主要是旧土尔扈特北、西两路各旗的游牧地域，沙俄在这一地区取得领事裁判权，首先从蒙古地区打开侵略中国的大门。1854 年，正值清政府忙于应付太平天国运动，穆拉维约夫向沙俄政府提出企图借中国内乱吞并整个蒙古地区的“条陈”，鼓动沙俄政府，如果中国“一旦发生政变，也不应容许中国新政府把权力扩张到蒙古，在这种情况下，蒙古应受到我国保护。但假如蒙古希望加入俄国国籍的意愿表白得更明显，就没有理由不让同我国毗邻地区的百姓实现这一正当要求”①。显然，沙俄对蒙古地区的居心已不止满足于既得利益，而是希望将蒙古地区成为其“边陲”。之后的《瑷珲条约》《天津条约》《北京条约》使沙俄割占大片中国领土，也从西北、东北、蒙古全线打开侵略中国的大门。19 世纪末，沙俄加紧了侵略中国的步伐，以“铁路+银行”的侵略策略，利用近代中国边疆民族地区出现的认同危机，以实现其占领东北、西北的野心，

① 巴尔苏科夫：《穆拉维约夫——阿穆尔斯基伯爵》，第 2 卷，商务印书馆，1974 年，第 110—111 页。

所谓的“巴德玛耶夫计划”就是这一侵略策略的具体表现。其实质是通过向南延伸西伯利亚铁路，穿过蒙古草原，直达兰州，在铁路沿线开拓商业贸易之外，进行政治渗透，在中国的后院“秘密地促使西藏人、蒙古人和中国伊斯兰教徒普遍起来叛离清廷”[①]，从而将“蒙、藏、汉之全部东方”并入俄国。[②]

日俄战争后，俄国失去了包括哲里木盟大部在内的大部分内蒙古东部地区，日本则承认俄国在外蒙古的特殊利益，于是，外蒙古地区成为俄国经营的重点。并利用通商、开矿、设立领事等，笼络当地上层王公，企图取代中国在当地占绝对优势地位。19 世纪末 20 世纪初，深入蒙古各旗的俄商不断增加，“当时驻在库伦的俄国商人，约有三千六百余人；定期往来的队商，每年亦在七八千人左右；其余各地俄商及游历探险队等，每年平均总数恒五六万人；俄国在外蒙势力早已超过中国”[③]。俄国将大量的日用五金制品、纺织品和粮食卖往蒙古地区，蒙古则每年向俄国提供大量的皮毛，几十万只羊和大牲畜。据 1910 年俄国报纸报道，俄国市场上出售的皮革，由蒙古输入者已占 50%~75%[④]，俄国基本控制外蒙古地区的商业贸易。此外，俄国还利用“一入俄籍，则悉免一切负担”，与清廷在外蒙的各种杂项差徭形成鲜

---

① （美）马洛泽莫夫：《俄国的远东政策：1881—1904 年》，商务印书馆，1977 年，第 48 页。

② （俄）罗曼诺夫著，民耿译：《帝俄侵略满洲史》，商务印书馆，1937 年，第 79 页。

③ 黄丽生：《蒙古意识与中国认同的纠葛——民初外蒙古独立运动与内蒙古的反应》，蒙藏委员会，2002 年 6 月，第 20 页。

④ 石楠：《辛亥革命前沙俄对蒙古地区的经济扩张》，《西北史地》1988 年第 3 期。

明对比，故清末蒙人入俄籍者日多，对中国的感情则日益疏远①，加上俄国不断笼络收买蒙古僧俗上层，如俄驻库领事希什马廖夫自哲布尊丹巴活佛12岁起，就不断赠送其许多欧洲新式玩具、绘画，并专门建立动物园，还找来俄式美女服务，向其灌输亲俄思想②；并任布里亚特蒙古裔的俄人，越境至活佛面前瞻拜祈福，俄商来货首献活佛③；通过种种拉拢优待行为，赢得蒙古各阶层的信赖，尤其是培养诸如杭达多尔济亲王等亲俄派，坚持仇中亲俄立场，日后成为怂恿活佛独立的核心人物，“诚然，在蒙古问题上发生之危机，并不出我们所料，因自很久以来我国一直支持和庇护蒙人；我国一些驻蒙代表在颇大程度上促使蒙人产生一种信念，若想与中国脱离关系，他们可以指望得到俄国之援助”④。

再次，从1911年的独立到1915年的自治，实际上是沙俄企图独占外蒙古及其远东政治战略的需要。一方面，既要将外蒙独立作为与中国政府交涉的筹码；另一方面，也考虑俄国现有的实力以及在国际竞争中的利益。

早在1911年8月，以杭达多尔济带领的外蒙古代表团赴俄寻求独立保护之时，在俄国针对外蒙古独立问题召开的远东问题特别会议上，认为最符合其政治宗旨和现实政局的做法是“帝国政府在蒙古问题上不主动发表意见，不承担以武力支持喀尔喀蒙

① 黄丽生：《蒙古意识与中国认同的纠葛——民初外蒙古独立运动与内蒙古的反应》，“蒙藏委员会”，2002年6月，第21页。

② 陈崇祖：《外蒙近世史》，第一篇，商务印书馆，1922年，第18页。

③ 黄丽生：《蒙古意识与中国认同的纠葛——民初外蒙古独立运动与内蒙古的反应》，“蒙藏委员会”，2002年6月，第22页。

④ 陈春华译：《远东问题特别议事录》（1911年8月4日［17日］），《俄国外交文书选译——关于蒙古问题》，黑龙江教育出版社，1991年，第5页。

人脱离中国之义务，而是居间调停，通过外交途径支持蒙人捍卫独立之愿望，但勿使其与宗主国君主清朝大皇帝脱离关系”①。可见，俄国煽动支持外蒙古独立，并不愿主动或直接出兵参与外蒙古独立，仅愿意在外交途径及私下鼓励外蒙，并明确指出不愿其脱离清廷，俄国所希望的是制造外蒙自治，变成其保护国，营造俄国在外蒙的最大利益以及优势。武昌起义之后，俄国与哲布尊丹巴政府签订《俄蒙协约》及其附约《俄蒙商务专条》，以期迫使中国政府承认既定事实，俄国将签订《俄蒙协约》及其内容通报袁世凯政府之后，中国外长及驻俄公使均发表声明：中国不承认俄蒙协约。② 俄代理外交大臣沙查诺夫狡辩说：“我们并不打算让蒙古完全脱离中国，倘中国政府加入俄蒙协约，则我们愿意承认中国在蒙古之宗主权。这样解决问题，是出于中国自愿，并非我国强制，这并不伤害中国人之自尊心，且可以事实证明公使要我确信俄中两国之传统友谊。……但因中国人不愿意就蒙古问题与我们订约，我们将不得不拒绝承认蒙古对中国之从属关系。”③ 此时，中国国内抗俄讨蒙的呼声遍及政坛和报刊；上海、香港、烟台等地的工人拒不搬运俄国的货物；汉口的俄人开设的工厂，工人自发罢工；④ 在国内舆论以及其他列强的压力

① 陈春华译：《远东问题特别议事录》（1911 年 8 月 4 日［17 日］），《俄国外交文书选译——关于蒙古问题》，黑龙江教育出版社，1991 年，第 5 页。

② 刘华明、赤真：《1911—1921 年的外蒙古问题》，《民国档案》1994 年第 1 期，第 83 页。

③ 陈春华译：《外交大臣致驻华公使电》（1912 年 10 月 27 日［11 月 9 日］于圣彼得堡），《俄国外交文书选译——关于蒙古问题》，黑龙江教育出版社，1991 年，第 123 页。

④ 刘华明、赤真：《1911—1921 年的外蒙古问题》，《民国档案》1994 年第 1 期，第 83 页。

下，俄国权衡时势，不顾哲布尊丹巴政权的反对，于 1913 年 11 月 4 日与中国政府签订《中俄声明文件》，承认中国在外蒙古的宗主权，承认外蒙古为中国领土之一部分；中国承认外蒙古之“自治权”，保证不在外蒙古驻军、派官、移民，并在事实上承认《俄蒙条约》及其附约《俄蒙商务专条》。[①] 哲布尊丹巴政权虽然对俄国在《声明文件》中承认中国对外蒙古的宗主权极为不满，据俄驻蒙古外交代表密勒尔称，“尽管我多方论证中国之宗主权不过是名义而已”，但外蒙外交大臣杭达多尔济还是气愤地表示“此种从属关系甚至可能使中国人再次把外蒙古变成自己之行省”，并认为“蒙人没有必要参加三方谈判”[②]。但迫于俄方压力，外蒙古代表还是参加恰克图三方谈判，至 1915 年 6 月，签订《中俄蒙协约》，外蒙古承认中俄声明文件及其附件、承认中国宗主权，中国、俄国承认外蒙古自治。至此，外蒙古由形式上的“独立”改称为“自治”。

《俄蒙协约》及其《商务专条》的签订，中俄谈判及《中俄声明另件》以及中俄蒙三方的恰克图谈判，实际上均是在沙俄操纵下进行的。一方面，沙俄不希望再次看见一个强大的蒙古帝国出现在自己的面前；另一方面，让外蒙最大限度地为其远东战略利益服务。哲布尊丹巴政权则完全依靠、听从于俄国政府，不管独立还是自治，始终与俄国远东政策及利益相一致，俄治是这一阶段外蒙问题的最终表现，中国在外蒙仅保留形式上的宗主权。

---

① 王铁崖:《中外旧约章汇编》(第 2 册)，生活 · 读书 · 新知三联书店，1982 年，第 87 页。

② 陈春华译：《驻蒙古外交代表密电》(第 304 号 1913 年 11 月 3 日［16 日］)，《俄国外交文书选译——关于蒙古问题》，黑龙江教育出版社，1991 年，第 198 页。

（二）政治衰败之下的分离

这一时期，外蒙古问题与近代政治重建与国家转型中的政治衰败的内部危机与挑战密切相关。在近代国家重建过程中，晚清政府及袁世凯北洋政府的政治权威不断丧失，其政治行为或是企图恢复王权政治，或是沦为庸俗政治，是造成外蒙古问题的重要原因。

众所周知，外蒙古是传统中国的一部分，在清代政治格局中具有重要的地位和影响。近代以前的清朝在中国多民族国家发展的史上具有重大的贡献，尤其是其民族政策与管理制度方面集历史之大成，即大一统之下的“因俗而治”“和而不同”。在外蒙古地区，当时清朝推行一整套行政和军事合一性质的盟旗制度，既保证朝廷任命各旗扎萨克和授予领地的权力，加强对蒙古各部的统治，同时也保障蒙古上层王公贵族的利益，使其有权继续管理属民和封地，有一定的自主权。蒙旗制度下，严格禁止和限制汉民移居、进入蒙地的“蒙禁”政策，维护蒙古传统自主自治体制。此外，清政府还通过“封王联姻”的手段笼络蒙古王公，给予优厚的地位和待遇。这些对蒙政策，使外蒙古对清朝的统治保持高度认可，成为清廷作为少数民族统治中原的有力支持者，保证清朝北方疆域的稳固和后方的安全，但是在另外意义上，也使蒙古诸部在分享中原文化和资源的同时，能够维持蒙古原有的封建传统，保留蒙古社会经济、政治和文化。这使得蒙古在清朝统治 200 年后，仍保持鲜明的民族认同。但是，近代以来，面对新的局势，清王朝先是抱残守缺，后是张皇失措，尤其是在民族区域治理上不仅没有制度创新，反而是形新实旧，伤害了民族感情，同时也丧失了政治重建与国家转型中的民族整合功能。辛亥革命虽然建构了“五族共和”的民族国家，但政权落入了袁世凯为首的北洋军阀集团，在民族政策上，北洋政府也是“新瓶装旧酒”。这成为近代外蒙古独立的主要内部原因之一。

外蒙古独立的直接动因，是反对“新政”，潜在的因素是外蒙古各阶层对清政府对蒙政策的不满和抵制。鸦片战争之后，全国形势发生了巨大变化，外蒙古地区亦如此，一方面，蒙古贵族的腐朽和蒙古骑兵的落伍，使其在抵御外部侵略和镇压农民的起义过程中已不能发挥昔日的作用，清廷开始依靠不断崛起的汉族地主官僚的武装力量，原先以满蒙贵族联盟为基础的政权逐渐转变为满汉地主阶级联盟为主的政权，蒙古贵族的地位不断下降；另一方面，西方列强势力的介入，使一些被收买拉拢的蒙古王公，离心倾向加强，边疆处于危机状态，原先的边疆保卫者已无法发挥作用。清廷基于对外蒙边疆防御作用的担忧，改变对蒙态度以及治蒙政策，以加强中央政府对边疆地区的控制，应对西力的冲击。主要体现在以下几个方面：

首先，改变对蒙古王公上层的传统礼遇、优待态度，彰显清廷的绝对权威。如乾隆二十七年（1762），诺木浑为驻库伦办事大臣时，曾规定晋见哲布尊丹巴呼图克图当行跪拜礼；但驻藏大臣会见达赖喇嘛时，则平起平坐。[①] 足可见外蒙地区的政教权威哲布尊丹巴当时在清廷的地位。然而，自道光二十年（1840）以后，清帝即未再褒赏或召见一个哲布尊丹巴，就连驻库伦官员也不再礼遇哲布尊丹巴，“1878 年一个名叫志刚的人出任满籍库伦办事大臣，他第一次想改变办事大臣会见哲布尊丹巴呼图克图

① 冯建勇《“政治博弈”与“国家建构”：辛亥革命场域的外蒙问题》，《纪念辛亥革命 100 周年国际学术研讨会论文集（一）》，2011 年 10 月，第 101 页。

的礼仪。依据以往的成例，大臣谒见呼图克图时，向来都要行三叩首之礼，然后彼此互赠哈达。……最后决定志刚来谒见时，胡图克图将坐着不起立，志刚也不行三叩之礼，他们只是互赠哈达而已”。“从此以后，清廷长官不再向呼图克图行跪拜之礼。”事后得到清廷的默许，以后成为惯例。[①] 这一举动自然招致哲布尊丹巴的不满，加深了其对清廷的背离之心。对于一直受到清廷优待的蒙古王公，清末其地位也不断下滑，不仅不能得到清廷的财政支持，而且还被迫办理清政府发行的国债即“昭信股票”，为清政府筹措资金，如图什图汗、车臣汗两盟封建王公，哲布尊丹巴等上层喇嘛，就被劝办 20 万两，其中哲布尊丹巴一人承担报效银 6 万两。[②] 清廷的转变，使得原本在近代就受到俄国拉拢和收买的外蒙僧俗上层，不满情绪越来越强烈，背离之心不断加深。

其次，清廷“新政”的种种变革，包括放垦、推行“郡县制”、设新机构等，一定程度上有改革的进步意义，能够加强对边疆地区的统治，但对于边疆民族而言，尤其是外蒙王公贵族看来，新政的实施以及给蒙地带来的治理方式的改变，是直接威胁他们的既得利益。放垦是以牺牲蒙古民族传统畜牧业为代价的，开禁则是清廷推行的民族同化政策，而“新政”兴办的种种机构，所费浩繁，给蒙古民众增加了沉重的经济负担，“蒙官取之于蒙民，蒙民不堪其扰，相率逃避，近城各旗，为之一空”[③]。另外，用人不当，弊政丛生，激起急变。1910 年，三多出任库

① ［俄］阿·马·波兹德涅耶夫著，刘汉民、张梦玲、卢龙译：《蒙古及蒙古人》（第一卷），内蒙古人民出版社，1989 年，第 603—604 页。

② 《德宗景皇帝实录》卷 438，中华书局，1987 年，第 14 页。

③ 陈崇祖：《外蒙近世史》，第一篇，商务印书馆，1922 年，第 5 页。

伦大臣，在处理两起蒙汉矛盾时，方法不当：一是库伦喇嘛借购买木料带头抢夺汉商，三多惩办为首的喇嘛，并责令沙毕衙门如数摊还所抢商银，使蒙人以为三多仇视黄教，对之切齿痛恨；二是三多惩办陶克陶胡抢掠车臣汗部的汉商案，要求地方蒙古王公罚银五千两以为新政之用，引起各旗蒙官的反感。[①] 加上他并未体察蒙情，急进办理新政，在一年多的时间里，骤然增加 20 余处新机构，“所有各机关之开办经费，及经常应需之柴炭、器具、铺垫、马匹、杂用等费，悉数责令蒙古一律供给”[②]。

总而言之，“新政”对外蒙古而言，并非希望和利益，而是破坏蒙古既有的传统和权威，对于蒙古僧俗上层而言，无疑象征过去受清廷礼遇恩荣的日子已经一去不返。面对俄国的种种诱惑，外蒙疏离中央的政治倾向越加明显。

中华民国政府成立之后，在与沙俄的交涉中，袁世凯政府虽然具有一定的民族立场，但在实际的民族政策措施上仍然沿用羁縻笼络的老办法，结果是空得其名，权力尽失。武昌起义后，外蒙古宣布独立，激起国内各界的强烈抗议，袁世凯政府迫于舆论的压力，多次致电哲布尊丹巴，提出“外蒙同为中华民族”“各蒙与汉境，唇齿相依，犹堂奥之于庭户，合则两利，分则两伤”[③]，劝其取消独立，并派专员前往库伦，商洽一切。[④] 同时，为了挽救外蒙古僧俗上层被清廷以及南方革命党人伤害的民族情

① 陈崇祖：《外蒙近世史》，第一篇，商务印书馆，1922 年，第 3—4 页。

② 陈崇祖：《外蒙近世史》，第一篇，商务印书馆，1922 年，第 5 页。

③ 唐在礼、唐在章撰，黄藻音点校：《蒙古风云录》，《北洋政府时期的蒙古地区历史资料》，黑龙江教育出版社，1999 年，第 24—25 页。

④ 梁鹤年：《蒙古独立记》，载荣孟源等编：中国近代史资料丛刊《辛亥革命》（七），第 290 页。

感，增强对中央政府的政治认同，袁世凯政府沿用中国封建王朝传统的羁縻政策，通过颁布蒙古待遇条例、对蒙古族王公贵族加爵之令、给予喇嘛教僧侣称号之令，来笼络、安抚蒙古王公，通过保证蒙古王公的封建特权，使其在政治上受制于袁世凯的北京政府。但这些政策和措施仅停留于表面，实际上背后隐藏的仍是其大民族主义的本性，如袁世凯在大总统府内专门为蒙古王公设立的翊卫处，也"都是吃干俸不办事的""每月给他们几块钱，省得他们搞别的事，出乱子"[①]。尤其在外蒙取消独立，承认中国宗主国地位之后，袁世凯政府重拾清末新政中的对蒙政策。一方面在蒙古地区部署军政设施，企图取消蒙古原有自主自治体制，加强对民族地区的直接控制；另一方面通过颁布《禁止私放蒙荒通则》和《垦辟蒙荒奖励办法》，重新放垦蒙地，其主要目的是在"为保全各旗公众土地"的旗号下，把蒙族土地的所有权完全归袁世凯政府所有，禁止蒙汉各族人民之间的土地自由买卖，以增加中央财政收入。[②] 在袁世凯政府"新瓶装旧酒"的民族政策下，外蒙问题不可能得到根本解决。

1915 年 6 月，外蒙古宣布取消独立，进入自治，中央政府在外蒙"自辛亥逐三多独立，不复有代表中国之官吏，只是已四年矣"[③] 的情况下，于 16 日任命陈箓为第一任都护使，"代表中国驻扎库伦行施中国在外蒙之宗主权"[④]。向外蒙地区派遣官吏，

---

① 唐在礼：《辛亥前后的袁世凯》，选自吴长翼编《八十三天皇帝梦》，文史资料出版社，1983 年，第 149 页。

② 杨策、彭武麟：《中国近代民族关系史》，中央民族大学出版社，1999 年，第 255 页。

③ 李毓树：《外蒙古撤治问题》，中央研究院近代史研究所，1962 年，第 32 页。

④ 李毓树：《外蒙古撤治问题》，中央研究院近代史研究所，1962 年，第 31 页。

一方面，强调中国宗主国的地位，办事大臣“监视外蒙自治官府，及其属吏之行为，不违反中国之宗主权，及中国暨其人民在外蒙古之各种利益”①；另一方面，实现中央政府对外蒙古地区的行政管理。但在外蒙古自治的几年中，中央派遣的官吏，无论是陈箓还是陈毅及撤治时的皖系军阀徐树铮，或者是不谙边情的职业官僚，或者是刚愎自用的军阀政客，好大喜功，在制度上像在其他民族地区一样推行加强统治的行省化，而不是旨在有利于民族地方建设和管理的制度创新。结果是形式上没有了独立，但实质上是关系更加疏远乃至敌对。

同时，内地省区也忙于争权夺利，中央政府政令难出京门。在外蒙古自治及撤治问题上，也是与内地政治分裂及直皖两派军阀的争斗联系在一起。当时北京政府的大总统徐世昌之所以任命徐树铮为西北筹边使兼西北边防总司令，一方面迫于皖系的压力，另一方面也想乘机巩固自己在北京的势力。而徐树铮的打算，其一，把西北作为基地，进一步扩充边防军的势力，“假边防之名，以避免国际之诘问及国人之诟病”②；其二，掠夺政治资本，通过完成外蒙“撤治”，立功边疆。因此，“徐氏本人亦不愿远离政治中心，专心于筹边工作”③。于是其在撤治过程中，急于求成，手段粗糙，为了达到撤治的目的，提出“由佛率众具请撤治，一切办法统待另商，或派人随树铮入京详定”④。并以兵力威胁蒙人⑤，使得原本波折丛生的撤治问题，草草了事。

① 李毓树：《外蒙古撤治问题》，中央研究院近代史研究所，1962年，第31页。
② 李毓树：《外蒙古撤治问题》，中央研究院近代史研究所，1962年，第233页。
③ 李毓树：《外蒙古撤治问题》，中央研究院近代史研究所，1962年，第233页。
④ 李毓树：《外蒙古撤治问题》，中央研究院近代史研究所，1962年，第257页。
⑤ 李毓树：《外蒙古撤治问题》，中央研究院近代史研究所，1962年，第258页。

由此可见，外蒙撤治并非在时机、条件成熟之下完成的，反而与皖系军阀的命运联系在一起，加上中央政府在边疆民族问题上如同它在解决权威危机一样缺乏基本的理论创新力一样，空喊“五族共和”；作为掌管外蒙事务的历届中央大员仅把“保全领土”当成政治目标，并未真正从近代民族认同的角度实施“五族共和”的基本理念；一般社会舆论也大多停留在汉唐英雄故事的中世纪。于是，当1920年直奉战争后，皖系失势，徐树铮被免职、流亡，以及中央在应对白俄军问题上既无力也无能，使得北洋军阀在外蒙的脆弱统治遂告终结。

（三）“谁要独立”：近代民族主义之迷雾

对于多民族的传统中国而言，近代政治重建与国家转型面临危机与挑战的又一课题是如何应对民族主义的问题。就纯粹理论而言，民族主义的最终政治诉求就是建立民族国家。将民族与国家主权挂钩，是近代民族主义幽灵之所在。就政治实际而言，19世纪至20世纪的世界是民族主义的时代，它改变了世界也改变了中国。从外蒙古问题演变过程看，其间同样起作用的是民族主义的迷雾。

近代以来，在西方列强的冲击下，中国近代民族主义不但生发、滋长，也经历了思想文化观念、国家观念、种族观念、民族观念的激烈冲突和剧烈变革。辛亥革命的成功与失败，同样彰显了这一过程的复杂性，而外蒙古问题更是尖锐突出。

在民族主义之政治话语中，独立是民族国家的主权表达，也是辛亥革命中使用频率较高的政治词汇。但是谁要独立，又是一个民族与政治关系的悖论命题。辛亥革命所建构的是传统政治与民族版图重新整合，即在清王朝基础上的五族共和，就如孙中山在临时大总统宣言中所说的“所谓独立，对于清廷为脱离，对于各省为联合，蒙古、西藏，意亦同此”①。显然，孙中山的回答是对于现代世界政治的中华民族的独立及现代民主共和国家形式。但是在传统多民族国家内部族际认知上出现了危机和裂痕，一方面，无论是辛亥革命中革命党还是袁世凯北洋军阀集团都陷入了族国政治的民族主义之迷雾。另一方面，外蒙古集团也在民族主义的旗号下进行独立、自治、撤治再到独立的政治活动。

首先，1911 年的外蒙古独立是蒙古近代民族主义族国政治的自然诉求。众所周知，蒙古民族在历史上是传统中国民族的一部分，曾经建立过地跨欧亚的蒙古帝国，创造过辉煌的历史业绩。在清代中前期，蒙古各部先后臣服清廷，成为清朝多民族统一国家的重要组成部分，但是与内地行省体制不同，蒙古各部与清廷的政治关系特殊且十分重要，其历史、民族、宗教等区域特点鲜明，充分体现了传统中国大一统之下的民族政治多样性的特征。近代以后，随着近代中国民族危机的不断加深，蒙古地区也出现了全面的危机与衰败。与各族人民痛恨清王朝的腐朽统治一样，蒙古各部尤其是外蒙古与清廷的矛盾也逐渐加深。同时，随着西方民族主义思想与理论的传播，蒙古民族开始近代意义上的觉醒。近代民族主义是辛亥革命的理论武器，有力地推动中国近代政治重建与国家转型，同时，也是外蒙古问题的政治合法性的思想理论资源。

一方面，1911 年外蒙古的独立，其目标是蒙古帝国政治的规复，而不是辛亥革命的一部分，即脱离与清王朝的传统藩属政治，另建蒙古民族国家。1911 年 12 月 1 日，外蒙宣布独立，建

① 《孙中山全集》第 2 卷，中华书局，1982 年，第 2 页。

立“大蒙古国”，并以正式文书通告库伦办事大臣，要求其限期离境，在通告中提到：“今内地各省，既皆相继独立，脱离满洲。我蒙古为保护土地宗教起见，亦应宣布独立，以明万全。”① 稍候，向内蒙王公发出蒙古各盟“自立为国”的通告：“……我蒙古亦宜联合各盟，自立为国，以便保我黄教，而免受人权力压制之苦。……自立为国一事……一面特派专使额林沁前赴俄国通好，并请保护一切……一面共推哲布尊丹巴为蒙古君主，建立蒙古国家。”② 由此可见，外蒙独立虽借辛亥革命之机，但此独立与内地各省的独立有本质区别，内地各省独立是脱离清政府进而联合各省于统一的中华民族近代国家之下，而外蒙独立则是独立于中华民族近代国家，重新建立新的蒙古民族国家。外蒙古独立运动的领导者达喇嘛曾言：“蒙古领土自古属于蒙古人民，未曾一属中国。蒙人从前只与满洲大清皇室联合，固未曾一与中华帝国联合。现在满清皇室既倒，则蒙古的臣属关系，当然亦随之消减。”③ 可见，蒙古僧俗上层企图将清朝和中国切割开来，以便在意识上断绝蒙古和中国的联系、从国家意识上凸显其脱离中国，寻找独立建国的合理性。

而从外蒙古独立的动力群体看，主要是外蒙古上层僧俗统治集团，面对日益衰败的中央政权，他们重新选择依靠沙俄的支持和联络内蒙古各部和武装暴力。中俄谈判及改为自治，并非外蒙

---

① 陈崇祖：《外蒙近世史》，第一篇，商务印书馆，1922 年，第 10 页。

② 阙名，《西盟会议始末记》，《民国经世文编》（内政三 · 边事，第 18 卷），文海出版社，第 2327—2328 页。转引自黄丽生：《蒙古意识与中国认同的纠葛——民初外蒙古独立运动与内蒙古的反应》，“蒙藏委员会”，2002 年 6 月，第 33—34 页。

③ ［俄］廓索维慈著，王光祈译：《库伦条约之始末》，台湾学生书局 1973 年，第 76 页。转引自黄丽生：《蒙古意识与中国认同的纠葛——民初外蒙古独立运动与内蒙古的反应》，“蒙藏委员会”，2002 年 6 月，第 36 页。

古集团之初衷。后来撤治，也有黄黑两派的矛盾因素，再到白俄势力威胁下的独立，无不包含着近代民族主义族国政治的正当性。

另一方面，中央政府对外蒙古问题的处理，也受到变形的封建民族主义的影响。从外蒙古宣布独立到自治再到撤治，无论是清政府还是之后的民国政府在面对此种危机时，基本沿用对边疆民族上层册封、厚给利益等封建王朝的怀柔政策，同时，也反映出中央王朝在边疆问题上的妥协与退让，其中不乏大民族主义的政策措施，加剧了外蒙古问题的形成。除了上述政治衰败因素外，北洋军阀政府打着爱国主义、民族主义旗号，实际上实行的是卖国主义、大汉族主义，尤其是军阀徐树铮进入外蒙古之后，将外蒙古的命运与皖系军阀的兴衰联系在一起，采用军事等高压手段草草完成外蒙撤治，并“在武力震慑下专横跋扈，肆行欺凌、贬辱，恣意侵夺外蒙古原有的自主权益，施行明显的民族歧视和压迫政策”①。不仅没有使已经撤治的外蒙古对中央政府产生归属感，反而激起了外蒙古更多阶层对中央政府的疏离倾向，外蒙古很快陷入动荡，并最终走上独立。而外蒙古的独立、自治只是以上层统治集团利益为转移，是民族主义政治想象的表现而已。

(四)“独立”政治颜色之转变：世界社会主义运动的影响

1920年元旦，徐树铮在库伦举行册封活佛大典，外蒙古“自治”撤销，重新纳入中央政府之下。但是好景不长，在内地军阀混战的背景下，中央政府已无力应对外蒙古复杂的局势。1920年10月，谢米诺夫旧部恩琴袭击库伦，中国军队根本无力抵抗，北京政府应对国内局势尚无能力，对于库伦问题更是一筹

① 《蒙古民族通史》第五卷（上），内蒙古大学出版社，2002年，第289页。

莫展，蒙古人民革命党再次向苏俄伸出求助之手，苏联军队的介入，使外蒙古问题在1921年很快由白色独立变为红色独立。当时，俄共（布）西伯利亚局负责人斯米诺夫在致舒米亚茨基和苏俄外交人民委员齐切林的通报中称："恩琴军队向蒙古进发，我们恰克图买卖城一线的边界受到威胁，帮助蒙古人民革命党的游击队，供应其武器和军事设备，使之占领与我们接壤的边境地区，并在那里宣布蒙古的真正独立，以此来吸引蒙古最贫困的人和中间分子，以及倾向于苏俄的小王公，去与外来入侵者恩琴白匪帮作斗争将出现可能性。这样保卫俄蒙边界的问题将得到解决，而且使我们通过在蒙古建立依靠苏俄的蒙古人民革命党政权的方式向蒙古渗透成为可能。"①

外蒙古的红色独立，同样也是中国近代政治重建与国家转型危机与挑战的表征。辛亥革命后，近代中国政治倒退与新趋向，表明了政治重建路径选择的变动。在民族问题上，孙中山对五族共和的政治批评是一种变动，而早期李大钊等人的民族思想也是一个信号。更重要的是，世界社会主义运动为中国的政治选择提供了西方以外的模式。外蒙古作为受苏俄影响最大的地区，很早就受到苏联十月革命的影响，出现新生的人民革命力量，开展反对封建地主的斗争，反对中国封建军阀的统治，并且开始向往建立为人民谋取利益的苏维埃政权。1919年，在库伦成立了由苏赫巴托和乔巴山领导的两个革命小组。1920年3月1日，在俄共的帮助下，建立蒙古人民党（即蒙古人民革命党得前身），苏军当局决定交给蒙军3000支日本造步枪、10000枚手榴弹、5挺机

① 薛衔天、金东吉：《民国时期中苏关系史：1917—1949》，中共党史出版社，2009年，第54页。

枪和150支左轮手枪。[1] 1921年3月13日，在苏俄境内的特罗伊茨克萨夫斯克市，举行了蒙古边境劳动人民代表和党组织代表参加的会议，选举产生了临时人民政府。7月，苏、蒙革命军联合进占库伦，宣布建立独立的蒙古国，成立了“君主立宪”即以哲布尊丹巴呼图克图为君主的人民革命政府。1924年5月，哲布尊丹巴呼图克图去世。同年11月，宣布正式成立蒙古人民共和国。这个共和国的建立是一个打破了蒙古传统社会治理结构的新型政府，但为了获得物资、武器等支援，又不得不依附苏俄，从而外蒙古问题进入了另一个时期。

从中国近代政治重建与国家转型的过程看，外蒙古与现代中国政治关系越来越远了。当时的北洋政府虽然形式上坚持民族立场，但实际上不仅腐败无能，而且敌视社会主义，国内政治陷入混乱分裂之中。在对待外蒙古问题上，只能依靠外交交涉手段，对于苏联强行出兵外蒙古，除无力的表示强烈抗议之外，别无他法。尤其是1924年2月，苏联先后得到英、意等国的承认，打破在国际格局中孤立无援的局面，在外蒙古问题上与中国的谈判处于更有利的地位，而当时北京政府担心落在其他国家与苏联建交之后更加被动，加之国内问题的困扰，于1924年5月31日与苏联签订《中俄解决悬案大纲协定》，苏联表面上承认中国对外蒙古的主权，实际仍为苏联控制。

纵观1911—1921年外蒙古从形式上的独立到自治，随后撤治到独立，是近代中国国家转型中的危机与挑战的集中反映，这一过程既复杂而又充满政治灰色，不能单纯地将当时民族边疆地区出现的

① 薛衔天、金东吉：《民国时期中苏关系史：1917—1949》，中共党史出版社，2009年，第56页。

独立和分离倾向与辛亥革命简单联系在一起。就外蒙古问题而言，它恰逢辛亥革命到民初中央政府政治重建，是中国民族国家构建的转型期。然而，中国近代民族国家构建有其特殊性，即在一个多民族国家中进行，加之几千年浓厚的封建王朝烙印，如何重构民族认同和国家认同被置于各民族面前，而西方民族主义理论的冲击，则又可能导致民族意识的另类觉醒，在构建统一近代民族国家过程中出现以独立和主权为目的的民族分离运动，辛亥革命之后的外蒙古问题即是这种景象的表现。因此，自外蒙古宣布独立以来，从清政府、南京临时政府、北京政府，以至后来的北洋政府，都试图以各种方式重建中央和外蒙之间的政治关系，以达到认同的目的，如通过立法、册封、建银行、发展教育等，在一定程度上加强外蒙与中央的联系，实现对该地区的整合，但是近代以来中国政治重建和国家转型过程中面临的危机和挑战，又使实践过程当中受到各种因素的影响和干扰，如外蒙古上层出于自身利益考虑的离心倾向、俄国以至苏联远东战略的需要对外蒙独立的支持等，其中的变量致使中央政府在边疆问题处理上显得无奈而又苍白无力，同时也反映出它在近代国家转型与民族区域整合的历史进程中问题重重、步履维艰。

总之，外蒙古问题作为中国近代民族国家建构过程中的不和谐音符，有历史的必然性也包含若干历史的偶然因素，是对辛亥革命基本确立的统一多民族现代国家的民族政治合法性与正当性的挑战，这是近代国家转型与民族区域整合过程中历史矛盾的表现，也是辛亥革命在理论和实践中的局限与不足的必然反映。但是，这一过程对蒙古人民和中国人民来说，都是一场苦难和灾害，并且遗留下来的影响民族关系发展的种种后遗症至今仍难以消除。

作者简介：赵逸妍，1984 年生，浙江开化人，回族，博士，中央民族大学历史文化学院。

四、五四运动与近代国家转型中的民族区域整合

——以五四运动前后西藏地方与中央关系之演进为中心

彭武麟

国家转型抑或政治重建是近代中国主要历史课题，这是目前海内外学术界的一个基本共识，即自 1840 年后中国在内部、外部危机不断加剧之下便开启了从传统国家向现代民族国家转型的历史进程。由于多民族统一国家的历史和传统，上述国家重建的历史任务必然包含如何整合各民族间政治关系也就是民族区域整合的问题，其具体的主要表现形式就是民族地方与中央关系的分合演进。就五四运动而言，学者们探讨的问题与成果之多不胜枚举，但仔细观察则不难发现大多注重其反帝反封建的历史作用与影响，而对于这一重大的历史事件在近代国家转型中的意义尚没引起足够的重视。实际上，从某种意义上说，五四运动是一次民族自决运动，在中国近代民族关系史上具有十分重要的影响。它表现在政治层面就是要求实现建立具有独立主权和领土完整的现代民族国家，以实现中华民族的伟大复兴。同时，五四运动对于近代国家转型中的民族区域整合具有十分重要的意义和影响，其中在西藏地方与中央关系问题上尤为突出，是值得深入探讨和研究的学术课题之一。

（一）五四运动前的西藏危机

90 多年前爆发的五四运动，在中国近现代史上具有多方面的影响。就其发生的背景与原因而论主要有两个方面：一是近代以来由于帝国主义列强的不断入侵而造成的严重民族危机；二是由于近代国家转型中的诸种矛盾和冲突而造成的内部危机。合而言之，五四运动是近代以来中华民族面临内、外部危机的总爆发，这一历史背景是自鸦片战争以来中国社会历史发展的积淀而形成的。作为多民族统一国家的一个重要民族区域之一，西藏危机无疑是五四运动爆发总背景的重要因素。

五四运动前的西藏危机，与近代中国的民族危机一样主要表现在两个方面：一是在英、俄等帝国主义列强侵略下，中国在西藏的领土主权面临严重的挑战；二是在近代国家转型中的民族区域整合中，西藏地方与中央的关系渐趋恶化。这一过程又是上述两个方面的因素相互交织在一起的，大致可以分为清季和五四前的民国两个阶段，总体趋势是西藏危机的程度不断加深，越加严重。

西藏地方与中央政府关系的恶化构怨于清末。首先，在英国两次侵藏战争中清廷驻藏官员奉行对英妥协的政策，无视西藏地方利益，不仅不对西藏地方政府的抗英斗争给予支持反而予以极力破坏和打压，并谄媚侵略者，1904 年 7 月底，达赖喇嘛在英军侵占拉萨前被迫出走内地。这一变局引起了全藏上下的强烈不满，伤害了藏族民众的感情，清王朝在西藏统治的合法性陷入了空前危机，“已经有名无实了”[1]。其次，清廷对西藏局势的严重性懵然无知，悖情逆势，处置失当。一方面，在达赖喇嘛进京觐见时清廷将其意见一一驳回，没能处理好达赖与驻藏大臣的矛盾，进一步加剧了西藏地方上层对清廷的不满。[2] 另一方面，清廷更是利用达赖出走的机会对西藏及川滇藏区施行了一系列旨在加强中央集权的“新政”和“改土归流”。但由于联豫、赵尔丰等官员的颟顸和大民族主义政策，汉藏民族矛盾和统治阶级内部矛盾顿时激化。最后，情急之下，清廷同意驻藏大臣联豫之请，调令川军入藏、革除达赖喇嘛名号，迫使对清廷彻底绝望的达赖出走印度以寻求英国、印度政府的庇护，致使西藏地方与中央关系迅速恶化。

辛亥革命爆发，清廷覆亡，民国成立。西藏地方与中央的种种矛盾因清朝统治的垮台而凸显出来，并发展成为谋图地方自立的实际行为。在川军进攻色拉寺引起汉藏冲突之际，流亡在印度大吉岭的达赖便通过噶厦政府发表的《告民众书》称：“内地各省人民，刻已推翻君王，建立新国。嗣是以往，凡汉人递到西藏之公文政令，概勿遵从，身着蓝色服者，即新国派来之官吏，尔等不得供应……凡我营官头目人等，务宜发愤有为，苟其地有汉人，固当驱除净尽，即其地未居汉人，亦必严为防守，总期西藏全境汉人绝迹，是为至要。”[3] 1913 年 4 月，原入藏川军钟颖各

① ［美］梅．戈尔斯坦著，杜永彬译：《喇嘛王国的覆灭》，中国藏学出版社，2005 年，第 6 页。

② 1908 年 9 月，十三世达赖应诏进京“陛见”，要求中央政府保护黄教与西藏地方安全，允准他直接向皇帝上奏，但清廷驳回了他直接奏事之请。参见郭卿友编著：《民国藏事通鉴》，中国藏学出版社，2008 年，第 6 页。

③ 牙含章：《达赖喇嘛传》，人民出版社，1984 年，第 240 页。

部被迫离藏，中央在西藏地方的权威已名存实亡。达赖喇嘛在英国的武装保护下回到拉萨后，又于 1913 年藏历新年之际向全藏发布了“水牛年文告”①，将元代以来历代中央政府与西藏地方的关系硬说成是“供施关系”，而否认“隶属关系”的存在，同时还号召西藏地方驱赶中央驻军，西藏地方与中央关系完全陷入了一种不正常的状态。

“五族共和”的中华民国取代清王朝，虽然在中国近代国家转型中是一个历史性的突破，但由于政权很快就落入了袁世凯手中而变为一块空招牌，西藏危机有增无减。一方面，袁世凯上台后采取一系列措施以图缓和、重建西藏地方与中央之关系，包括派驻西藏办事长官、恢复达赖喇嘛名号、特派杨芬等人入藏宣慰等，但由于双方尤其是西藏地方对于中央疑惧太深，收效甚微。另一方面，英人从中作梗，使达赖在英国的支持和鼓动下企图谋求西藏地方“独立”的倾向膨胀，更由于袁世凯及其北洋政府的软弱无能和对外妥协卖国，西藏危机日趋严重。

自从袁世凯迫于要求英国承认民国的外交压力而同意英国介入解决西藏问题开始，北洋政府就完全丧失了自主处理西藏问题的主动权。至 1913 年 10 月西姆拉会议举行，西藏问题的走向便完全滑入了英国旨在分离中国西藏的预设轨道。会议中，英方代表麦克马洪图谋一举实现“缓冲国”和“战略边界”计划，提出划分内、外藏以解决西藏问题的方案，而中国代表却为了不开罪英国，数度委屈迁就，对川藏边界不断让步，并且承认了中国

① 参见多杰才旦主编：《元以来西藏地方与中央政府关系研究》（下册），中国藏学出版社，2005 年，第 857—861 页。

对“外藏”只享有宗主权并允许其自治。[①] 但最终会议因麦克马洪的野心太大，超过了袁世凯政府所能接受的最大限度而破裂。然而，北洋政府在拒绝承认西姆拉会议草约的同时又怕拒签结果引起英方采取行动，其后又先后几次表明愿意继续谈判藏案的态度，但却都因英人拒绝而被搁置起来。1915 年 6 月间，袁世凯为了换取英国对其称帝的支持在外务部拟定的几项原则中又做出妥协，而其中最大的让步就是将以往争议的焦点昌都划入外藏，此次交涉最终因英国陷于第一次世界大战而又被搁置。同时，北洋政府从国家内部进行的对西藏的统合更是力不从心，使得西藏地方丧失了对民国中央政府的信心，认为“中央是不会统一的，是没有实力能抵御外侮的，是没有力量能达到拉萨的，是没有心思过问藏事的”[②]。于是，在英国人的大力拉拢下，西藏地方图谋自立的倾向愈演愈烈。

早在西姆拉会议期间，西藏地方代表夏扎就与麦克马洪私自签订了秘密的《英藏新立通商章程》，还私划了印藏边界将 9 万平方千米的中国领土划归了英属印度。这些条约都是西藏地方政府在中国中央政府毫不知情的情况下与英国私自签订的，虽因中国中央政府从未承认而不具备任何实际效力，但西藏地方的行为与维护国家主权与领土完整却是大相径庭。1917 年 9 月，得到了扩充的藏军在英人的唆使下挑起了第二次康藏冲突，图谋实现在西姆拉会议上未能实现的企图。此次冲突虽于 1918 年 8 月双方签订停战协定暂告中止，但却又给了英国继续干涉西藏事务的

① 这里所说的“自治”与我国目前所实行的民族区域自治有本质的区别，实际上就是否认了中国对于“外藏”的主权。

② 法尊法师：《现代西藏》，见张羽新张双志主编：《民国藏事史料汇编》第 18 册，学苑出版社，2005 年，第 113 页。

借口，为北洋政府处理西藏问题增添了新的变数和困难。自1918年2月至12月，英国公使朱尔典先后九次催逼北洋政府重开关于西藏问题的谈判，其目的就是将西藏从中国分裂出去。

综上所述，自清末至五四运动前，西藏危机愈演愈烈，西藏地方与中央政府关系不断恶化以致几乎隔绝。造成这一状况的原因主要有三个方面：一是近代中国的民族危机；二是持续的中央政府的政治衰败（近代国家转型中中央政府对于民族区域整合能力的缺失）；三是外部侵略势力（英国）的影响。总起来说，五四运动前的西藏危机是近代以来中华民族全面危机的区域表征之一，也是构成五四运动爆发的历史背景的重要组成部分。

（二）五四运动爆发与西藏危机的转折

正值英人挑起新一轮中英西藏问题谈判之际，伟大的五四运动爆发了。五四运动是中国人民面对近代以来中华民族危机的一次总爆发，它不仅是中国现代化历程中的转折点，同时在近代国家转型中的民族区域整合中具有重要的影响和作用。五四运动虽然没有直接波及西藏，但对当时中英关于西藏问题交涉具有重要的推动作用，使得自清末以来持续严重的西藏危机出现重要的转折。

面对青岛主权的丧失、列强对于中国主权的任意践踏以及北洋政府签订“二十一条”的卖国行径，1919年5月4日，北京大学等13所学校的3000多名学生在天安门前集会，并喊出了“还我青岛”“拒绝和约签字”“内惩国贼，外争主权”的口号。散会后学生们又发动爱国示威游行，还火烧了之前负责对日交涉的曹汝霖的住宅，并殴伤了驻日公使章宗祥。学生们的这一爱国举动迅速蔓延全国并得到了社会各界的支持，自6月3日上海进行“三罢”运动开始五四运动迅速蔓延到全国18个省的近百个城市，形成了商界、学界、劳动界、军界等社会各阶层都广泛参与的群众爱国运动。内蒙古、湘西、贵州、云南等少数民族地区对五四运动也做出了积极的响应，不断壮大了五四运动的声势。迫于形势压力，北洋政府于6月10日下令免去曹汝霖、章宗详、陆宗舆三人的本职。随后，各界人士又掀起了拒签和约运动，上海各团体通告全国，“请北京政府严拒欧洲和约对于山东问题之签字”[①]。6月28日，中国代表没有出席巴黎和会的签字仪式。至此，五四运动落下了圆满的帷幕。

五四运动是一场彻底的反帝反封建的民族自决运动，它“产生了一种令人鼓舞的中国人民的民族觉醒，使他们为了共同的思想和共同的行动而紧密地结合在一起。全国个阶层的人民都受到了影响”[②]。这场运动不仅标志着中国现代民族主义的迅速生成，而且凸显了近代国家转型中的政治重建主题，即所谓“另起炉灶，组织新政府”[③]。可见，伴随着五四运动的发生，建设一个独立自主的现代的民族国家已成为整个中华民族坚定的政治诉求，“爱国！爱国！这种声浪，今年以来几乎吹满了我们中国的各种社会。就是腐败官僚蛮横军人口头上也常常挂着爱国的字样，就是卖国党也不敢公然说出不爱国的话。自山东问题发生，爱国的声浪更陡然高出十万八千丈，似乎‘爱国’两个字，竟是天经地义，不容讨论了”[④]。五四运动后，马克思主义思想的

① 《时报》1919年6月3日。

② ［美］保罗·芮恩施著，李抱宏等译：《一个美国外交官使华记》，商务印书馆，1982年，第285页。

③ 《时事新报》1919年7月2日。

④ 陈独秀：《我们究竟应当不应当爱国》，《每周评论》第25号，1919年6月8日。

传播成为新文化运动的主流，两年之后中国共产党的诞生标志着中国民主革命的新开端，近代以来陷入苦难深渊的中华民族迎来了新曙光。

同时，在五四运动的沉重打击和巨大影响下，软弱无能的北洋政府在对待西藏这一事关中国领土主权的重大问题上开始有所振作，不敢再与英国就西藏问题私下媾和，并在社会民众力量的支持下不断坚持民族立场。由此，西藏问题开始出现转机。

5 月 4 日，五四爱国运动爆发，而几天后的中英关于西藏问题的非正式交涉中北洋政府的立场就明显转变。5 月 10 日，英国公使朱尔典与中国外交部次长陈箓[①]会谈，当朱尔典问及何时再谈判西藏问题时，陈箓答复说："因青岛问题，已引起国人对领土问题注意，西藏事务，恐难办理。"[②] 5 月 20 日，当朱尔典又问及该问题时，陈箓的回答一如既往："今年以来，贵使又向本次长迭次催办，而本次长愿望能解决西藏问题之心，当较贵使为愈切，唯以本国现状观之，实难预料，该问题关系重大，中央得负责与否，本次长实难预料，以为政府所处地位困难之实在情形也。"[③] 在这两次交涉中，实际上是委婉拒绝了英国的要求。5 月 30 日，在英国政府的一再催促下，"外交部以边藏停战期限将次届满，再予拒绝，难免藏番藉端重行内侵，川边军备久虚，深

① 陈箓（1877—1939），福建侯官（今福州市）人，字任先，号止室，早年留法，回国后在外交部任职，曾任都护使驻扎库仑办事大员，主持外蒙古活佛博克多哲布尊丹巴册封大典。1918 年，晋升为外交部次长。

② 《民国八年五月十日陈箓与朱尔典会谈纪录》，《西藏议约案》第 7 函，第 30 册。转引自冯明珠：《近代中英西藏交涉与川藏边情》，台湾，"国立故宫博物院"，1996 年，第 379 页。

③ 《民国八年五月二十日陈箓与朱尔典会谈纪录》，《西藏议约案》第 7 函，第 30 册。转引自冯明珠：《近代中英西藏交涉与川藏边情》，第 379 页。

恐遭其蹂躏”①，于是以民国四年的旧议提出界务四条，但中国外交部又在协定中特别申明：“西藏是中国领土的一个组成部分，中国委员将驻进外藏商埠”② 等，坚持着中国对西藏的主权。然而英国政府对此提案仍十分不满，给予拒绝。8 月 13 日，朱尔典带着英国、印度商定的解决西藏悬案的办法，再度拜会陈箓，进行讨论。当讨论到昆仑山以南当拉岭（唐古拉山）以北之地如何划分时，朱尔典认为该地应划归外藏，表示：“此处离拉萨太近，不愿中国在彼驻兵，致起冲突，必须划归西藏。且该处系不毛之地，不知中国力争，何所取义？”陈箓回答说：“该地系青海辖境，政府无权变更领土，以故不能不有所坚持，但为预防冲突起见，中国可以保证将来在该地一切维持现状。”③ 可见，北洋政府在与英国的交涉过程中，态度虽一如既往地委屈示弱，但立场坚定，以“政府无权变更领土”再度拒绝了英国的过分要求。

而后当外交部把会谈结果提交国务会议讨论时，大部分人慑于五四运动以来全国人民爱国舆论的压力已不敢同意英国关于藏案的提议，“嗣统计局长签注，以察木多、乍丫等处清末划归边务大臣管辖，民国以来业经设有县治，参议院选举区表亦经列入，并载在职员录，如划归西藏，恐激起全国反对。查各处前清旧制，本设有粮员、塘汛，此次如照旧界归藏，应与英使声明，我设有粮员、塘汛当一如旧制，庶中央稍可以谢全国”④。于是，

① 外交部政务司编：《藏案纪略》，1919 年铅印线装本，第 31 页。

② IOR，L/P&S/10/715，Jordan to FO，31 May 1919，see A. Lamb，Tibet，China and India，1914—1950，Hertfordshire，1989，pp. 86-88.

③ 外交部政务司编：《藏案纪略》，第 31 页。

④ 外交部政务司编：《藏案纪略》，第 32 页。

8月26日，国务会议决定延期谈判暂不开议。次日，陈箓向朱尔典正式答复道："西藏问题，自与贵公使讨论解决办法以来，近两星期内，本部长向各方面疏通意见，以期速将悬案早日了结，不料各方面对此解决藏事办法，多不满意，昨日曾派刁参事将不满意情形面达在案，本国政府认为解决藏事，现非其时，拟暂缓办理。"①

实际上，西藏问题交涉因民国政府国务会议大多数人反对，于8月26日决定暂从缓议后就开始不再纠缠于具体的界务问题，而是中国方面以要考察民众意见为依托理由，一再表示"缓议"。这一决策标志着北洋政府处理西藏问题的基本原则发生了根本性的转变，就是拒绝与英国就西藏问题进行任何交涉成为它之后处理西藏问题的既定方针。

（三）"歌电"与"西藏热"

面对中方的缓议态度，朱尔典仍不死心，他于8月28日面见时任国务总理的龚心湛②，希望得到一线缓机，但龚心湛的态度仍旧让他失望了。龚心湛表示："自5月30日中国提出建议以来，情况发生了变化，公众和国会的意见使推迟谈判成为必要。"③ 9月3日，朱尔典又面见总统徐世昌，但得到的答复大同小异，同样以要考察民众意见为由拒绝了朱尔典继续开议的要

① 《民国八年八月二十七日外交总长与朱尔典会谈记录》，《西藏议约案》第8函第33册。转引自冯明珠：《近代中英西藏交涉与川藏边情》，第383页。

② 龚心湛（1869—1943），安徽合肥人，号仙洲。1919年任钱能训内阁财政总长，同年6月至9月兼代国务总理。

③ E. L. Woodward and Rohan Butler (eds.), Documents on British Foreign Policy, 1919—1939, Ser. 1, Vol. 6, Her Majesty' s stationery office, 1956, London, No. 480, p. 696.

求。徐世昌指出：“欧战的结束在各地引起了不安的情绪，中国陷入一片愤怒的混乱之中，且目前虽然与西藏有密切关系的四川与中央政府的联系中断，但政府必须咨询四川的意见，鉴于此，政府要考虑以下三个条件才能更好地解决藏案：（一）须电四川、川边派员来京接洽；（二）向国会报告会谈进展情况；（三）在签字前协定提交国会通过。”①

9月5日，北洋政府外交部发表著名的“歌电”通电全国，征询各相关省份对藏案的意见。这一通电是自西姆拉会议以来北洋政府首度将与英国交涉藏案的始末，及中英相持不下的西藏界务问题公之于世，使世人了解了英国企图划分“内藏”“外藏”以分裂中国的事实真相。通电最后表示：“所称界线较前次之会议实已大有进步，若不乘此议结，中藏势必日益隔阂，将来恐无恢复之日。”②

歌电一出，全国舆论哗然。四川、云南、甘肃、青海等邻近省区的地方大员立即发表通电，坚决反对北洋政府与英人议和。甘边宁海镇守使马麒援引历史地理上之证据，力证西藏为中国领土，并声明：“西藏本中国属土，年来川边构怨，譬犹兄弟阋墙，自应由兄弟解决，万不能任他人从旁干涉。吾国苟有一息生气，所有划界会议，应从根本否认，此约一签，终古难复，大好河山，一笔断送，凡属五族，谁不解体。”③ 川边的镇守使陈遐龄、

① E. L. Woodward and Rohan Butler（eds.），Documents on British Foreign Policy，1919—1939，Ser. 1，Vol. 6，No. 488，p. 710.

② 《北洋政府外交部通电》，北京大学历史系编：《西藏地方历史资料选辑》，生活·读书·新知三联书店，1963年，第309页。

③ 《甘肃督军张广建转报马麒反对与英使会商议定西藏划界电》，中国藏学研究中心等合编：《元以来西藏地方与中央政府关系档案史料汇编》第6册，中国藏学出版社，1994年，第2451—2452页。

云南的督军唐继尧、四川的督军熊克武、四川的钟体道师长也都纷纷通电表示西藏问题为中国内政，不容外人干涉："前与藏番休战拟定暂时退兵地点，系一时权宜之计，川边划界不能以此为凭"；"川边行政区域早经'改土归流'，且地属西康，不得认为藏地；西藏为中国领土，能否许以自治，中国自有主权，毋庸他人代为要求，尤不得以川边、青海、新疆各地划入西藏自治区域；民国四年将察木多划归外藏之案，不能援以为据；川边与藏番商议停战，系一时权宜之计，北京对于所定条件并未承认，则其划界办法尤可置之不理。""西藏自治，部商未决，万不能认为事实，中国派兵入藏，非他国所得干涉。"① "西藏属我领土，其民族为组织民国之一部分，自治与否，统属内政，绝不容人干涉，损我主权。"②

与此同时，全国各界团体也纷纷致电北洋政府，强烈反对英国插手藏事，并反对政府做出妥协。云贵川陕协会致电称："西藏为吾国屏藩，幅员广数千里，年来外因欧战复政争，英人乘间思逞播弄藏民脱离祖国。西米拉会议英藏提议中国当认西藏有完全自主自治权，西藏一切内治外交不受中国政府之掣肘，又西藏与中国以打箭炉为界云云。是直视西藏如我藩封且划我川边若干地方为彼所有也。夫民国成立，积五族组织共和，英人思启封疆，恒以我驻边军士虐待藏民为词意图煽惑，启其奸谋。"③ 同时，该协会还通电全国："西藏交涉之为英人播弄，骎骎乎成藩属关系矣。"于是，他们发出了"国民外交"的号召："际此一

① 《舆论反对藏约情形》，中国藏学研究中心等合编：《元以来西藏地方与中央政府关系档案史料汇编》第6册，中国藏学出版社，1994年，第2458页。

② 《西藏交涉详纪》，1919年10月17日《国民公报》。

③ 《四省协会对于藏事之呼吁》，1919年10月31日《晨报》。

发千钧，尚望联络一致，急起直追，严密监视政府对藏之行动，勿许断送。一面直接间接，用种种良法鼓动民气，誓死力争，以国民外交，作政务后援，务期博得最后之胜利而后已。须知兄弟阋墙，外御其辱，内争为一事，外敌又为一事。幸勿遗误机会……前途庶其有豸。”① 四川省议会议案指出，“边藏幅员百倍于青岛，利害关系亦远过于青岛”，并援引众多历史现实依据，反对英人干涉我国内政：“……据此条约西藏内政英人且不能干涉。西康系川边境内，英人更无过问之权。”因此要求“通电南北政府，尽力一致拒绝英使干预川边划界事。……此为外交先决问题，宜与全国一致反对，并匡救北庭外交之错误”②。江苏省教育会及其他十一团体联名致电北京“谓关于西藏问题英国条件悉侵犯主权，幸勿让步为要”③。

特别值得注意的是，“歌电”迅速引发了社会各界舆论关注西藏事务的浪潮，一时“西藏政治热”在全国范围内迅速蔓延。《晨报》《国民公报》《时事新报》等进步报刊自歌电发出后就密切关注西藏问题交涉的进展情况，并不断发出跟踪报道。《晨报》9月16日更是以较大篇幅发表专论，反对政府与英人议和：“西藏之为中国领土，殆数百年于兹矣，垂诸史乘，载在约法，固我国唯一主权之支配，而不容他人有所干预于其间也”，因此“西藏自治问题，乃容许英人干涉，而与开中英藏委员之会议，已为根本上之错误，乃至划界一节之争议”，告诫北洋政府：

① 《川滇黔陕四省协会通电全国》，北京大学历史系编：《西藏地方历史资料选辑》，生活·读书·新知三联书店，1963年，第309—310页。

② 《四川省议会议案》，北京大学历史系编：《西藏地方历史资料选辑》，生活·读书·新知三联书店，1963年，第310页。

③ 《西藏问题之呼吁》，1919年9月16日《晨报》。

"我政府当自觉敷衍之不可为国也。"① 反对政府继续与英人谈判。此时，关注藏事的海外留学生也沸腾起来了。留日学生发来通电并运用现代的外交理论斥责英国："夫西藏者，中国之版图也，领土主权，自始属我。故满清时，曾设理藩院统治全藏事务。……民国创造之初，宣布五族共和，旗成五色，政尚平等，于各番属地，均一视同仁，无阶级之分。内载吾国约法，外告东西友邦，国内国外，欢跃赞同。当时各友邦之承认民国，对于汉、满、蒙、回、藏五族组织民国之宣言，以及汉、满、蒙、回、藏五族人民所据有之地域，纯为吾国领土之布告，未闻有何等之异议，亦未尝提出何项之限制。即英人亦无否认西藏为我领土之论。"同时，他们还告诫政府万不可妥协："此事关系我国存亡，万不可轻为让步，以造将来无穷之巨祸。盖英人侵略西藏之目的一达，则可以侵入四川。倘四川归英掌握，则可顺大江东下，而图谋各省矣。呜呼，瓜分之祸已兆边陲，蚕食之患将及内部。"于是呼吁道："诸公果欲保全西藏，拥护国权，则对英交涉，不宜稍让。对于边藏，速取决然之处置，切不可敷衍迁延，致蹈外蒙以往之复辙。遂使大好河山，逐渐分裂，浩浩神州，受制异族也。"②

在社会舆论及各界团体的一片反对声浪中，北洋政府的立场也更加明朗，以充足的理由回绝了英国继续开议的要求，坚决阻止英国插手西藏事务。10 月 22 日，陈箓在拒绝朱尔典的要求时说："中国政府还未准备恢复西藏问题的谈判，四川和云南的电报证明民众强烈反对谈判。""西藏问题现在在中国被视为是比

① 《西藏交涉之研究》，1919 年 9 月 16 日《晨报》。

② 《留日学生通电》，北京大学历史系编：《西藏地方历史资料选辑》，生活·读书·新知三联书店，1963 年，第 311—312 页。

山东问题更重要的问题，现在关于西藏问题所达成的解决方法都将招致公众的愤怒且造成排英风潮”。[①] 12 月 3 日，朱尔典再次约见陈箓，这次陈箓表达的立场更为明确且坚定：“中国不明白大英帝国为什么要插手中国和西藏地方之间的事务，这是中国的内政，中国有自己的解决方法。……而如果英人不再干涉，中国就能直接与西藏解决问题。”[②] 同日，中国外交部还给驻英公使施肇基发出通电，指出：“盖全国人民视藏案较山东问题尤重，现因山东问题以激起排斥日货风潮，若同时提议藏事，必又惹起激烈反对。前此与朱使不正式接洽，各方面已纷电诘责，可见一斑。英国在华商务极盛，倘因此发生同样风潮，不将非中国之愿，抑亦非英国之利。况西藏情形与外蒙相类，现外蒙已自请取消自治，对于藏事，政府方在与英议定条约，尤难邀国民谅解。”[③] 这是北洋政府以正式公文的形式向英国表达了中方对藏案的处理态度：中国政府已不可能同意在西藏问题上与英国进行任何交涉！

面对中国政府的强硬态度，朱尔典在任期间续议之事只好作罢，但英国却没有就此罢手。1921 年，华盛顿会议召开前夕，英国外交大臣寇松再次提出西藏问题，他于 8 月 26 日提出一份备忘录，再次催逼北洋政府开议藏事并许诺在边界划分上拟采纳中国的主张：“英政府现拟请中政府在伦敦或北京重行开议，勿

① E. L. Woodward and Rohan Butler (eds.), Documents on British Foreign Policy, 1919—1939, Ser. 1, Vol. 6, No. 549, pp. 796-797.

② E. L. Woodward and Rohan Butler (eds.), Documents on British Foreign Policy, 1919—1939, Ser. 1, Vol. 6, No. 601, p. 868.

③ 《外交部为以藏案不愿即行解决系为顾全中英邦交婉达英外部事复施肇基电》，中国藏学研究中心等合编：《元以来西藏地方与中央政府关系档案史料汇编》第 6 册，中国藏学出版社，1994 年，第 2453 页。

再迟延。……此事如不从速续议，英政府以为对于西藏为自治国一层不便再稽承诺，嗣后对藏拟以自治国待之。……果能重新开议，当可根据1914年草约加以修改，以求合于1919年中国提案内所表示之意愿，英政府允竭力设法，使西藏对于中国能满意之解决为之承认。”① 面对英国的让步，以民众作后盾的北洋政府的答复一如既往，予以再次拒绝：“嗣国内各方面对于此事颇表反对，据段督办意见，此案较青岛尤为重大，国内风潮甫平，此时如必续议藏案，恐不免牵动全局，阁员亦多数主张缓议。……致政府主张缓商，实因国内朝野上下多持异议，恐酿风潮，不能不出以慎重。”②

总之，歌电发表与“西藏热”的出现，显示了五四运动的巨大历史震撼力。一方面，它表明了五四运动激发的爱国热情对边疆民族事务的极大关注，充分体现了中华民族自我认同与觉醒的强大整合力；另一方面，它是北洋政府在西藏问题上坚持民族立场的强大推动力，使得英国想把西藏问题再拉回到西姆拉会议桌上、企图把西藏从中国分裂出去的打算由此落空。此后，北洋政府处理西藏问题的基本原则出现了根本性的转换，就是摆脱英国的干扰、直接与西藏地方接洽，西藏危机趋于缓解。

（四）甘肃代表团访问西藏及西藏地方与中央关系的初步沟通

“五四”影响之下北洋政府处理西藏问题的基本原则的根

---

① 《顾维钧为英外相催促了结西藏问题并提出书面节略事致外交部电》，中国藏学研究中心等合编：《元以来西藏地方与中央政府关系档案史料汇编》第6册，中国藏学出版社，1994年，第2459—2460页。

② 《外交部为朝野反对已告英使缓议事致驻英使馆电》，中国藏学研究中心等合编：《元以来西藏地方与中央政府关系档案史料汇编》第6册，中国藏学出版社，1994年，第2462页。

本性转变，得到了全国各界的支持和拥护，同时各界舆论也一再督促北洋政府与西藏地方政府自行接洽，以防止外国势力干涉我国内部事务。于是，在五四运动后不到一年的时间里，北洋政府一面拒绝英国继续插手西藏事务，一面积极主动地开始了与西藏地方直接接洽的活动。1919 年 10 月至 1920 年 4 月，甘肃代表团成功访问西藏。

1919 年 8 月，北洋政府国务院电咨甘肃督军张广建筹划派员入藏直接会晤达赖喇嘛和班禅额尔德尼两位政教领袖和其他政教上层人士，以“联络感情，作釜底抽薪计”①。张广建在接到电文后，随即派出甘肃省军事咨议李仲莲、军事参事朱绣并会同一些宗教人士入藏联络。11 月 24 日，李仲莲一行抵达拉萨，先后拜会了西藏地方政府四噶伦，表达了与西藏方面联络感情、共同磋商藏案的愿望。经过联系，达赖喇嘛接见了甘肃代表团并饬令大众公所由三大寺及僧众代表与其磋商相关事宜。经过几个月的了解和沟通，西藏方面对民国政府的对藏政策、内地政局的变动日益明了，而北洋政府也得知了西藏方面的一些情况，如李仲莲等人在报告中提及：“唯查各方面情形，藏番对汉甚愿照旧和好，不过因人挑唆，借口陈使草约，空言抵制耳……旧派以藏王及总堪布、三大寺为最有势力者，多数尚有思念故国之意……最近英使在京所提各条，莲等面询达赖，达赖并不明情，足证英人从中作祟，殊非藏人本心反抗中国也。”② 清末民初以来，双方之

① 朱绣：《西藏六十年大事记》，见张羽新、张双志主编：《民国藏事史料汇编》第 18 册，学苑出版社，2005 年，第 140 页。

② 《李仲莲、朱绣呈报抵藏情形文》，中国藏学研究中心等合编：《元以来西藏地方与中央政府关系档案史料汇编》第 6 册，中国藏学出版社，1994 年，第 2456 页。

间的隔阂和误解经过此行大大化解，理解和信任不断加深。同时，在甘肃代表团的斡旋下川藏对峙的紧张局势也得到缓解，极大地消除了西藏对中央政府的敌对心理。在李仲莲一行的努力下，西藏地方在恢复与改善同中央政府的关系上也走出了令人鼓舞的一步。1920 年 4 月，达赖为李仲莲一行设宴践行并说道："余亲英非出本心，因钦差逼迫过甚，不得已而为之。此次贵代表等来藏，余甚感激，唯望大总统从速特派全权代表，解决悬案。余誓倾心内向，同谋五族共和。于西姆拉会议草案，亦可修改。"① 同时，达赖、班禅、萨迦寺僧、三大寺等都向张广建致函，表达了希望改善西藏地方与中央政府关系的愿望。此后，达赖喇嘛更是派心腹到甘肃疏通关系，并表达了"嗣后关于藏内一切事件，仍望始终维持"的对中央政府的倾向之心。1920 年 4 月上旬，李仲莲一行返回甘肃。

甘肃代表团入藏访问具有重要的历史意义，它是 1912 年民国建立以来中央政府第一次冲破外国势力的阻挠成功地派员入藏解决悬案，成功地破除了双方关系的历史坚冰。双方尽释前嫌，共同商讨解决悬案之计，此后双方更是互派代表，恢复联系，西藏地方与中央关系得到初步改善和沟通。甘肃代表团访藏同时也标志着北洋政府对藏政策的一大转变，它是北洋政府摆脱英帝国主义牵绊，谋图在中国内部自主解决西藏问题的一次成功尝试，实现了北洋政府对藏政策由被动到主动的一次转变。而正是这一转变，在很大程度上决定了西藏问题的走向，西藏与中央政府关系终于出现了历史性转折，尽管两者仍然存在种种

---

① 朱绣：《西藏六十年大事记》，见张羽新、张双志主编：《民国藏事史料汇编》第 18 册，学苑出版社，2005 年，第 140 页。

矛盾和冲突。

总之，五四运动后不久的甘肃代表团成功访问西藏，初步改变了自民国之后西藏地方与中央关系的不正常状态，使得清王朝统治下的西藏地方与中央关系的传统形式开始转换为民国之下的西藏地方与中央关系的现代形式。这一转换，在中国近代国家转型中的民族区域整合问题上是极其重要的一个环节。而为实现这一转换提供了强大推动力的，正是五四运动及其之后的“西藏热”中全国人民所迸发出来的极大的爱国热情和民族凝聚力。虽然当时内地正值直皖战争结束、政局动荡不安、北洋政府软弱无力，但正如五四运动所昭示的中华民族新曙光一样，五四运动也将危机中的西藏带进了新的历史进程。

结　语

从上述五四前后西藏地方与中央关系之演进过程看，五四运动与中国近代国家转型中的民族区域整合具有以下几个方面的意义和特点：第一，五四运动既是中国近现代史上的大事件，也是中国近现代民族关系史上的大事件。一部中国近现代史，也就是一部中国近现代民族关系发展史。第二，五四运动前的西藏危机是近代以来中华民族全面危机的一个组成部分，自然也是五四运动爆发的背景之一。第三，五四运动初步改变了西藏地方与中央关系不正常的格局，自清末以来，日趋严重的西藏危机出现重大转折，是近代国家转型中区域民族整合的一个重要环节。第四，五四运动是实现这一整合过程的主要推动力，各民族各阶层是不同层次的动力群体。第五，如何实现民族区域整合，是近代中国重建现代民族国家进程中的重要课题之一，这是一个双向动态的历史过程。从上述五四运动的影响看，内地的历史变动与中央政府的政策措施具有主导地位和作用，而五四运动所代表的新民主主义革命的新趋向，则是实现这一过程的主要动力和途径。总而言之，五四运动改变了中国近现代史，也改变了西藏近现代史。

作者简介：彭武麟，1962 年生，湖南古丈人，土家族，博士，中央民族大学历史文化学院教授。

五、简析民国北洋时期新疆地方与中央之关系（1912—1928）

——兼论杨增新治疆的历史功过

袁玉红

民国北洋时期新疆地方与中央之关系，不仅是民国新疆史研究的重要课题之一，同时也是民国时期民族关系史研究的重要内容之一。虽然目前学术界相关研究成果不少，尤其是关于杨增新治疆问题不断有新的学术讨论及成果面世，但是从边疆民族地方与中央之关系视角来探讨这一课题的专门成果尚不多见。① 众所周知，杨增新主政新疆正好与民国北洋时期相始终②，因而本文

---

① 目前相关研究成果如张大军：《新疆风暴七十年》，台北兰溪出版社有限公司，1980年；白振声、[日] 鲤渊信一：《新疆现代政治社会史略》，中国社会科学出版社，1992年；陈慧生、陈超：《民国新疆史》，新疆人民出版社，1999年；彭武麟：《评杨增新主政新疆17年》，《近代史研究》1989年第2期等。

② 杨增新，汉族，字鼎臣，云南省蒙自县莫别村人。生于1864年（清同治三年）3月6日，卒于民国十七年（1928）7月7日。杨增新出身于一个封建官僚家庭，自幼苦读诗书，深受中国封建的旧文化、旧传统、旧道德的熏陶，对中国几千年封建统治阶级的“得民之道、治民之术”深有研究。他26岁中举人，27岁成进士，28岁入官场，相继在北京、甘肃、新疆做官，曾受到光绪皇帝与慈禧太后的特别召见。1907年，杨增新调任新疆陆军学堂总办，督练新建陆军，培养军事人才。之后，他又先后任过阿克苏道尹、镇迪道尹兼新疆提法使，在新疆政界树立了很高的声望。辛亥革命后，新疆政局混乱，都督袁大化无法控制，便推荐杨增新继任。杨增新利用自己的政治影响力与高超的政治手腕，掌握了新疆实际的军政大权。此后，他稳定统治新疆17年，直至1928年7月7日被暗杀。

在讨论这一问题时亦论及杨氏时期的新疆政治及其历史功过问题。

（一）“认庙不认神”

自1912年杨增新担任新疆都督到1928年遇刺身亡，他一直是新疆地方最高军政长官。在杨增新治新期间，中央政府虽然变动频繁，执政者相继为袁世凯、黎元洪、段祺瑞、曹锟及张作霖等，但他一律通电拥护，始终承认北京中央政府的政治权威，始终将新疆置于五色国旗之下。他常说，新疆脱离中央等同自杀。①

在与袁世凯的关系中，杨增新与其在政治上互相理解和支持。之所以如此，一方面，杨增新需要中央政府的承认和支持，以取得自己在新疆实行个人独裁的政治合法性，并依靠中央政府的支持来阻止国外侵略势力和国内其他军阀及地方政治势力对新疆的觊觎。另一方面，他认为清王朝的灭亡是因为统治政策的失败而非封建制度的失败，共和制度并不适合中国。因此，他支持袁世凯建立一个新的封建王朝，希望通过改良封建统治来继续维持一个新的封建制的“民乐国安”的局面。与此同时，袁世凯对杨增新也相当了解，知道他不是革命党人，于是，除了任命他为新疆都督外，还把他作为北洋系的羽翼，密令他严防革命党人的活动，制止革命势力的扩张。1915年，袁世凯不顾全国人民的反对，公然推行帝制，要做皇帝梦，搞起了妄图扭转历史车轮的封建复辟活动。杨增新从其封建地主阶级的本性出发，立即表示

① 张大军：《新疆风暴七十年》第五册，台北兰溪出版社有限公司，1980年，第2667页。

拥护，并百般劝进，力表忠心。他在发给袁世凯的电报中称："愿大皇帝早日登基，以慰民望……至于新疆的军界以拥戴中央为天职，增新当激励士卒敬候朝命，赴汤蹈火，唯命是从。"[①] 这样，处境十分孤立的袁世凯，对杨增新这样一位边官大吏的捧场、支持自然喜出望外，立即以册封"一等伯爵"作为回报。然而，袁世凯的倒行逆施，遭到举国上下的一致声讨，反袁斗争的怒火很快就从全国四面八方燃起，新疆也积极响应，但很快就被杨增新镇压下去。杨增新一直都是真心拥护袁世凯的，他对袁世凯在世时对新疆的一切措施都是谅解并且支持的。

但是，随后袁世凯复辟帝制的失败及此后北洋政府统治下内地的战乱，杨增新开始对中原的局势绝望，他逐渐改变了在处理中央与新疆关系的根本态度。他把北洋军阀的统治称为"武人专制"[②]，瞧不起黎元洪、段祺瑞等人，更瞧不起张作霖，称这样的军阀"生不如死矣"[③]。他认为当时天下大乱，民不聊生，都是由于这些人的统治不当、争权夺利所致。但他这时又无力改变中原局势发展的方向，只好"纷争莫问中原事"，偏安一隅，按个人的理想和策略专注于建设自己的"新疆王国"，绝不让北京政府插手新疆事务。自袁世凯之后，虽然他对北京的历届政府都表示拥护，但对中央政府的指令往往是阳奉阴违。如果中央的指令有悖于他的原则时，他不是敷衍拖延就是力陈利害，促使中央政府改变初衷，有时干脆拒不执行，自行其是。例如，原清朝政府在新疆所设各府、厅、州、县，虽按北京政府的规定一律改为县，但县署组织、县知事及职工薪俸等则全由杨增新自己定，与

---

① 政府公报，迪化杨增新电奏，洪宪元年，1月18日第13号。

② 杨增新：《补过斋读老子日记》卷2，第39页。

③ 杨增新：《补过斋日记》，第18页。

内地各省不同。军队编制更是新旧并行，与内地迥异。中央对各省首脑的名称屡有变更，但不管杨增新的官衔名称如何变更，他在新疆的政策全然不变，仍然我行我素。杨增新对中央政府奉行"认庙不认神"[①] 的态度，不管中央政府组织如何变更，当权者是谁，他都承认，而自己统治新疆的一套老办法则始终不变。他竭力防止中央政府插手新疆事务，凡北京派人来新疆，除与他有关系或特殊情况者外，他一律拒绝。例如，民国十一年，他拒绝北京政府派遣的孙道仁[②]来新任禁烟督办。他还拒绝北京向新疆派遣道、县等官吏，拒绝陆军部派遣军校毕业生来新疆任职。他在进新疆的门户星星峡设卡稽查，任何公私人员不经他批准不准入境。于是，新疆与中原几乎完全隔绝，而北京中央政府也无力西顾，只好听之任之以维持对新疆形式上的政治权威而已。

1928 年 6 月，国民革命军北伐成功，国民党南京政府统一了全国。这一变局让视国民革命为暴民专制的杨增新感到恐慌，认识到今非昔比，国民党南京政府不同于之前的北洋政府了。其实早在 1927 年时杨增新已看到内外形势的严峻，深知自己已无路可走了，感到自己的政权已日薄西山，于是，先后将自己的家人送回关内。[③] 但杨增新并不愿自行退出新疆政治舞台，故伎重演，于当年 6 月 16 日通电拥护南京中央政府，7 月 1 日，自封为省政府主席兼总司令。虽然杨增新的官衔名称变更了，但他在新疆的政治态度全然不变，新政府实际上是换汤不换药。南京政府

---

① 张大军：《新疆风暴七十年》第五册，台北兰溪出版社有限公司，1980 年，第 2667 页。

② 孙道仁（1865—1935），字退庵，号静珊，湖南省张家界市慈利县人。民国十一年六月，黎元洪复任总统，7 月，委任孙道仁为永威将军，前往甘肃、新疆查禁鸦片。

③ 赛福鼎 · 艾则孜：《赛福鼎回忆录》，华夏出版社，1993 年，第 88 页。

曾打算免去杨增新的职务，另行任命甘肃马福祥为新疆边防督办，而杨增新只能在新政府中得到一个一般性的位子，但是最终还是杨增新得到了省主席兼边防督办的职位。[①] 1928 年 7 月 5 日，南京政府正式任命杨增新为新疆省主席兼边防督办。

总之，杨增新跟内地的一些军阀是不一样的，他对新疆的治理极为严格，但也很有谋略。由于新疆地处边陲，加之中央政府衰败，中央政权的旁落，政局动荡不安，杨增新名义上拥护中央政府，实际上他对新疆完全实行的是个人专制的统治，不接受中央政府的指示与控制。在杨增新执政新疆期间，民国政府对新疆的权力只是“一种象征意义的存在”[②]。

（二）杨增新统治下的新疆政治

上述新疆地方与中央关系之形成，杨增新统治下的新疆政治系统是其主要的内在原因，包括杨氏治疆政策、杨氏政治智慧及其统治集团内部关系等因素。

其一，闭关自守、“无为而治”的治疆总政策。清末民初，新疆在经济、社会、文化诸方面都落后于内地省份。当地现代工业成分微不足道，几乎没有工业无产阶级和经营工业的资产阶级，而封建势力却十分强大。世袭的扎萨克制在牧区和部分农区并没有改变，各族王公贵族照旧世袭爵位，实行落后的农奴制统治。全疆人口，仍主要是地主、牧主和农民、牧民两大阶级。杨增新正是这些封建势力的总代表，在他主政新疆的 17 年里，虽然外部沙俄强邻觊觎，内部社会矛盾重重，军事财政积贫积弱，

---

① 赫文·斯定：《亚洲腹地探险八年 1927—1935》，新疆人民出版社，1992 年，第 243 页。

② 周泓：《民国新疆社会研究》，新疆大学出版社，2001 年，第 119 页。

但在渡过执政初期的危机之后，新疆呈现出社会逐步安定、经济缓慢发展、内外和平、一隅偏安的局面。因此，他受到了各族封建统治阶层人物的普遍拥护和支持，为杨增新实行封建君主式的铁腕统治、个人独裁创造了条件。

杨增新在政治上实行闭关自守与愚民政策，阻止外界势力介入，尽可能为保全和稳定新疆创造条件。杨增新在督署贴了一副自撰的对联："共和实草昧初开，羞称五霸七雄，纷争莫问中原事。边庭有桃园胜境，狃率南回北准，浑噩太古民。"① 这副对联是杨增新"闭关而治"和"愚民政治"的一个真实写照。对于杨在新疆的割据统治而言，对外既包括国外也包括省外。对于境外则采取不干涉、不介入政策。对于省外，杨实行割据自守，嘉峪关外唯我独尊，在新疆门户星星峡设卡，严格稽查，拒绝内地向新疆发遣官员或其他各类人员，封锁关内与新疆的通信、新闻及文化信息，使新疆与内地几乎处于隔绝状态。又在星星峡派驻重兵，严防内地军阀插手新疆。杨增新不肯热心在新疆举办教育和设立学校，为的是要把新疆各族人民变为"不通文字，不读诗书"和"蠢蠢而居，嬉嬉而游"的"混沌之民"，这样，他的统治就能相安无事。杨增新的这种"闭关而治""愚人虞圣"的思想本质在于为了巩固其个人的军阀统治反对社会改革，反对社会进步，致使新疆本来已落后的社会经济与文化教育不能得到应有的发展。②

对于新疆内部，杨增新以缓和社会和阶级矛盾为主，偏安自守。在杨增新统治时期，赋税加重，各级官吏的任意盘剥有增无减。杨增新明知新疆"吏治"败坏，但他认为千里来做官，无

---

① 曾问吾：《中国经营西域史》，商务印书馆，1936年，第638页。

② 参见白振声、（日）鲤渊信一：《新疆现代政治社会史略》，中国社会科学出版社，1992年，第112—114页。

非是为了升官发财，就不能不吮吸老百姓的血汗。但又不能把老百姓逼入绝境，以致闹出乱子来。所以，他允许地方官吏在其限定范围内自肥而不予深究，最多不过缩短当事者的任期而已。而各封建主则利用征税的机会，肆意勒索。杨本人也在以更隐蔽的手段盘剥牟利，上行下效，腐败依旧。新疆各族人民处于压迫与剥削之中，生活与日俱下。民国成立以来，北洋政府和省政府在财政上自顾不暇，根本无力给历来靠“协饷”维持的新疆拨款，于是杨增新只得就地筹款，努力在财政上自立，以维持自己的政权。杨增新解决财政困难不靠发展生产力，不靠加强商品流通活跃经济，而是试图用扼杀生产力、限制商品交换，把经济纳入死胡同，与经济发展规律背道而驰的方法加以解决。当财政陷入危机，无法解决时，便滥发纸币，间接地加紧对老百姓进行盘剥。政府弄虚作假，增加税收，使得大批群众倾家荡产，商人乘机大量囤积货物谋利，当官的个个贪赃舞弊、索贿受贿。层层收税，重重剥削，使新疆几乎窒息。①

在民族关系上，杨增新实施的民族政策的实质是实行民族压迫，制造民族矛盾。杨增新统治新疆，惯用羁縻与牵制政策。他首先通过羁縻封建上层来统治整个新疆，认为通过蒙古、哈萨克及部分维吾尔王公贵族来控制他们属下的人民，比通过他直接派出的官吏更方便、更有利。他又使不同的贵族集团互相牵制、互相制约，并利用不同民族的利害矛盾，使他们都把他当作靠山。至于对王公势力所不及的社会各阶层，比如对南北疆的大部分维吾尔族人，他则通过大地主、大商人来羁縻，同时又利用当年存在于维吾尔族人社会生活中的浓厚的同乡地域观念，使之互相牵

---

① 参见赛福鼎·艾则孜：《赛福鼎回忆录》，华夏出版社，1993 年，第 71 页。

制。杨增新在辛亥革命时期招募新疆回民为兵，建立了自己基本的武装队伍，成为他取得政权和巩固政权的主要资本，一直由他直接指挥。他认为当地汉族肯出来当兵的只有游民，而游民是最难驾驭的；招募回族人参军，更有利于羁縻全疆百分之九十以上信奉伊斯兰教的各族居民。后来，他在军队组织上，时而重用维吾尔族人，时而重用哈萨克族人，时而又重用蒙古族人，使各民族互相牵制。杨增新就是通过这些羁縻与牵制的办法，来挑拨民族关系，制造民族矛盾，使之互相对立、互相牵制，进而利用矛盾，以图各族之间力量的均衡，从而达到巩固自己的统治的目的。①

在对待宗教的问题上，特别是对伊斯兰教，杨增新采取了较为审慎的政策。他采取羁縻的办法，依靠宗教界的上层人物来控制全体教民。他维护这些人的既得利益，支持他们对人民的剥削和统治。他不主张用行政力量干预宗教活动，反对地方官吏委派阿訇，坚持政教分离。另外，他对宗教活动也采取了若干限制措施，并极力阻止外国人利用宗教关系染指新疆，以免因宗教问题使新疆局势发生动荡。

杨增新为了在新疆"长保禄位"，防人夺权是他的一个显著特点。他猜忌、多疑、防人太甚。除了严加检查新闻和来往信件外，不准僚属知悉督署译电处的所有机要。在新疆遍设耳目，所以全省大大小小的事，他差不多全知道。② 其用人方面的首要标准是"听话"，最好能唯命是从。杨增新喜欢用这类庸懦无能、把当官作为发财途径而又不过分为非作歹的人，他内心里很鄙视

---

① 参见白振声、[日]鲤渊信一:《新疆现代政治社会史略》，中国社会科学出版社1992年，第119—121页。

② 陈慧生、陈超:《民国新疆史》，新疆人民出版社，1999年，第82页。

他们，却把他们当作无害于自己政权的人。他绝不重用有才智之人，那样的人都是他时刻提防与严加控制的对象。凡是不忠于他的人，总要千方百计地将其除掉。[①] 政治情况是不断变化的，作为领导应该与执政团队保持信息沟通和交流，集中众人的智慧，保证决策的科学化和合理化。如果在统治集团内部实行“一言堂”，高压统治，没有人敢讲出自己的真实想法，或者仅仅说些其上司愿意听的话，那么这个领导人就必定会脱离政治现实、依据毫无根据的假设或基于错误情报做出决策。执政者越来越不了解他下级的思想感情，下级就越来越和他疏远。

军事上，杨增新实行的是“分散治军”和“弱兵政策”，这与当时军阀割据的情形大相径庭。杨增新认为新疆孤悬塞外，地方武装有限，治安必须从政治入手，非用兵所能维持。一旦有事，新疆军力外不能与英、俄坚甲利兵相比，内不能控制如此辽阔的地域。此外，作为军阀，杨增新十分清楚尾大不掉、“武人干政”之危险，所以尽量分散治军，防止出现任何重兵在握、威胁到他统治地位的将领。在实行“分散治军”和“弱兵政策”中，杨增新采取不设统一编制的做法，将陆军、新军、巡防营三大建制系列的指挥权牢牢地控制在自己的手里。为了防军人倒戈叛乱，杨所委任的军官，大多避其所长，文人充当武官，军人充当文官，甚至让阿訇、活佛充当军职，真正讲武堂出身的军官为数很少。新疆军队号称3万，实则不足1万。当时，军队中冒兵冒饷“吃空额”的现象非常严重，但只要军队不生异心，杨增新对此听之任之。军官为了吃空额，让士兵在农忙时节到外自谋

① 白振声、［日］鲤渊信一：《新疆现代政治社会史略》，中国社会科学出版社，1992年，第132页。

生计，到了秋冬之际，再行归队。新疆军队腐败不堪已达到极点，“老壮不一、衣履破烂、武器陈旧、军队废弛”是新疆军队的一大特色。正因为这样，“新疆人民呼为乞丐军”①。依靠这样的军队很难胜任保卫新疆这一神圣的任务。这种“弱兵”状况贯穿于杨增新执政时期，他公开声称：治理新疆并不需要军队，只要他的“一颗脑袋，一支笔管”就可以了。之所以保留军队，“不过是为了体制的关系，不能不有而已”②。正因为杨增新的这一指导思想，新疆治军当然也就毫无建树了。③

毋庸讳言，在杨增新主政新疆的17年里，正是内地军阀纷争不已、政局动荡不安的时代，再加上新疆社会内部也是矛盾重重，军事财政积贫积弱，在这种状况下，杨增新能够在经过执政初期的危机之后，使新疆社会出现了逐步稳定、经济缓慢发展、内外和平、偏安一隅的局面，这一点应给予肯定。杨增新因而也得了新疆各族封建统治者的普遍拥护和支持。但杨增新始终是新疆封建势力的总代表，他在政治上实行闭关自守的愚民政策，千方百计阻止外部势力介入；在民族关系上则惯用羁縻与牵制政策，通过羁縻封建上层来统治新疆，通过少数民族的王公贵族来控制其下属人民，使不同的贵族集团相互牵制、相互制约，依靠宗教界的上层人物控制教民；在用人问题上，杨增新不是“任人唯贤”，而是“任人唯忠”；在军事上，杨增新实行的是“分散治军”和“弱兵政策”。他所采取的一切政策与措施无非是保专制、卫权势，以维护他的独裁专制的统治。

---

① 曾问吾：《中国经营西域史》，商务印书馆，1936年，第617页。

② 广禄：《新疆三十年动乱亲历谈》，载《周末观察》，台湾版，第10期。

③ 白振声、[日] 鲤渊信一：《新疆现代政治社会史略》，中国社会科学出版社，1992年，第115—119页。

其二，杨增新的政治智慧。杨增新政权诞生于辛亥革命所掀起的巨大社会震荡和社会变革之中，但却能在乱世中稳定统治新疆 17 年之久，这与他过人的政治智慧与手腕是分不开的。

首先，“统一新疆”。杨增新跃登都督宝座时，可谓四面楚歌。西面伊犁革命党人与迪化政府对垒；南疆各地，哥老会十分活跃；东路哈密铁木耳起义，地方当局穷于应付；北面阿尔泰处在“独立”的喀尔喀的威胁之下。杨增新是一个善于权谋的人，早就有攫取新疆军政大权的野心。当袁大化与伊犁起义军交战时，他借口要亲临战争前线作战，经袁大化批准，起用遣犯云南回民马福兴，招募回队五营，但却屯扎迪化，按兵不动，实际是想依靠这部分武装作为扩充自己实力的资本。[①] 他接任都督后，首先同伊犁取得了妥协，以省级和地方级的要职麻痹伊犁革命党人，分散他们的势力，随后或以重金诱其东归，或以威胁手段迫使去职，继而进行血腥镇压。紧接着，又对活跃在天山南北的哥老会成员下手，或动用军队镇压，或施展各种阴谋诡计，将头领调至迪化分而治之，有些人被调关内杀害。镇压铁木耳的农民暴动军及穆依登为首的吐鲁番农民起义军的手段与镇压伊犁革命军及哥老会的手段本质上相同，只不过又有发展，加上了利用伊斯兰教的宗教伎俩和借哈密地方王爷之手无情残杀参加暴动的老百姓。

其次，羁縻与牵制。1916 年之后，杨增新的政权开始转入稳定阶段。杨增新开始把羁縻和牵制作为其统治新疆的中心策略与手段。作为封建地主利益的代表者，杨增新首先通过羁縻封建上层来统治整个新疆。杨增新认为，通过贵族来控制他们属下的人民比通过他直接派出的官吏更有效。杨增新羁縻王公贵族的主

① 包尔汉：《新疆五十年》，北京文史资料出版社，1984 年，第 70—71 页。

要手段，是不触动这些人的既得利益，但限制他们继续扩张。杨增新认为，保障这些上层人物的既得利益，就可以得到他们对自己的拥护；限制他们过分压榨老百姓，是为了老百姓不至于被逼造反，从而对自己的统治不利。

新疆是个多民族杂居之地，为使民族矛盾更加复杂，以便从中渔利，杨增新运用口是心非、挑拨离间、令各民族自相残杀的手段来达到羁縻和牵制的目的。在利用宗教上层人物方面，杨增新也要弄了不少手段。他派云南回族马福兴担任喀什专区道尹，马福兴以专横跋扈闻名喀什。杨增新依靠他争取地方上的大阿訇、大毛拉，通过他们控制维吾尔族群众。对于自己的部属又有一套做法。杨增新的部下，文官中以汉人占多数，武官中除高级军官外大部分是回族人，也有少数维吾尔族人。杨增新最喜欢重用那些听他话的人，没有危言危行，在他允许的范围内中饱私囊，而在私人生活上比较遵守封建道德，没有不良嗜好，同时又有一定声望的人。具有较大才干的人在必要时他也使用，但这些人必须在他指示的范围内行事，绝不允许这类人扩张个人权力威胁到他的统治。杨增新也喜欢用那些唯唯诺诺的庸碌之辈，因为这类人不会对其统治造成威胁。那些从内地派来比较精明强干的人，则是杨增新严防的重点对象，不予以重任。对于异己，他一向是毫不留情，绝不宽贷的，就是对亲信也绝不手软。杨增新不仅对谋叛的人坚决铲除，就是对那些并无任何反对他的举动的人，如果较有才干，声望过高，也要想方设法地除掉。为防止部属结党谋反，杨增新用人避其所长，用其所短，用文人掌军队，让武人当文官。让军官吃空额，这样就不会造反了。在军队组织上，杨增新各族并用，使之互相牵制，但严防出关的汉族人补入部队。他认为出关的汉族人都是“孬种”，而且那些人聚之易而散之难。

其三，杨增新统治集团内部之关系。杨增新主掌新疆后期，统治集团内部之间的矛盾日益激化，其焦点是在争夺新疆的统治权。当时，统治集团内部之间的矛盾，尽管相当复杂，但主要是杨增新与马福兴的矛盾，以及省政府内部的矛盾。矛盾发展的结果，杨增新处死了马福兴，而樊耀南发动了“七七政变”则枪杀了杨增新，金树仁在为杨增新复仇的幌子下又杀死了樊耀南，登上了新疆省主席的宝座。

马福兴与杨增新都是云南人，正因为这一同乡关系，杨增新才将马福兴视为亲信，委任他为喀什道尹，企图使马福兴在南疆作为他的代言人。马福兴职务的提高，其权欲就随即膨胀起来。于是，他暗中进行倒杨活动，妄图在新疆取而代之。马福兴倒杨的阴谋活动被杨增新获悉后，杨增新毫不留情地下决心将其铲除，以免给自己的统治留下后患。杨增新处死马福兴并不等于统治集团内部的矛盾已经消除，恰恰相反，在铲除马福兴的第四年(1928)，杨增新统治集团内部的矛盾就已经发展到不可调和的地步，最后导致杨增新政权的覆灭。

杨增新统治后期，省政府内部逐渐形成两个对立派别日益明朗，一派是以金树仁为首的“甘肃派”，亦称保守派，他们大都是杨增新在甘肃培植起来的文武学生，其中著名人物，如金树仁、鲁效祖①、阎毓善②、张培元③等人。另一派是以樊耀南为首

① 鲁效祖，字绳伯，甘肃临夏县北塬大鲁家人，甘肃文高等学堂毕业，能诗，写得一笔好字，和金树仁是同学，曾任新疆省政府秘书长。

② 阎毓善（1872—1933），字庆皆，别名庆阶。肃州红山人。1918 年，毓善到达新疆任实业厅长兼督军府秘书长。

③ 张培元，字子亨，甘肃桂德人，生于光绪二十年。第一次来新疆，杨增新委任他为新疆军务处科员，后提升为团长。

的“两湖派”，又称新进派，代表人物有张纯熙（新疆俄文法政专门学校教务长，湖北人）、张馨（县知事，湖北人）、吕葆如（电台技师，江苏人）等人。[1] 两派斗争的焦点，依然是争夺新疆的统治权。杨增新开始督新时，他本来在依靠“甘肃派”的同时，也把云南同乡作为主要依靠力量。但因发生了同乡夏鼎、李寅等反对杨增新拥袁世凯称帝的事件[2]，从而打消了他把云南同乡作为亲信的念头，并扬言今后再也不用云南人了，而把军政大权交给了甘肃籍的官吏，并通过这些人将各级统治机构牢牢地控制在自己的手里。甘肃籍的官吏大多都是杨增新在甘肃为官时的门生故里。在中国社会里，人与人之间的联系最重要的是家庭关系，那么除了家庭关系，师生关系无疑是最重要的。俗话说“一日为师，终生为父”，这种师生关系在政治上相当有利。民国初期，这种师生关系是建立派系的基础之一。杨增新为了能永远约束他的部下，便有意培养这种关系。他非常清楚，单纯的政治关系，当观点不同或有权力地位之争时，可能会有变化，但是师生关系则不会。所以，杨增新在与樊耀南争夺统治权的斗争中，采取了以“甘肃派”反对“两湖派”的策略。

（三）矛盾与斗争：新疆地方与中央政府关系之转换

自 1911 年中国改制后一直到 1928 年，历届中央政府对新疆的统治一直有名无实。无论是北洋军阀统治时期，还是国民党统治时期，中央政权从未做到真正的政令统一。造成这种局面的主

① 尧乐博斯：《尧乐博斯》，台北传记文学出版社，1969 年，第 69—70 页。

② 杨增新对于“有害于政”的异己一向是毫不留情，绝不宽贷的。云南籍官吏夏鼎、李寅、马一反对袁世凯称帝，杨增新在杯酒言欢中，“不动声色”地将他们“身首异处”。

要原因是因为这个时期没有一个强大的独立的中央政府，中央政权衰微，地方割据势力兴起。在这种形势下，北京政府一再努力恢复中央集权的局面，希望根据中央集权的原则来达到一个新的政治秩序，而地方势力却为了保护自己的利益，反对中央集权。杨增新作为新疆地方的最高统治者是一个十分矛盾的政治人物。作为清朝遗老以及深谙权术的政客，他一方面表示接受中央政府的统治，对中央政府采取了“认庙不认神”的态度，中央政府虽然变动频繁，但他一律通电拥护，始终承认中央政府的管辖，但另一方面他依然因循守旧，对中央政府的政策阳奉阴违，实质上是把新疆经营成为自己的独立王国。杨增新的所作所为背离新疆地方政府与中央政府保持隶属关系这一历史轨迹。1928 年，北伐革命刚刚取得胜利，国民党作为一支合法力量逐渐统一全国，但政权在许多地区，尤其是边疆地区根基很不牢固。但随着国民党势力的逐渐强大，国民党政府决定全面接管新疆，重新恢复中央集权的局面。

1928 年 7 月 7 日，新疆省立俄文法政专门学校举行第一届毕业典礼，杨增新等省内军政要员都前来参加庆典。在招待宴会上，杨增新身中七弹，当场身亡。这就是震惊中外的新疆“七七政变”。虽然这只是一次短暂的政变，但在新疆近代史上是一次重大事件，它结束了杨增新在新疆 17 年的统治，新疆历史进入了金树仁统治时期。

这一历史转换表面看是偶然现象，实际上是杨增新时期新疆地方与中央关系矛盾斗争的必然结果。总起来看，有以下两个方面的内容：

1. 中央政府的新疆政策由弱变强、由虚趋实

1912 年 5 月 18 日，中央正式任命杨增新为新疆都督，从此

新疆进入杨增新统治时期。袁世凯为了加强中央集权，扫清个人专制独裁道路的障碍，制订了废督裁军的计划，企图缩小行政区域，以便对地方军阀加强控制，同时，他在各省推行军民分治，以削减各省军阀的大权。但是，袁世凯的这一切努力都不同程度地遭到地方军阀的反对，结果废督裁军的结果只是把“都督”改成了“将军”，把“都督府”改为“将军行署”而已。袁世凯垮台以后，段祺瑞掌握了北洋政府的实权。段祺瑞加强中央集权的结果也只是先后把“将军行署”改为“督军公署”“督军某省军务善后事宜公署”；把“将军”改为“督军”“督办”。受全国军制变化的影响，1914 年，杨增新由都督改任将军；1916 年，由将军改任督军；1925 年，又由督军改任督办。这些名称的变化丝毫无损于杨增新的实权，那些机构的本质也无多大变化。[①] 北洋政府垮台，国民党南京政府统一全国，杨增新立即表示拥护南京中央政府。杨增新虽然名义上归属南京政府辖控，但实际上他还是想继续维持他的独立王国。而此时的国民党处于执政党的地位，表示要比北洋政府对新疆事务更有直接的兴趣，决定插手新疆，不会让杨增新再继续独裁下去。

1912 年，中国国民党在北京成立后，在新疆就有人倡议发展国民党，但被杨增新严令禁止。鉴于新疆革命党人领导武装起义推翻清朝封建统治的教训，杨增新坚决反对在新疆建立任何政党组织。正因为杨增新的这种态度，国民党在新疆始终没有发展起来。有的人虽然加入了国民党，但在杨增新的高压政策下，他们都是秘密加入的，不敢公开进行活动。只是到了 1925 年的春

① 嵇雷：《民国前期新疆治理研究（1912—1933）》，新疆大学硕士研究生学位论文，2004 年。

天，国民党才在新疆开始开展党务活动，沙吾提阿吉·尤素甫和定希程（回族）等人秘密潜回新疆，并以教育机关为其活动中心开展党务工作，宣传三民主义。1926年，中国国民党中央委员荣耀、白海峰、苏子善等人秘密抵达新疆，奉命筹组国民党省党部，令沙吾提阿吉·尤素甫负责具体党务工作。在杨增新主政期间，他们害怕杨给他们扣上“乱党”的帽子，不敢公开发展组织，其活动也极其秘密，以避免遭到杨增新的镇压与迫害。因此，新疆国民党党员对于杨增新的高压政策甚为不满，甚至在1928年还进行过倒杨活动。当国民党中央酝酿冯玉祥插手新疆并准备在新疆组建省党部之际，新疆发生了“七七政变”，杨增新政权覆灭。南京国民党中央鉴于这一形势的变化，重新考虑在新疆建立组织、开展党务工作的方案，准备在新疆扩展自己的势力，寻找机会掌握新疆的政权。①

2. “换汤不换约”：新疆地方对中央的态度

国家统一是中国传统政治文化的核心之一。这一观点指导和规定中国人的思想和行为。如果任何组织和个人敢于冒天下之大不韪势必会遭到舆论的谴责和批评。即使当中央政权衰微，军阀割据时期，有野心的政治家也更多的是构建自己的诸侯王国罢了。杨增新主政新疆时期刚好就具备了这样的政治气候和条件。做一个新疆王既不违背中国的传统政治文化，又可以在本地称王称霸。因此，杨增新在新疆的基本原则就是既希望保持其政治独立性，又不使新疆完全脱离中央政府。杨增新清楚地认识到，自己的权力合法化的基础是维持一个集中的国民政府的组织形式，

① 参见陈慧生、陈超：《民国新疆史》，新疆人民出版社，1999年，第224—225页。

并宣布代表它执行权力。所以，杨增新在实行个人独裁的同时，始终承认北京的中央政府，对中央政府奉行“认庙不认神”的态度，不管中央政府组织如何变更，当权者是谁，他都承认，而自己的一套老办法则始终不变。当时中央政府对新疆出台了许多的设置规章，但并没有真正得到贯彻。在杨增新的眼里，这些所谓的制度、规定等，都要看是否合其口味，如果对他统治新疆有利就执行，如果对他不利，他不是敷衍拖延，就是力陈利害，促使中央政府改变初衷。杨增新在向中央政府请示有关问题时，担心北京政府的处置会有悖于他的准则，也往往先定处理办法再请中央核准。当杨增新估计他的重大决策中央不便或不能批准时，他甚至会自行其是。1928 年 6 月，北伐胜利，国民党上台执政。杨增新对这一新的局势非常惊慌，他认为国民党政府的权力扩大之后，对边疆大吏就不会像北洋政府那样放任了，但他又不想自愿退出新疆的政治舞台，于是，他依然采取“认庙不认神”的老办法通电拥蒋，宣布新疆服从国民政府，奉行三民主义，并改组新疆省政府。随后还特派教育厅厅长刘文龙进京报告一切，以示对南京政府的衷心拥护。杨增新改组后的新疆省政府，依然是“换汤不换药”，它虽系委员制，但只是徒有其名，而独裁如故。这也就注定了他悲剧性的结局。

总之，“七七政变”的发生，反映了杨增新主政新疆期间各项政策的失败。采取政治暗杀的政治手段证明，杨增新固然在某些问题上手腕高明，短期内可以维持其独裁专断的统治，依靠小恩小惠换取各个派别的虚假忠诚以及维持派别之间的脆弱平衡，但是对中央政府的态度上，采取阳奉阴违的对策，对中央的政策择其有用而为之，排斥国民党在新疆的发展，排挤中央官员，进而使新疆成为一个地地道道的独立王国。因此，在中国逐渐走向民主共和的大背景下，杨增新独裁专制不仅违背中国逐渐走向统一的历史潮流，而且也与中央与地方的隶属关系这一历史轨迹相背离。

余　论

杨增新在内外矛盾错综复杂的社会历史环境下能够稳定地统治新疆 17 年之久，实属不易。新疆“七七政变”爆发，杨增新政权寿终正寝。这虽然是一件暴力的突发事件，但其背后折射了杨增新政权统治的脆弱性及其内外关系的复杂矛盾。一方面，新疆面临的社会现实及杨增新个人因素造就了杨氏强人政治；另一方面，更是反映了新疆地方与中央政府关系的实质与特点。

其一，传统权威政治的区域性、时代性特征。杨增新在新疆的统治属于典型的传统权威政治。这种方式的产生既有历史的惯性，又是新疆所处的特殊地缘社会政治环境。杨增新时期，新疆地方与中央政府的关系，不仅体现了民国北洋时期中国政治的历史时代性，而且也体现了新疆政治的区域性。

从历史经验看，随着中国历代王朝盛衰的变迁，势力的消长，对新疆的统治也时强时弱。当中央政府实力强大时新疆与中央政府的这种隶属关系就紧密；当中央政权衰弱时，这种隶属关系就脆弱，有时难免有鞭长莫及的感觉。不过，新疆与中央政府的关系虽经历史变迁，但新疆与中央关系的隶属实质没有发生变化。而且，随着历史的推移，新疆与内地和中央政府的关系在政治经济和文化等领域进一步密切，中央政府对新疆的管理逐渐地朝制度化和规范化方向发展。新疆离不开中央的影响，中央的变化则又始终影响着新疆，但无论怎样变动，二者之间的关系是地方与中央这一政治属性则始终未变。

杨增新主政新疆后，北洋政府内部军阀混战，你争我夺，根本无暇顾及新疆。在这种形势下，杨增新为避免卷入内地混战的旋涡之中，于是闭关自守，唯我独尊，安然当起了“新疆王”。杨增新主政新疆时期正是中国近代国家转型与整合的过渡期。孙中山领导的辛亥革命，推翻了腐朽的王朝，从而结束了2000多年的封建君主专制制度，建立了民国。但由于中国传统历史文化和传统政治文化的惯性，中国封建制度的影响在短期内还无法完全消除，而新的政治权威在断裂社会中形成还需要一个很长的过程。于是，辛亥革命之后的民国相继进入了袁世凯北洋军阀统治时代，这时中国陷入了军阀割据的乱世。乱世是造就英雄的时代。军阀割据的时代同时也是水深火热中的中国人民渴望统一，实现民族独立、国家富强的时代。谁能迅速完成国家的统一、民族独立，并在统一国家的基础上实现富国强兵，谁就是时代的英雄。杨增新主政新疆期间，维持了新疆社会的安定，保证了国家的统一，他就是那个时代的“英雄”。但民主共和终究是不可抗拒的历史潮流，任何阻碍这一历史潮流之人都只能是螳臂当车。同其他军阀一样，杨增新在登上权力宝座之后，在共和的旗帜下实行独裁统治，开历史倒车，逆历史潮流而动。但是，从其所处的区域性特征看，杨增新为维持和巩固政权的稳定，采取极端独裁的统治手腕似乎也就成了一个转型时期的边疆民族地方政治官僚的必然选择。这些政治措施虽然可以短期内维持其独裁专断的统治，但却难以维持其持久的政权稳定。在某种意义上说，“七七政变”的爆发，就是对这种威权政治典型的回应。

其二，强人统治的两面性。在中国的政治传统中，高度集权的中央统治很容易产生强人独裁统治。依靠个人的权威性与能力进行统治，在具体政策执行上可以高效运作，产生立竿见影的效果，特别是在国家权力渗透极其有限的、简单的农业社会里，这种情形更加明显。杨增新统治新疆时期正是内地军阀纷争不已、政局动荡不安的时期。当时的新疆，经济方面落后于内地大多数省份。杨增新是个精明强干的封建旧官僚，他利用其政治手腕与过人的政治才干支配着新疆所有重要人物的政治机会和个人命运，他挥舞“大棒”，但更多的时候是“胡萝卜加大棒”，对忠诚于他的人给予恩惠，而对于背叛他的人，他是绝不能容忍的。在杨增新的强人统治下，他的各项政策都发挥了显著的特点，所以新疆暂时出现了社会安定、经济发展、民族和谐的景象，保证了国家的统一。然而，强人统治的危害在于它可能会导致政治发展民主化、科学化和制度化的缺失，即权力过分集中、政治信息闭塞、各种制度不完善等。与大多数传统的威权主义统治者相同，杨增新更关注于保护他的地位而不是去关注新疆的长远发展。为保住自己的位子，防止他人篡夺，杨增新总是试图隔离大众，使之不能参与政府。他所要求的是大众的服从而不是他们的支持。然而，这种高压性的生存策略很少能取得长时间的成功，实际上，赤裸裸的强权只有包裹在合法性的外衣里面才能起作用。杨增新企图改造人们思考和行为的方式，但很少能够按其所设想的那样取得成功的，结果只是强化了民众对政治的消极态度。他在用人上是以忠诚为标准的，这也容易导致其下属为投其所好，为达个人目的而不择手段，从而影响杨增新的决策能力与效果，造成错误的决策，进而削弱杨增新的执政基础。当各个利益关系难以平衡时，那些对他心怀不满的人就会伺机作乱。杨增新的被杀就是这种强人作风在矛盾错综复杂而难以平衡时而导致的必然结果，他最终也成为一个悲剧性的历史人物。

其三，新疆地方与中央关系的实质与特点。新疆与中央的关系，始终是中国边疆民族地方与中央关系体系的重要组成部分。众所周知，中国传统政治的特征是中央集权制，国家统一成为传统政治文化的核心。新疆地处祖国西北边陲，从汉朝开始虽然历经曲折，但始终能以各种形式隶属于中央政府。清光绪年间正式设立行省，与中央关系更加紧密。辛亥革命发生后，尤其是杨增新主政时期，虽然国家处于动荡时期，但二者的关系实质也未发生根本改变。第一，从双方的关系看，新疆离不开中央的支持，中央的变化则又始终影响着新疆，但无论怎样互动，中央与新疆的隶属关系都不会变。但是，新疆作为中国的一个省，既具有普遍性又具有特殊性。普遍性是指新疆是中国的一个省，它应该像其他任何省区一样，在政治经济各个方面服从中央的领导，与中央政府政令统一。其特殊性是它与苏俄毗邻，历史上无论俄国还是后来的苏联都以各种方式对新疆发挥着影响。在这种背景下，作为国家西北门户的新疆执政者在中国处于动荡的历史时期不得不在中央政府与强邻之间实现平衡。第二，杨增新作为新旧时代的政治人物充满了矛盾的性格。杨增新处在民主共和的年代，共和体制并非中华文明内生的制度，中国适应这个制度的过程，不仅需要转换政治制度，还需要转变社会观念、价值规范与根深蒂固的文化传统。杨增新出生于一个封建官僚家庭，自幼苦读诗书，深受中国封建的旧文化、旧传统、旧道德的熏陶，是个地地道道的清朝遗老。他只是口头上拥护共和，骨子里却是一个顽固的守旧派，他反对在新疆实行任何形式的变革。他在新疆实行的完全是个人独裁统治，对中央政府只是表面上的拥护。他的统治手段是独裁专制，缺乏必要的制度保证，最终他本人也以政变的方式结束了独裁统治。

杨增新历经清朝末年、辛亥革命和北洋军阀时期，是个地地道道的清朝遗老，他是个汉族人，不仅旧学根底深厚，而且精明强干，深谙权谋之术。新疆民族关系复杂，又与强国为邻，再加上当时整个国家所处的动荡的大环境，这些复杂因素都为自己的独裁统治创造了适宜的土壤。事实证明，杨增新能够主政新疆 17 年，凭借的就是沿袭了专制主义的帝国传统。但当时的中国局势，正发生翻天覆地的变化，国民革命军北伐成功，国民党的南京政府统一了全国，一个新的时代已经到来，而杨增新则不思改变，继续因循守旧，终于导致其于 1928 年 7 月 7 日出席新疆省立俄文法政专门学校举行的第一届毕业典礼时被暗杀。杨增新离世不到百年，他留给新疆治理的历史遗产仍然需要继续探讨和深思。

作者简介：袁玉红，1979 年生，浙江象山人，汉族，博士，清华大学社会科学学院。

六、应对与想象：试析20世纪30年代“新疆论”[①]

赵 曼

20世纪30年代，“新疆论”是中国近代边疆民族问题思想认识史的重要组成部分，同时，也是民国时期新疆问题认识史研究的重要课题之一，具有一定的学术研究价值和现实意义。目前学术界相关研究成果主要是散见于新疆地方史、边疆民族史等论著之中，而专门讨论这一课题的成果还未见到。[②] 本文以20世纪30年代各类期刊及个人著作中关于新疆问题的论述为主要材料，对该课题做一初步考察研究。主要观点如下：第一，从20世纪

---

① 本文中的“新疆论”指的是学者和官方关于新疆的议论、评述或述说，这里的“论”并没有理论之意，仅仅是一种评论。并且本文的新疆论重点在于通过梳理20世纪30年代知识界舆论界关于新疆的认识，以及新疆问题的见解等诸多方面的论述，分析当时国人对新疆的认知，从而揭示20世纪30年代新疆研究思潮的本质所在。

② 涉及本研究的相关著作有：王柯的《民族与国家——中国多民族统一国家思想的系谱》(中国社会科学出版社2001年)、黄建华的《国民政府的新疆政策研究》(民族出版社2003年)。论文有：沈松侨的《江山如此多娇：1930想象年代的西北旅行书写与国族》(《台大历史学报》第37期，2006年6月)、侯风云的《20世纪30年代国人开发新疆述论》(《新疆社会科学》2007年第1期)、段金生的《近代国人关于新疆的认识》(《中国边疆史地研究》，2009年第19卷第2期)、冯建勇的《民国初期新疆民众社会心态的重构：传统——现代之间》(《新疆地方志》2009年第4期)、买玉华的《试论金树仁统治时期国人的新疆观》(《西域研究》2011年第1期)等。

30 年代“新疆论”的背景上来看，时人对新疆问题的讨论依旧是危机下的应对、权宜论。第二，从其目的来看，20 世纪 30 年代的“新疆论”是当时国民政府政治建构的一次努力尝试。第三，从其关注和思考的内容上来看，20 世纪 30 年代的“新疆论”具有明显的二重性。第四，从其所关注的对象上看，20 世纪 30 年代的“新疆论”又具有显著的内地本位论和新疆本体的缺失。

（一）危机与关注：20 世纪 30 年代“新疆论”之背景

20 世纪 30 年代的“新疆论”是近代中国认知新疆的一个重要组成部分，其内容之丰富、影响之重要，在新疆问题认识史上具有重要意义与影响。这一情况的出现，既有历史背景，又有现实的原因。前者是晚清以降的新疆危机，后者是日本侵华与国内政治动荡双重危机中的西北开发热潮，其重心在于危机下的关注和思考，具有应急、权宜之特征。

1. 晚清危机下的“新疆论”

清季关于新疆问题的讨论主要集中在两个阶段：一是嘉道之际，二是同治光绪之交。前一阶段是以张格尔之乱为开端，后一阶段是由于新疆陷于阿古柏统治及沙俄侵占新疆伊犁地区而引发。主要议题是面对新疆危机和国土沦丧之严重时刻而如何应对的问题，讨论的焦点是到底要不要新疆。

其一，捐西守东：新疆危机凸显下的“新疆论”。新疆自乾隆统一后，至嘉道之际问题日渐显著且越来越严重。自 1820 年后，新疆伊斯兰和卓后裔发动叛乱并与中亚浩罕国扩张势力相勾结，在南疆制造了近 40 年之久的动乱。先是张格尔四次叛乱，历时长达 8 年，叛军所到之处，屠杀民众，掠夺财物，新疆社会经济遭到极大破坏。此后，南疆又出现大小叛乱多达10多次，影响较大的还有浩罕国支持下的玉素甫之乱、七和卓之乱和倭里罕之乱。这些叛乱波及范围广，影响范围大，给新疆各族群众带来了巨大的灾难，生命、财产都遭受了极大的损失，清政府动用大量军队、巨额资财同当地各族群众共同平定了叛乱，稳定了新疆的大局，但新疆从此失去了过去近60年的稳定状态，社会空前动荡。

当张格尔之乱发生后，西北边疆尤其是新疆问题开始成为国内政坛舆论关注的焦点。许多有识之士纷纷从事西北边疆史地研究，以图挽救危机，正所谓“道咸而后，下逮同光、边隅多事、海禁复开、学者渐留心与西北徼外舆地及异国风土民情”[①]，西北边疆史地研究一时成为显学。

其中，新疆善后问题成为当时朝野上下关注和议论的中心。有人认为新疆地薄人稀，守之耗费巨大，得不偿失；时任伊犁将军的大学士长龄主张将长期羁留北京的张格尔的叔叔阿布都哈里“令归总辖西四城”，这样就“可以服内夷，制外患”[②]；时任随征钦差大臣的山东巡抚武隆阿竟奏言：“西四城各塞环逼外夷，处处受敌，地不足守，人不足臣，非如东四城为中路必不可少之保障。与其糜有用兵饷于无用之地，不若归并东四城，不须西四城兵费之半，即巩若金瓯，似无需更守西四城漏卮。”[③] 长、武

① 支伟成：《清代朴学大师列传·地理学家列传第十七》，岳麓书社，1986年，第447页。

② 魏源全集编辑委员会编校：《魏源全集》（第三册）、《圣武记》（卷四），岳麓书社，2004年，第183页。

③ 魏源全集编辑委员会编校：《魏源全集》（第三册）、《圣武记》（卷四），岳麓书社，2004年，第184页。

二臣所言，实质就是要放弃南疆西四城，“捐西守东”之声弥漫京师。对此，以龚自珍为代表的一部分有识之士认为尺寸之地不可失，坚决反对“捐西守东”，并纷纷谏言献策阐明自己的主张。

龚自珍认为即使新疆悬远难守，也不宜放弃。他在《御试安边绥远疏》一文中以“千万年而无尺寸可议弃之地”的观点，坚决地反对“捐西守东”，主张全面守卫新疆，维护祖国的统一与领土的完整。他主张因乾隆之功，进一步“疆其土，子其民”，主张在新疆设立行省，指出“现在所需极厚，所建极繁，所更张极大”，但“所收之效在 20 年以后，利切万倍”①，他的这一观点对后世影响极大，使他成为晚清以来研究新疆问题的划时代的思想家。此外，龚自珍还提出移民实边，并附以详细的移民方案，同时他关注到新疆的民族问题，认为“回人皆内地人也”②，主张平等对待少数民族。

魏源认为“捐西守东”，其结果只能是边圉不固，国无宁日；从经济的角度来看，南路的价值更甚于北。他说：“计喀城、叶城以东两河沿岸原隰膏沃各数百里，有准夷沟渠遗迹，可各得万余顷，溜缓渠平，绝溉反掌，莳插辄获，亩收数钟，鲁莽为之，事半功倍，不数年兵民愈衍愈炽，外足可以控制回户，内足以分中国生齿之蕃，利可殚述哉！”③

此外，沈垚以汉、唐、元、明代的史实驳斥了捐西守东之

① （清）龚自珍：《龚自珍全集》，《御试安边绥远疏》，上海人民出版社，1975 年，第 111 页。

② （清）龚自珍：《龚自珍全集》，《上镇守吐鲁番领队大臣宝公书》，第 311 页。

③ 魏源全集编辑委员会编校：《魏源全集》（第三册）、《圣武记》（卷四），岳麓书社，2004 年，第 186 页。

说，认为“祖宗开辟之地，尺寸不可失”[①]，指出回疆之乱，在于“镇守诸臣，不讲求于屯田积谷之道故也”。

其二，捐弃新疆：同光危机下的弃复新疆之争。继嘉道之际的“捐西守东”论之后，晚清关于新疆问题的讨论又一次出现，是同治道光之交的海塞之争，其实质是要不要新疆的问题。19世纪六七十年代，阿古柏先侵入南疆，至1870年进占乌鲁木齐和吐鲁番盆地；沙俄于1871年武装强占伊犁地区，并向乌鲁木齐推进。就在外国侵略者一步步蚕食新疆领土之时，清政府在相当长的时间内对新疆危机的严重性认识不足，依旧心存幻想，举棋不定[②]，导致新疆危机更加严峻。1874年春，日本侵台事件发生，使得清政府再次感到“海疆备虚”的严重后果。一时间清廷上下“主东南海防者则谓宜缓西北、主西北边防者则谓宜缓东南”，即所谓的“海防”和“塞防”之争。最初的海塞之争就是围绕着海防和塞防孰轻孰重、孰急孰缓的问题，随着争论的深入和发展，争论集中到放弃或收复新疆的问题。

以李鸿章为代表的“海防论”提出停兵移饷、捐弃新疆。1874年12月10日，李鸿章向清廷呈递《筹议海防折》，公然提出加强海防，捐弃新疆。他认为经营新疆不值得，乾隆朝勘定新疆也是没有必要：“无论开辟之难，即无事时岁需兵费尚300多万，已为不值。”[③] 在他看来，即使现在收复新疆，到头来仍然不能避免为俄、英强敌所蚕食瓜分。他还宣称放弃新疆对于中国的国防并无大碍，公然说“况新疆不复，与肢体之元气无伤；海

① （清）沈垚：《新疆私议》，《落帆楼文集》卷1。

② 杨策：《新疆近代史事述论》，中央民族大学出版社，2007年，第115页。

③ 中国史学会主编：《中国近代史资料丛刊》（洋务运动），第1册，上海人民出版社，1961年，第48页。

疆不防，则腹心之大患愈棘”[①]，片面强调海防，否定新疆的战略地位，从而抹杀塞防是中国国防整体不可分割的一部分的事实。李鸿章积极活动，企图使他的主张成为清廷的决策，甚至直接向慈禧太后当面奏请停止收复新疆的西征之举。许多朝臣随声附和，甚至连醇亲王奕譞都表示“李鸿章之请罢西征最为上策”[②]，一时间，请罢西征之声充斥朝廷内外，“捐弃新疆论”[③]甚嚣尘上，新疆前途危殆极矣。

1875年4月12日，时任陕甘总督的左宗棠向清廷上《复陈海防塞防及关外剿抚粮运情形折》，全面阐发了他对当前国防战略的独到见解。他认为海防和塞防是构成中国国防的两个方面，二者互为表里，缺一不可。因而提出海防、塞防不能偏废，而应“东则海防，西则塞防，二者并重”[④]，认为放弃西北以保东南不过是“扶得东边倒了西边”，其结果则是“西边必倒，东边亦未能扶也”。同时，左宗棠驳斥了李鸿章等人的移西饷匀作海防之饷的建议，指出：“若此时即拟停兵节饷，自撤藩篱，则我退寸而寇进尺……是停兵节饷于海防未必有益，于边塞则大有所妨。”[⑤] 后来，左宗棠又多次奏请朝廷，指出“重新疆者，所以保蒙古；保蒙古者，所以卫京师。西北臂指相连，形势完整，自无隙可乘。若新疆不固，则蒙古不安……而况今之与昔，事势枚殊。俄人拓境日广，由西而东万余里，与我北境相连，仅中段有

① 中国史学会主编：《中国近代史资料丛刊》（洋务运动），第1册，上海人民出版社，1961年，第49页。

② 中国史学会主编：《中国近代史资料丛刊》（洋务运动），第1册，上海人民出版社，1961年，第116页。

③ 杨策：《新疆近代史事述论》，中央民族大学出版社，2007年，第142页。

④ 左宗棠：《左宗棠全集》第46卷，上海书店，1986年，第7223页。

⑤ 左宗棠：《左宗棠全集》第46卷，上海书店，1986年，第7232页。

蒙部为之遮阂。徙薪宜远，曲突宜先，尤不可不预为绸缪者也”①，当务之急应该迅速进兵新疆，归复失地。左宗棠的这段重新疆意义的宏论，使清廷几经权衡，最终采纳了左宗棠的意见，下定收复新疆之决心。

综上所述，晚清以降的“新疆论”都是伴随着危机而出现的，先是嘉道之际的张格尔之乱，导致“捐西守东”论；后是同光之交阿古柏占据新疆及沙俄出兵伊犁地区，出现“捐弃新疆”论。在这些争论中，新疆问题越来越多被世人所关注，人们已经开始思考边疆问题尤其是新疆问题对于国家安全与民族统一的关系及其战略价值，具有一定的近代意识。但是，这些思考并没有摆脱传统的大一统政治思想格局，对新疆的态度依旧囿于历代统治者“强盛之时思统一；危机之时思捐弃”的藩篱，讨论的焦点虽是新疆，然其最终的目标却是维护国家政权的稳定。因而晚清以来的“新疆论”是传统边疆观念的继续和发展，但它对近代中国关于新疆问题之认识具有重要的影响，是19世纪30年代“新疆论”的历史背景和思想基础。

2. 20世纪30年代西北边疆研究热潮与新疆政局动荡

时至20世纪30年代，新疆问题又一次成为世人关注的焦点。虽然时移势异，但基本的背景仍是内外之危机，只不过是具体形势不同罢了。这次人们讨论的新疆问题，主要是缘于两个方面的原因：一是日本侵华，民族危机下的西北开发之热议；二是由哈密事变而引发的新疆政局动荡。

其一，西北研究热潮的兴起。1931年“九·一八”事变、1932年“一·二八”事变，东北沦陷，华北危急！中华民族危

① 左宗棠：《左宗棠全集》第50卷，上海书店，1986年，第7895—7896页。

急！面对空前加剧的民族危机，“国人感于民族前途危机之日迫，始高瞻远瞩，转移目光于边疆方面，人们以亡羊补牢的心态关注西北边疆，他们认为西北可以作为中华民族持久抗战的大后方，是中华民族复兴的希望”①。故以西北为复兴基地的呼声也越发地高涨。1932年，国民政府甚至决定“以洛阳为行都，以长安（西安）为西京”。一时间，从政府官员到普通学者，或是实地考察、旅行，写出大量考察行记、游记；或是组织学术团体，创办报刊，研究西北问题，掀起了中国近代西北研究的第二次高潮。

南京政府对西北问题的关注和西北开发的提出，进一步激发了社会各界关注西北问题的兴趣和热情，并掀起了一股考察西北的热潮。于是，许多个人、团体纷纷奔赴西北各地，进行各种名义的调查和研究。此外，国民党中央委员如戴季陶、张继、何应钦、宋子文、曾养甫、邵元冲、刘守中、覃振等也纷纷奔赴西北考察。同时，研究西北问题的各种学术团体也相继成立。这些研究团体一面积极从事西北开发的调查研究工作，另一方面创办自己的刊物，发表对西北开发的意见和建议，成为研究西北的主阵地。如1930年国立北平大学法学院边声社发行的《边声》《中央亚细亚》、上海新亚细亚月刊社的《新亚细亚》等，1931年北平西北研究社创办的《西北研究》，1932年北平西北协社创办的《西北言论》，1934年南京开发西北协会创办的《开发西北》月刊、南京天山月刊社创办的《天山》月刊（原名《边铎》）、禹贡学会创办的《禹贡》，1936年北平西北论衡社创办的《西北

① 陈赓雅：《西北视察记》“自序”，《中国西北文献丛书》第132册，兰州古籍书店影印版，1990年。

论衡》,1937年北平大学法学院边声社发行《帕米尔》月刊，等等。此外，各类论著纷纷出版，如林竞[①]的《西北丛编》（上海神光国光社，1931年）、杨锺健[②]的《西北的剖面》（北平地质图书馆，1932年）、华企云[③]的《新疆问题》（上海大东书局，1932年）、徐弋吾的《新疆印象记》（西京和记印书馆，1934年）、吴蔼宸[④]的《新疆记游》（上海商务印书馆，1935年）、曾问吾[⑤]的《中国经营西域史》（上海商务印书馆，1936年）、蒋君章[⑥]《新疆

① 林竞（1894—1962），被称为民国时期“西北拓荒第一人”。浙江平阳县霞关（现苍南县）人。名维瑞，字烈敷，毕业于日本东京政法大学。民国时期曾任青海省政府委员兼民政厅厅长、甘肃省政府委员兼民政厅厅长、浙江省参议会秘书长。著作有《西北丛编》《新疆纪略》《西北旅行记》《中国必能复兴》等。

② 杨锺健（1897—1979），古生物学家、地层学家、第四纪地质学家、地质教育家。1920年组织领导了中国第一个地质学术团体——北京大学地质研究会。是中国古生物学会的主要创始人，也是中国古脊椎动物学的奠基人。

③ 华企雲：生平不详，20世纪二三十年代中国边疆研究的重要学者之一，著有《中国边疆》《新疆问题》等。其著作《中国边疆》被目前学界认为是近代中国第一部从整体上研究中国边疆的著述。

④ 吴蔼宸：（1891—1965）福建闽侯人，原名吴世翔。中国现代工程师、民主人士。是继谢彬、林竞之后被当时的中央政府派来新疆考察的第三人。1922年，投入政界先后任北京政府内务部秘书、直鲁豫巡阅使署秘书，1929年冬，任天津整理海河委员会总务处副处长，1932年，被聘为新疆省政府顾问，1932年底抵新。1933年8月，国民政府外交部电令其为外交部新疆特派员，随同外交部长罗文干巡视塔城、伊犁。1935年，写出《新疆纪游》一书，是关于这一时期新疆（特别是乌鲁木齐）情况的忠实记录。

⑤ 曾问吾：广东省兴宁市黄槐镇人，1931年，南京国立中央大学政治学系毕业，1935年，在国军参谋本部边务研究所时，完成巨著《中国经营西域史》。

⑥ 蒋君章（1905—1986），江苏省崇明县中兴镇永南村人。1937年，中国进入全面抗战，他以研究边疆地理和中国经济地理为中心，撰写出版了《新疆经营论》。1938年，入国民政府中央军委政治部第一厅工作。1939年，任中央军委第三处干事，后升总干事。1940年，任国民政府主计处统计局专员。1941年以后，历任中央军委委员长侍从室第二处秘书、国防最高委员会秘书、中央宣导部专门委员、中央政治委员会秘书、国民政府秘书，兼任《中央日报》主笔、中央政治学校新闻系教授等。

经营论》（重庆正中书局，1939年）等。

综观19世纪30年代西北研究热，是随着民族危机的不断加深而日益高涨，其“开发西北”的呼声，也在广大政府要员、学者、社会名士的各种考察及其撰文中逐步高唱入云。在这场讨论中，关于新疆问题的讨论①，无论从其内容，还是其数量上来看，都是空前的，同时，它又与当时新疆之变乱有着直接的关系。

其二，哈密事变与新疆变乱。1928年，南京国民政府成立，新疆省主席杨增新通电拥护。同年7月7日，杨增新被樊耀南等人枪杀，结束了他长达17年的独裁统治。时任新疆省政务厅的金树仁因平息叛乱有功，即任新疆省政府临时主席。1932年，国民政府任命金树仁兼任新疆督办，开始了在新疆的独裁统治。

金树仁上台后，虽宣称承袭杨增新的治疆政策，但却任人唯亲，大力培植亲信势力，一改杨增新的“弱兵政策”，积极扩军备战，新疆财政日益困难，民不聊生，怨声载道。此时，哈密农民反抗哈密王的封建徭役制的斗争高涨。值此危局，金树仁为巩固政权，乘机下令在哈密地区“改土归流”，但在改制过程中，

① 在当时的许多期刊中都有关于新疆的论述。《天山》《边疆半月刊》《时事月刊》《新亚细亚》等。其内容涉及政治、经济、民族等。如《边疆半月刊》1936年第1卷第3—4期都有文章论及外国侵略势力在新疆的角逐：第3期中的（英）佛奈明著，萧瑟译《英人眼中的支新疆》记载“日本特别地对于苏联在新疆之机谋非常畏惧。而对于她在新巩固自己地位的趋向，使日本更不能有所忍耐”。第4期中[美] 巴敦著，吴伟英译《美人眼中之新疆》记载“俄人对于首府迪化，专施用政治的力量来监视一切，英国在印度边境喀什噶尔取有立足之地”。但“在（1931年）以后，日本向亚洲局势为之一变。而日本侵略新疆的途径，系从内蒙古而来，日本另与阿富汗发生外交关系，以抵制英、俄的势力”。《新亚细亚》（月刊）1935年第10卷第4~6期中有许多论述新疆的经济状况的文章，如王醒民的《新疆之商业与金融》《新疆之农业与生物》《新疆之工业及矿产》，徐弋吾的《新疆之教育》等。

出现了许多侵害当地维吾尔族农民利益的政策和现象，引起强烈不满。1931 年 2 月，哈密小堡镇驻军排长不顾维吾尔族风俗，强娶民女，激起小堡事件。事件发生后，当地官员并没有妥善地调查、解决，而是进兵驻剿，致使事态扩大，很快形成了蔓延整个哈密地区的一场气势磅礴的武装斗争。

在哈密起义的影响下，全疆各地纷纷爆发反抗金树仁政权的暴动。在英国等外国势力的暗中支持下，1933 年年底，南疆各地的“泛突厥主义”分子成立了“东土耳其斯坦伊斯兰教共和国”。至此，原本反抗封建剥削压迫的农民暴动彻底蜕变成一场由分裂分子操纵的分裂运动。① 此后，甘肃军阀马仲英二次入疆，随后“四·一二政变”爆发，金树仁倒台，新疆乱局愈演愈烈。

由哈密事变引发的新疆乱局，引起了时人关注西北的目光。因此，无论是政界还是知识舆论界在西北开发的热议中更加注重新疆问题。可以说，新疆是什么？新疆怎么了？等一系列问题，成为当时西北研究的主题。

（二）何为新疆：20 世纪 30 年代“新疆论”② 之主要内容

在上述历史与现实双重背景下，20 世纪 30 年代“新疆论”

---

① 厉声：《新疆历史上的短命分裂政权》，载《中国边疆史地研究》2002 年第 2 期。

② 由于历史的延续性和复杂性，笔者参阅的期刊、著作以及译著，在时间上没有严格界定在 20 世纪 30 年代的十年间，而是前后稍作延续的。同时，本文所参考的期刊主要是以 30 年代前后创刊的为主，其中的文章和个人著述，笔者并不是按作者成书时间来严格界定，而是以期刊的创办、发行时间来界定大致时间，笔者认为 20 世纪 30 年代关于新疆的论述大量集中出版，是 20 世纪 30 年代新疆问题凸显的一个具体表现。

内容丰富，涉及问题广泛，总体上归纳主要有国防、政治、民族宗教、经济开发四个方面。

1. 西北中枢论：关于新疆国防战略地位之论述

近代关于新疆战略地位的提出始于清末同光危机之下的海防与塞防之争。当时左宗棠面对朝野中的“捐弃新疆论”，上书清廷，指出新疆对国家安危的重要性：自古以来“中国边患，西北恒剧于东南”，而“重新疆者所以保蒙古。保蒙古者所以卫京师”。同样，这一问题也是20世纪30年代“新疆论”中的重要内容。当时，无论是政府官员还是学者在提及新疆问题时无不从新疆之战略地位来考虑，每篇涉及新疆问题的文章都有相关论述。它一方面依旧继承了左氏“中国国防重点在西北”的思想，因而在谈及新疆战略地位时几乎都援引左宗棠的主张①；另一方面也因“今日的新疆形势和处境，已非清末左宗棠时代，它现在正处于一个复杂的情势之下”②，已经有了很大的进步和发展。

首先，新疆是西北之中枢，西北国防即是新疆之国防。如黄文弼③指出：“西北问题之中枢，自以新疆为中枢。一方面因新疆北临苏俄，南临强英，外患日急，危机潜伏，虽未势若燎原，

---

① 引用左宗棠的主张以说明新疆的重要性的文章或论文很多，如曾廷仲的《列强在新疆势力之剖析》（《时事月报》，1935年第13卷第2期）、褚民谊的《建设西北之要点》（《天山月刊》，1935年第1卷第5期）。

② 方秋苇：《中国边疆问题十讲》（国家图书馆文献缩微），上海引擎出版社，1937年，第44页。

③ 黄文弼（1893—1966），字仲良，湖北汉川人，中国科学院考古研究所研究员，考古学家，西北史地学家。1918年毕业于北京大学哲学系。1919年到北京大学研究所国学门任教，并于1927—1930年参加中瑞西北科学考察团的内蒙古、新疆考察活动。1934—1937年任西北科学考察团专任研究员，1935年又以中央古物保管委员会委员的身份派驻西安任办事处主任，进行整理碑林等工作。抗日战争期间任西北联合大学和四川大学教授，又任西北大学历史、边政两系主任。

但已危在旦夕。新疆地处极边，为内地甘青宁绥诸省之屏障，故保全新疆之安全，亦即系保全西北诸省之安全。”[①] 褚民谊[②]认为：“新疆与蒙古唇齿相连；为中原之屏障，为边陲之第一道防线。……新疆不固，蒙古不安，则华北各省皆呈动摇。”[③] 还有论者说：“新疆外接苏俄，内联蒙藏，实为我国西北边防上之第一屏障。”[④] 陈赓雅[⑤]在《西北视察记》中说：“西北为我国堂奥府库，新疆尤为中部屏藩，蒙藏依畀……”[⑥] 也有人说：“新疆在我国版图之内，其得失又关系与西北的存亡……”[⑦]

其次，从国际地缘政治的视角来看，新疆是国家安全屏障的重要组成部分。一方面，他们把东北地区、蒙古地区、西藏地区和新疆看作是连成一体的中国的一道国家安全屏障；另一方面从国际政治关系格局来看，新疆的安全关系亚洲的安全。他们指出新疆是“亚洲的核心，有三个最大的国家鼎足而立”[⑧]。吴龢亦说：“新疆地接中亚，而外蒙则连于苏俄，故以地势而论，实占

① 黄文弼：《新疆之气侯与水利》，《西北研究》1932 年第 3 期。

② 褚民谊（1884—1946），字重行，浙江省湖州市人，中华民国时期著名政客、外交官，中国国民党元老，抗战期间叛国投敌，成为汪伪政府要人。抗战胜利后被国民政府以汉奸罪逮捕，1946 年被执行枪决。

③ 褚民谊：《建设西北之要点》，《天山月刊》1935 年第 1 卷第 5 期。

④ 向波：《新疆经济价值之观察》，《西北研究》1931 年第 1 期。

⑤ 陈赓雅：（1905—1995 年），中共党员，时任《申报》记者，他还作为第一批国统区记者深入中国西北采访，并在《申报》上发表《西北视察记》，与天津《大公报》范长江的《中国的西北角》，成为当时轰动一时的新闻，被誉为“南陈北范”。“国民政府”迁都重庆后，因在新闻界的声望，陈赓雅被推举为国民党国民参政会的参政员。

⑥ 陈赓雅：《西北视察记》，《中国西北文献丛书》第 132 册，兰州古籍书店影印版，1990 年，第 3 页。

⑦ 松聲：《西北边防的危机》，《西北研究》1931 年第 2 期。

⑧ 韶僊：《打开新疆之迷局》，《西北春秋》1935 年第 20、第 21 合刊。

亚洲之中心，为欧亚陆路交通之孔道。”① 也有人说，“新疆是中亚细亚的火药库”②。然此时之中国，东北已失，成为日本的势力范围；外蒙独立，成为苏俄的势力范围；西藏也在英国的影响下处于独立状态。显然，新疆必将成为大国势力互相争夺的舞台，就成为中国国防安全屏障线中的重中之重，战略价值极为显著。“故在国防计划上，国际情势上，国家与民族整个利益上，皆不能不特别眷注新疆。”③ 因此说，“新疆为西北国防重地，新疆失，则中国危矣”④。在他们看来没有新疆，就无从谈论中国的国防。

总之，在20世纪30年代“新疆论”中，新疆在国防上的重要性被反复强调，被视为保卫内地不受侵略的重要屏障，正所谓“东北屏藩已失，蒙古根基未固，今日尚可成为屏障者，除西南康藏外，西北半壁河山之保障，殆在新疆一省耳”⑤。可见时人对新疆在国防战略上的重要价值有了前所未有之重视。但是，30年代的新疆国防论依旧是危机之下的关注，虽然在认识上比过去更加全面，具有一定的前瞻性，但其实质并没有发生根本变化，新疆依旧是内地之藩篱，拱卫中央之屏障。可以说，30年代新疆的战略意义虽被反复提及，但自民国以来新疆孤悬塞外，中央政府始终无暇、无力顾及，因此，所谓国防其实就是疆防。

---

① 吴穌：《西北铁路系统与殖边》，《新亚细亚》1931年第1卷第5期。

② 《新疆真实之情势》（《（法文）北京政闻报》），赵嘉謦译，《西北向导》1936年第1期。

③ 艾沙：《新疆痛苦史之一页》（发刊词），《边铎》1934年第1卷第1期。

④ 佘贻泽：《新疆问题之症结》，《新亚细亚》1935年第7卷第5期。

⑤ 徐弋吾：《新疆印象记》（国家图书馆文献缩微），西京和记印书馆，1934年，第275页。

2. 政治统一论：关于新疆政治状况之论述

民国以来，新疆历经杨增新、金树仁及盛世才的统治，形成了表面服从中央，实际实行独裁统治的割据局面。从杨增新上台开始，新疆的最高权力始终把持在个人之手，其权利更替都是通过政变等非正常形式而完成的，正如时人所说，“新省政权授受，历来采取篡夺方式”①。

1927 年，南京国民政府成立，中国开始逐步走向统一。“但表面上统一的政权，实际上只不过是一个由那些挂着‘革命军将领’或‘国民政府委员、各省主席’头衔的新军阀组成的不安定的联合。”②

1928 年 7 月 7 日，新疆发生“七七政变”，樊耀南刺杀了杨增新，结束了杨增新在新疆长达 17 年的独裁统治，随后金树仁镇压政变并杀害了樊耀南，并就任新疆省政府主席兼新疆边防督办。1933 年 4 月 12 日，“四·一二政变”，参谋处长陈中等策划政变，逼走金树仁，不久盛世才登上了新疆最高统治者的宝座。这两次政权更替，中央政府基本上是在事后予以追认，走了个形式而已，正所谓“政治上虽直属中央，但鞭长莫及，统兵者负隅自固，为所欲为，中央亦无如之何！”③ 可以说，新疆自民国始，即开始了军阀个人独裁的黑暗统治。

关于新疆政治状况的记载和论述，在 20 世纪 30 年代的论述

---

① 葛承绪：《中央应贯彻治新政策》，《西北论衡》1933 年第 4 期。

② 王柯著，冯宣光译：《民族与国家——中国多民族统一国家思想的系谱》，中国社会科学出版社，2001 年，第 226 页。

③ 葛承绪：《中国民族与西北》，《西北论衡》1933 年第 1 期。

中几乎处处可见。刘文海[①]《西行见闻记》中记录了从新省主席到普通官吏以及军队在新疆的种种暴政和劣行。金树仁为了达到独裁目的，极端排斥有新思想的知识分子，为了阻止他们入新，甚至不惜对他们进行人生迫害。省主席尚且如此，官吏也上行下效，中饱私囊：“当地官吏，立有厉例规，凡骆驼入新境。均须在哈密挂号应差，驮过两次军粮，方准其驮货出境……商人不能选择应差时间，并不能作价代雇，须将贿赂行至相当程度，始由经理运粮衙署准其起粮——若不明个中底蕴，虽静候两年，商货腐烂，维持费无着，将骆驼变卖，亦不能得丝毫悯恤，宽予放过。”[②] 刘文海看到的新疆军队更是涣散无章，只知收刮民脂民膏：“余趁势问杨排长及各位弟兄何往，据言昨晚在农庄赌钱未回，余曰：‘不畏捕赌者耶？’笑曰：‘尔果（口里：关内之谓）人；新疆境内，之官长弟兄，固无人不赌，质言之，弟兄们均恃赌生活，不则新疆将无兵也。’……正扬鞭畅谈间，忽见路旁草丛中，卧倒两缕衣少年，该兵询其来历，答云佣工，该兵咤声云：‘沁城招兵，你还哪里跑，快跟爷走，否则要你的狗命。’二少年无奈，遂颠踬而从，余睹此，殊不怡，不意世间竟有如此蛮横事。”[③] 新疆境内各族民众受到如此之专制的荼毒，生活苦不堪言，而境内的维吾尔族，更受另一层专制的束缚。“新疆境内数处，尚有回王，就封爵次序论，以哈密回王为最高。……回

① 刘文海，陕西渭南人，曾留学英美10年，回国后，任教于东南大学、西北大学、东北大学，后转入政界。1928年年底，为探望在酒泉经商病重的父亲而一路西行，记录途中经历、见闻。此次行程至1930年年初结束，前后历时一年零两个月。

② 刘文海：《西行见闻记》，《中国西北文献丛书》第124册，兰州古籍书店影印版，1990年，第209页。

③ 刘文海：《西行见闻记》，《中国西北文献丛书》第124册，兰州古籍书店影印版，1990年，第139—140页。

王对于其治下回民，生杀予夺，唯其所欲。……默汗默德（伯锡尔之子）秉性贪婪，常派爪牙“伯克”等，四处搜敛，民不堪命——甚至如鸡子之微，亦加计较。”① 刘文海感慨道：“新疆之专制固蔽，可谓是今世独一无二之区域，余曾绕行世界二匝，从未见有同样情。”②

冯有真③在哈密目睹兵乱带来的惨状，称“兵变之余，生灵荼毒，房舍被毁，现在断垣残壁，十室九空，一片焦土，惨不忍视”④。故傅筑夫⑤说：“今日的军政当局，他们在新疆所设施的，无一不是些祸国殃民的虐政，他们治新的方针，一方面是杜绝内外交通，闭关自守，以防他人染指；一方面是厉行愚民政策，好

---

① 刘文海：《西行见闻记》，《中国西北文献丛书》第124册，兰州古籍书店影印版，1990年，第212—213页。

② 刘文海：《西行见闻记》，《中国西北文献丛书》第124册，兰州古籍书店影印版，1990年，第211页。

③ 冯有真，（1905—1948年）江苏常熟人，民国中央通讯社记者，中国第一个报道奥运会的新闻人。1928年，南京任国民党中央通讯社记者。1933年8月，国民政府司法部长罗文干巡视新疆，冯有真是唯一的随行记者。由此撰成长篇通讯《新疆行》，在《中央日报》发表，后又在南京《时事月报》发表《新疆与新疆事变》，除介绍新疆详情外，还向当局提出解决新疆问题治标、治本之策8条建议。1929年，将这两篇文章汇总成《新疆视察记》出版发行。此书成为20世纪30年代记录新疆社会状况的重要资料，冯有真由此成为深入采访神秘边疆地区的第一位内地记者。1936年，任为中央通讯社上海分社主任，时年31岁。

④ 冯有真：《新疆视察记》（国家图书馆文献缩微），上海世界书局，1934年，141页。

⑤ 傅筑夫，中国经济史学家，河北省邯郸市永年县人，1932年，任中央大学教授，讲授中国经济史，从此正式转入中国经济史的教学与研究工作。30年代初至40年代中，在《图书评论》《东方杂志》《中国经济》《文史杂志》和《社会科学丛刊》等刊物上，发表了多篇研究中国经济史的论文，参加了30年代的中国社会史论战。

使新疆的民众永远在他们的宰割之下！”[①] 艾沙[②]亦说：“那种强暴无理的行为，凡有血气之伦，谁都不能忍受的！”[③] 可见，新疆政治之黑暗，是当时人们对新疆现状的共识，更是新疆问题的症结所在。

关于 20 世纪 30 年代新疆社会大动乱的原因，政府官员和学者发表了许多不同的见解，综合来看，其中最公认的的原因是：政治腐败、经济崩溃、民族隔阂、外国势力的介入及挑拨、交通梗阻导致与内地隔绝[④]等，而这些原因的产生的根源，还是由于新疆远离中央，中央鞭长莫及，即政治不统一所致。对于 20 世纪 30 年代初的新疆事变的原因，几乎一致认为是政治腐败导致民族抗争，而追其祸首当属金树仁的独裁。因而，他们普遍认为要解决新疆问题的首要之法就是改造新疆的政治，结束独裁，组

---

① 傅築夫：《新疆的民族问题》，《天山月刊》1935 年第 1 卷第 3 期。

② 艾沙，全名艾沙·玉素甫伯克，新疆英吉沙人。在中国驻塔什干和安集延领事馆当翻译期间接受泛突厥主义思想。回国后投靠南京国民党政府，被送中央大学学习，肄业后任军委参谋本部研究员。时任《天山月刊》主编。

③ 艾沙：《从边铎到天山》，《天山月刊》1934 年第 1 卷第 1 期。

④ 徐以予提出政治腐败导致新疆政变（《近年来新疆政权的遞嬗及现在的行政概况》，《新亚细亚》1935 年第 10 卷第 4 期）；蒋君章认为新疆的症结不是简单的民族问题，外国势力的挑拨使得新疆问题更加复杂（《新疆经营论》，正中书局 1936 年，第 49 页）；艾沙也举出外国势力的入侵与挑拨，同时提到新疆的政治黑暗（《从边铎到天山》，《天山月刊》1935 年第 1 卷第 1 期）；傅築夫举出民族问题和政治黑暗（《新疆的民族问题》，《天山月刊》1935 年第 1 卷第 3 期）；畲贻泽举出民族隔阂，同时也提到政治腐败和外国势力的侵入《新疆问题之症结》（《新亚细亚》1934 年第 7 卷第 5 期）；冯有真也提到外国势力的侵扰、交通梗阻和经济崩溃的情况（《新疆视察记》（国家图书馆文献缩微），上海世界书局，1934 年，第 81 页）；韶僊提出交通梗阻与内地隔绝（《打开新疆之迷局》，《西北春秋》，1935 年第 20、21 合刊）；高惜冰也提到交通梗阻与内地隔绝，同时还提到民族隔阂（《新疆省政概况》，《西北春秋》1935 年第 22 期）。

织一个与中央统一政令的新省政府。

实际上在杨增新被刺杀后，国民政府想乘机派军队入疆[1]，一举实现对新疆的统一，迟迟不任命金树仁。但事实并没有如国民党政府所愿，金树仁的极力反对加之此时内战的爆发，南京政府自顾不暇，无力顾新，只能放弃了这次机会，金树仁如愿地成了“新疆省政府主席”兼任“新疆边防督办”。1933 年 4 月 12 日的政变，国民党政府认为是打破新疆政治独裁的又一次机会。他们派出参谋长黄慕松作为“国民政府宣慰使”，率领由官员、专家组成的庞大随员团，前往新疆，俨然一幅准备接受新疆政权样子。但是，盛世才发起“二次政变”，逮捕并杀害了“四·一二政变”的领导人，这一杀鸡吓猴的手段，使得接受新疆成为泡影。最终，国民政府只能色厉内荏地给新疆统治者提出了几点要求：“第一，外交须统一于中央；第二，军事须统一于中央；第三，民族须平等，宗教须自由。”[2] 无可奈何地任命了盛世才和刘文龙。

在政府围绕着“统一新疆”不懈努力的时候，社会舆论界也十分关注新疆，并积极发表言论，分析新疆问题的症结所在，献计献策。在关于如何改造新疆的政治、结束政治独裁局面的问题上，当时社会舆论提出的建议大致分为以下三种：第一种，由中央派大员视察。他们认为这样“一可以加强地方与中央密切联系，二可杜免外人之觊觎。三可视察考绩则上下之情通”[3]。第二种，用武力来结束新疆的割据状态，“组织一个能够服从国民

① 张大军：《新疆风暴七十年》，兰溪出版社，1980 年，第 3011 页。
② 葛承绪：《中央应贯彻治新政策》，《西北论衡》1933 年第 4 期。
③ 默君：《中央与西北》，《西北论衡》1935 年第 19 期。

政府命令的新疆省政府”[①]。他们认为，“愚民不知感恩，唯有以法管理”，所以为镇压民族叛乱，应当派军队屯于各地[②]。第三种，开发新疆，加强与内地的联系，使之与内地关系密切。大多数人认为开发新疆是解决新疆问题的重要方法之一。而开发新疆的种种方案，不管是梳理交通还是移民殖边、发展实业，其目的不外乎是开发新疆富源，沟通内地，最终实现与中央一体的政治格局。

总之，新疆社会政治的黑暗腐败与彻底打破新疆政治独裁的局面，是政府及广大知识分子的共识。因此说，新疆的政治统一论是 30 年代“新疆论”的核心，是国民政府政治建构的重要组成部分，亦是其真正目的所在。

3. 民族论：关于新疆民族、宗教之论述

新疆自古以来就是一个多民族聚居、多宗教信仰并存的地方。在 20 世纪 30 年代的新疆论述中，关于新疆种类众多的民族，大多都谈及种类繁多，礼俗各异，有的是从学理上来逐一介绍，有的是亲历新疆之所见，包括外貌、言语、服饰、日常饮食都有较详尽的记录，同时关于新疆各民族之间的关系也有相当的记载和评价，从中我们可以看到内容丰富多彩、民族特色浓郁的新疆本土文化。

首先，是关于新疆民族概况及风俗习惯的介绍与描述。吴蔼

---

① 王柯著，冯宜光译：《民族与国家——中国多民族统一国家思想的系谱》，中国社会科学出版社，2001 年，第 228 页。

② 王柯著，冯宜光译：《民族与国家——中国多民族统一国家思想的系谱》，中国社会科学出版社，2001 年，第 229 页。

宸说："新疆遂成人种陈列馆，光怪陆离，蔚为大观。"[①] 有人指出，新疆大约有14种民族，主要为汉族、满族、蒙古族、回族、维吾尔族、哈萨克族、锡伯族、塔塔尔族、塔吉克族、乌孜别克族等，由于"黄、白、棕各色人种，如英、俄罗斯、德、瑞士、挪威、土尔（耳）其、阿富汗、波斯、印度、犹太、波兰等国家的人种，亦参处其间，故有东方人种博览会之称"[②]。

关于新疆少数民族的宗教信仰和婚丧嫁娶习俗的叙述相对较多。如吴蔼宸记述维吾尔族："男子生四五岁，即施行割礼……配偶严禁同乳结婚，同姓不计。女子发育甚早，男子娶室，亦多在十七八岁。亲迎之日，新妇帕头骑马，导以鼓吹，至夫家诵经成礼，即易妇人装束。夫妻不和可离异，子归夫，女归妻，离异仍可复合。"[③] 陈赓亚描述维吾尔族的婚礼："结合有由男女双方先自恋爱者，有由父母尊长或阿訇介绍主持者。婚前男家馈送牛羊布匹，茶糖洋腊等物，邀请亲戚阿訇数人，同赴女家议婚，念经为定。婚时由父兄抱女上马，鼓吹导送夫家，远亲近邻，以食物为贺，招待宴会，围聚'围浪'（新疆维吾尔族的一种歌舞名称）；新郎新妇，尤有'围浪'之礼，其一言一动，好事者恒故意形容以取笑，竟一日欢，众始散去。"[④] 杨堃介绍蒙古族的迎亲礼婚："在新郎要来女方家的时候，须有喇嘛诵经，新郎向之

---

① 吴蔼宸：《新疆种族宗教风俗记》，《中国西北文献叢书》127册，兰州古籍书店影印版，1990年，第295页。

② 佚名：《新疆之宗族与宗教生活》，《中国西北文献丛书》第137册，兰州古籍书店影印版，1990年，第379—380页。

③ 吴蔼宸：《新疆记游》，《中国西北文献丛书》110册，兰州古籍书店影印版，1990年，第207页。

④ 陈赓雅：《西北视察记》，第391页。

行跪拜礼。次入门，向岳父，岳母，行谒见礼，然后迎新妇而归。”① 此外，维吾尔族的女子早婚现象也多次被提及，刘文海说：“（缠回）女子十二三岁被娶者，极为普通；其惨状闻者心酸。”②

至于丧葬，陈赓雅描写道：“人死用水洗净，缠以白布，置诸公用木匣中，外饰锦罩，抬至礼拜寺，阿訇为诵‘指路经’即出殡墓地。深掘丈余之长方坑，由底旁通一穴，去木匣而掷于坑，最后尸埋穴中。”③ 庞敏修④也介绍了维吾尔族的祭祀、丧葬习俗：“缠回礼敬，祀天地日月为上祭，祀山川木土为中祭，坟墓冢堂为下祭，尊穆罕默德为天使，其走‘天使’者谓之‘阿吉’，多倾产堕业，不稍顾惜，其信仰之笃，宗教观念之深，由此可知。……丧葬之俗，人死用水洗净，用白布缠尸，置布匣中，请‘阿訇’诵经后出殡。财产继承权，男女共享，文字有医药、占卜、堪舆、前代祭祀，及山川风水之书。”⑤

其次，一些亲历者们还记录了他们在新疆当地所看到的少数

① 杨堃：《新疆的婚姻》，《西北研究》1932 年第 5 期。介绍新疆少数民族礼俗的文章有很多，除前文所涉及的文章外，还有子石的《新疆志略》（《西北月刊》1934 年第 6 期）。

② 前述刘文海的《西行见闻记》，第 192 页，此外陈赓雅的《西北视察记》也提及女子婚龄较小的问题。

③ 陈赓雅：《西北视察记》，第 392 页。

④ 庞敏修（1912—1992），甘肃秦安人。中央政治大学教育系毕业。民国时期，曾任西北师范学校训导主任，兰州师范学校教务主任，国民党甘肃省党部区党务督导员，甘肃省参议会参议员等职。

⑤ 庞敏修：《西北的回民及其教育》，《中国西北文献丛书》第 139 册，兰州古籍书店影印版，1990 年，第 291 页。介绍新疆各族人民生活和习俗的文章很多，除上述文章外，还有华企雲的《新疆问题》（上海大东书局，1931 年，正文第 74 页）；伊黎克里的《漫谈新疆各种族》（《中国西北文献叢书》第 140 册，兰州古籍书店影印版，1990 年，第 181 页）；曾问吾的《中国经营西域史》等。

民族以及回（主要是维吾尔族）汉关系。褚民谊认为："实际新疆人民，所谓缠头哈萨鞑靼诸族，非常诚朴勤慎，他们诚朴勤慎，都是从回教上来的。他们之诚，不但是对于宗教信仰非常之诚心，在礼拜堂祈祷念经守戒非常之诚心，就是待人接物也是很诚心的。朴就是他们不抽烟，不喝酒，及无一切不良嗜好，而是很简朴的。"① 刘文海写道："近日以来，几乎无日不散步城乡郊外，调查人民生活习惯，所得不少。唯有一点，令余特别注意，即缠头汉民相处之情形。就余所见，汉民因政治地位关系，自有一部分人，未能脱离华夷成见。但普通汉民，向来不肯以无礼加人，至缠民所受华官之待遇，亦可谓完全与汉民无异。缠头汉民对待汉民态度，闻昔年极讲礼让——如在昔汉民散步郊外，缠头汉民遇之，辄鹄立道旁相让——近年以来，则情形改变。乡间缠汉居民，尚勉强相安，至若都市上之缠头汉民，则颇有轻贱汉民之倾向。"② 杨锺健则写道："（新疆）汉人比较多，而统治阶级的人尤多为汉人。其他汉人，虽为商人，或其他职业，但地位上是优越的，超出于被统治的民族如缠回、蒙古等。但是讲到民俗习惯，汉人习性，莫不习于淫奢恶腐，而被统治者反多可取之点。如缠回率习不吸任何烟草，汉人则大半无论男妇皆为瘾君子。回人妇皆天足，而汉妇还是缠脚。诸如此类，难以枚举。"③ 庞敏修说："缠回系南疆之土著，居于北疆者亦多，性和逊，多

① 褚民谊：《新疆事件与开发西北》，《新亚细亚》1933年第6卷第5期。

② 刘文海：《西行见闻记》，《中国西北文献丛书》第124册，兰州古籍书店影印版，1990年，第170页。

③ 杨锺健：《西北的剖面》，《中国西北文献丛书》第123册，兰州古籍书店影印版，1990年，第521—522页。

安生业，容易施教。汉回多强悍，睚眦忿争。常与汉人为仇。”①也有人说：“（新疆）境内之统治权，亦悉操之汉人之手。汉人居住之区域，以都市及城镇较多，其他荒僻之处，凡设有官职者，亦莫不有汉人之踪迹，而以迪化为汉人集居之中心。民国二十二年新变发生后，演成民族间之仇杀惨剧，汉人被害者不可胜数；甚至南疆方面之汉人畿将绝迹。”② 此外，刘文海在新疆当地听到的缠回（维吾尔族）歌谣亦能看出当地的民族关系的一个侧面。歌谣云：“黑蛋（缠头称汉民之谓）好，口不好；通罡（缠头称汉回之谓）好，心不好；缠头好，眼光小。”刘文海认为这说明“一般缠民，承认与汉民，尚有合作之可能，而趋避汉回，唯恐或迟。汉回与缠头回民感情关系，殆极有限”③。另外，关于新疆的民族宗教问题，还有许多论者是从介绍民族历史、民族礼俗入手，可以看出他们是希望更多的人了解新疆的少数民族，他们认为：“凡天下之纠纷，多起于误会；而误会，则多由于不明。故吾一面希望国人对于回教之历史与教理教义等，作恳切真诚之研究，以免除无谓之误解。一面尚希望回教同胞中之通人达士，出而将回教之真是教情以及风俗习惯等，明白宣示国人，以免除无谓之纠纷。”④

最后，关于 20 世纪 30 年代新疆民族问题产生的原因，多数论者认为是政治黑暗、官吏腐败导致民族反抗，即所谓“历来回

① 庞敏修：《西北的回民及其教育》，《中国西北文献丛书》第 139 册，兰州古籍书店影印版，1990 年，第 289 页。

② 佚名：《新疆之宗族与宗教生活》，《中国西北文献丛书》第 137 册，兰州古籍书店影印版，1990 年，第 386 页。

③ 刘文海：《西行见闻记》，《中国西北文献丛书》第 124 册，兰州古籍书店影印版，1990 年，第 186—187 页。

④ 谭云山：《回教概述》，《新亚细亚》1933 年第 6 卷第 5 期。

疆变乱，概由于地方政治不良，有以酿成；并非回胞之好乱性成也”①。艾沙说，“五六十年来，新疆民众所受的压迫，实在是说不完写不尽”②。赵瑞生在《答窝克台》一文中说，“事变的原因，纯系反抗地方官吏之贪暴，非思脱离中国而独立。反观中央，在东土耳其斯坦共和国成立时，不但未下过讨伐令，且时思派员赴南疆宣慰；因为独立政府乃被逼而成，并非出于当地领袖之本意”③。也有人认为民族不平等是造成民族问题的一个重要因素，“统治者对于这些种族要是不能一视同仁，而左右偏袒，甚至庇护同种，虐待异族，则群起而攻或种族战争，在在均有发生之可能”④。华企云认为新疆的民族问题的关键就是维吾尔族的问题⑤，刘文海也认为新疆民族问题的症结在于“大回教主义”。

于是，许多人认为，欲彻底解决新疆问题就不能不解决新疆的民族问题。如何解决新疆的民族问题呢？基于对新疆事变发生原因的基本认识，当时的大多数人认为解决新疆的民族问题首先应该是改革吏治、革除弊政。一些人主张在澄清吏治的基础上派官员去新疆进行宣抚，从而缓和长期以来积压在各族人民心里的积怨；还有人提出对于不知感恩的愚民应派兵镇压，再由中央派兵屯驻。此外，还有人提出给予少数民族应有的权利，故欲使边

① 佚名：《新疆之宗族与宗教生活》，《中国西北文献丛书》第137册，兰州古籍书店影印版，1990年，第538页。

② 艾沙：《从边铎到天山》，《天山月刊》1934年第1卷第1期。

③ 赵瑞生：《答窝克台》，《天山月刊》1934年第1卷第1期。

④ 华企雲：《一九三三年边疆之回顾》，《新亚细亚》1934年第7卷第1期。刘文海在《西行见闻记》中也提及民族不平等导致民族问题。

⑤ 华企云：《新疆问题》（国家图书馆文献缩微），上海大东书行，1931年，第100—103页。

民内附，不但他们所受的痛苦应当解除，即应得的权利，也须设法实现。①

综上所述，民族论是在20世纪30年代的“新疆论”之重要内容之一，涉及新疆民族种类、宗教、风俗习惯、民族关系及现实民族问题等，它表明人们对新疆认识的不断提高，反映出民国以后中国关于新疆问题认识的进步和发展。其一，对新疆民族与宗教的认识更加清晰，多民族新疆成为基本共识；其二，对于新疆民族关系的认识也逐渐接近历史与现实，其中多数论者大都亲历新疆，有的放矢；其三，对民族问题与新疆问题之关系的认识逐渐趋于理性化，强调应从根本上解决新疆民族与宗教问题，才能维护边疆地区的稳定。②

4. 移民垦殖论：关于新疆开发的论述

20世纪30年代的中国内忧外患，“开发西北”的呼声响彻云霄，东北既失，“西北开发关系中国整个振兴与安全之一个大事件”③，而新疆占西北之一大部，经济富源冠西北各省，故开发西北必以新疆为先驱④。他们“深信开发新疆与国家安危，社会安定，国权扩张有重大利益，非仅繁荣一省问题所系也”⑤，正所谓“开发西北，即所以巩固新疆，并且是为全中国开一生

① 赵瑞生：《新疆之危机》，《天山月刊》1934年第1卷第2期。

② 段金生：《近代国人关于新疆的认识》，《中国边疆史地研究》2009年第19卷第2期。

③ 余汉华：《西北富源开发与我国之经济建设》，《新亚细亚》1932年第4卷第5期。

④ 杨刚毅：《新疆经济略谈》（国家图书馆文献缩微），同文印刷社，1935年，第86页。

⑤ 李国干：《开发新疆与我国经济前途》，《新亚细亚》1932年第3卷第6期。

路"[①]。于是，开发新疆成为这一时期新疆论中的主题之一。论者虽然从政治、经济、文化各个方面立论考察，但多数是从交通运输、移民垦荒、教育开化入手，其主要内容集中在开辟交通、移民殖边、开边实业、兴办教育等方面。[②]

其一，建设交通。"交通梗阻，鞭长莫及"是时人形容中央对新疆的无奈之情势的最常用的表述，有人认为"历来政治上中央与地方的隔阂、民族上的种种纠纷，以及若干环视我旁的列强的觊觎，何一不是由于交通不发达这点来的呢?"[③] 因而交通对新疆的发展至关重要，"过去内地与新疆的交通，只籍'明驼千里足'……普通从绥远起身，约须二三月始能到达迪化；就是一帆风顺，一股气前进，也得四十八日。除去谋重利，发横财的少数人，没有不望而生畏的，无怪新疆成了隔绝的世界，神秘的世界"[④]。1932 年，吴蔼宸受聘入新，则是由天津乘船，借道日本，再转至海参崴，搭乘西伯利亚铁路以抵塔城。对于这样的旅程，吴蔼宸感慨地说，"此种旅行方式恐为他国所无，即此一端，可知西北之危机矣"[⑤]。他还提到省府迪化的交通状况，"每届春融，道路泥泞，寸步难行，前有大街淹死骆驼的之笑谈，其他可以想象"。冯有真也说，"迪化街道崎岖狭窄，大雨后尤泥泞不

① 褚民谊：《新疆事件与开发西北》，《新亚细亚》1933 年第 2 期。

② 侯风云：《20 世纪 30 年代国人开发新疆述论》，《新疆社会科学》2007 年第 1 期。

③ 汤叔涛：《开发新疆的二个基本问题》，《开发西北》1935 年第 3 卷第 4 期。

④ 紫莊：《新疆问题的重要性》，《西北春秋》1934 年第 9 期。

⑤ 吴蔼宸：《新疆记游》，《中国西北文献叢书》110 册，兰州古籍书店影印版，1990 年，第 258 页。

堪，铁蹄所过，泥浆四溅，比抵省府，已满面斑渍，周身污泥”[①]。新疆之省府尚且如此，其他地方可想而知。

于是，建设交通成为新疆开发之重中之重。杨锺健认为：“西北的危急，补救的方法也很多，但唯一的基本问题……就是交通问题。交通便利，一切都有办法，否则一切都是徒劳。”[②]杨振民也提出挽救新疆必先发展交通：“新省民众痛苦之来源……而其最大症结，为交通工具太简陋……边疆同胞，待救方殷……唯一的切实办法，是从交通建设着手。”[③] 顾颉刚[④]亦认为新疆若交通便捷，实为利国富边的有效途径。[⑤]

至于具体实施方案，多是主张先开通新疆与内地的交通，然后疏通省内交通，为此应先修筑铁路，然后公路，此外还有航空运输及无线电的建设。如有人提出建设新疆交通的具体计划：首先是铁路建设。铁路分为省外和省内两部。省外分南北两个干线，北干线自多伦诺尔西北至外蒙渐向正西，再转入西南，沿沙漠北境入新而达迪化。南干线是延长陇海线，由皋兰出嘉峪关入新疆至哈密，沿天山南麓，至吐鲁番北境，超出天山北达迪化。省内又分为天山北路和天山南路，同时在县城和重要镇市用公路

---

① 冯有真：《新疆视察记》（国家图书馆文献缩微），上海世界书局，1934年，第143页。

② 杨锺健：《西北的剖面》，《中国西北文献丛书》第123册，兰州古籍书店影印版，1990年，第523页。

③ 杨振民：《西北铁路与挽救新疆》，《天山月刊》1934年第1卷第1期。

④ 顾颉刚（1893—1980）：中国现代著名历史学家、民俗学家，古史辨学派创始人，现代历史地理学和民俗学的开拓者、奠基人。历任厦门大学、中山大学、燕京大学、北京大学、云南大学、兰州大学等校教授。1934年年初与谭其骧等人筹备组织禹贡学会，创办《禹贡》半月刊，制定“禹贡学会研究边疆计划书”，为挽救民族危亡致力于边疆和民族历史与现状的研究。

⑤ 顾颉刚：《整理新疆省政务刍议》，《新亚细亚》1936年第11卷第3期。

连接。此外，航空运输也分为南北两条航线和省内航线。[①]

其二，移民垦殖。移民垦殖，是20世纪30年代新疆论关于新疆开发论述中的又一议题。时人认为，新疆土地广阔，人烟稀少，广大土地无人耕种，遍地矿藏无人开采，而内地人口过剩，水旱灾害不断，“唯有开发边疆，移民于边。从事开垦，方可以增加原料之来源，扩大国内之市场，如斯不但人口问题可得解决，国民经济可以繁荣，而内乱亦将从此绝迹，国家政治，亦将渐趋常轨，中国前途，宁无曙光?”[②] 在他们看来，移民开发新疆，不但可以解决人口问题，还可以有效开发新疆富源，同时亦能解决新疆的民族问题，可谓是一举数得的良策。纵观当时官员、学者之看法与观点，主要内容如下：

第一，移民西北就是移民新疆。20世纪30年代以后，中国内地人口过剩问题极为严重，“无地”或“少地”的农民占农村以至全国人口的大多数，加上水旱灾害，构成了中国社会中最大的不稳定因素。[③] 所以，移民西北成为当时一个非常现实的问题。据地质学家翁文灏推算，当时西北四省可容纳的移民大约为550万人，其中新疆可容纳300万人。四省中，新疆的人口密度最低，未开垦的荒地也多。因此，几乎每个人都认为，新疆广阔的土地可以用来安置大量的内地移民，以缓解我国内地人口过剩所带来的种种危机。有论者说：“新省又是一个人口宣泄地，可

---

① 杨刚毅：《新疆问题讲话》（国家图书馆文献缩微），武定同文印刷社，1935年，第207—210页。

② 长君：《新疆状况纪要》，《西北研究》1932年第5期。

③ 谢友萍：《西北移民问题》，《西北向导》1936年第12期，第107页。转引王柯的《民族与国家》，冯宜光译，中国社会科学出版社，2001年，第233页。

以调节内地过剩人口。”[①] 还有人说：“新疆是一片荒地，沃野千里，惜无人住而垦荒。内地人多地少，无地可耕，大可由政府实行移民政策，以往屯垦，如是则不但农产定可蒸蒸日上，而民食问题亦可从而解决。”[②] 冯有真说：“新疆幅员辽阔，纵横三千余里，人口衹三百万，平均每方里不及一人，现在荒地可资屯垦者，不知凡几……如实行移民殖边，不但可减内地拥挤之虞，且可收开发西北边区之效，一举数的。”[③] 可见，移民西北，实际就是移民新疆。[④]

第二，开发矿产资源是移民开发新疆之重点。新省矿产丰盈，蕴藏大富的金、煤、铁、石油等资源，可惜无人开发，这是当时人们的共识。论者指出：“（新疆）资源丰富，土地肥沃，在大战期间是我们中国的生命线，是我们民族复兴的根据地。”[⑤] 吴学衡[⑥]说：“新疆的矿山很多，不知有多少金银埋在地里，没有人去开采，倘于今日加以开发，则富源自必滚滚而来，不但在国民经济上有帮助，在国家财政上也得有办法。”[⑦] 冯有真也说，新疆“矿产之亟待开发者，所在皆是，然以人力不及”[⑧]。新疆的石油资源，在 20 年代就已引起了世界各国的注意[⑨]，其黄金等

① 赵镜元：《新疆事变及其善后》，《新中华杂志》1933 年第 1 卷第 10 期。

② 吴学衡：《西北在国防上的重要》，《西北论衡》1933 年第 2 期。

③ 冯有真：《新疆视察记》（国家图书馆文献缩微），上海世界书局，1934 年，第 81 页。

④ 谢友萍：《西北移民问题》，《西北向导》1936 年第 12 期。

⑤ 孔祥哲：《新疆事变及目前应有之补救》，《开发西北》1934 年第 1 卷第 5 期。

⑥ 吴学衡（1906—1983）：字君平，1931 年任职监察院秘书处书记官。

⑦ 吴学衡：《西北在国防上的重要》，《西北论衡》1933 年第 2 期。

⑧ 冯有真：《新疆视察记》（国家图书馆文献缩微），上海世界书局，1934 年。

⑨ 龚学遂：《新疆油矿与世界石油问题》，《学艺杂志》1924 年第 6 卷 2 号。

贵金属的蕴藏量，也受到了国民政府的注意。① 因此，在这个意义上可以说，移民开发新疆的一个重点就是开发新疆无尽的矿藏资源。

第三，移民开发的另外一层意义在于解决新疆的民族问题，同时巩固国防。章勃说："且移民实边，又使他族完全与汉族同化，庶国内五大民族，得以团结一起，而不致为敌人所支配，以遗将来无穷之患。"② 杨刚毅认为新省民智不开，可"移民殖边，以启发民智"③。而华企云认为移民殖边是中国当务之急的大事，是防止外国势力入侵的必要手段。刘文海也认为移民实边可以防止外国侵略势力的觊觎，还能消除一些民族问题："亟宜提倡殖民实边政策，既可辅助开发新疆富源，又可抵消英俄帝国主义窥视，及变相帝国主义之'大回教主义'，使其不致引起民族间仇杀；至均匀分内地人口，补救水旱灾害，尚其小焉者耳。"④ 更有甚者，一些政府官员说："移民新疆除了是能够发展新疆的经济以外，同时也是改变新疆住民的民族结构，以求一劳永逸、彻底断绝新疆民族问题的好办法。"⑤

此外，他们还提出了具体移民方案。1931 年，时任国民政

---

① 褚民谊：《新疆事件与开发西北》，《农村复兴委员会会报》1933 年第 3 期。

② 章勃：《垦殖问题与中国》，《新亚细亚》1932 年第 3 卷第 4 期。

③ 杨刚毅：《新疆经济略谈》（国家图书馆文献缩微），同文印刷社，1935 年，第 86 页。

④ 刘文海：《西行见闻记》，《中国西北文献丛书》第 124 册，兰州古籍书店影印版，1990 年，第 219 页。

⑤ 孔祥哲：《新疆事变及目前应有之补救》，《开发西北》1934 年第 1 卷第 5 期。

府实业部农村署技正的安汉[①]组织西北实业考察团赴西北各省考察，并撰写《西北垦殖论》，其中对新疆的移民垦殖做了具体规划。他指出，移民新疆，首先应由国民政府做出具体规划，利用国家资本设置新疆省区中央垦殖委员会，直辖于中央。先进行实地调查及筹备工作，然后再分期分批移民，并设置若干垦区。其次，经营方式应采取粗放式之大农制，由中央严格控制，实行有计划经营。垦区中的一切基础设施均为国家设备。除学校、医院、图书馆等交给地方政府办理外，其余皆由委员会办理。每个垦区设置管理局负责该垦区的具体垦务工作。再次，分配方式：垦区内所获产品，由国家提取 40%，作为管理及继续生产之经费；其余 60%按农工人数进行分配。对于勤劳者可以适当奖励，以鼓励生产。[②] 松声认为移民新疆应考虑民俗及气候差异，尽量就近迁移，故“移陕、甘之民于新疆，再移内地之民于陕甘，因相距不远，民情风俗气候皆相近，运输亦容易实行”[③]。国民政府外交部部长罗文干还提出把内地服刑人员迁往新疆，一方面可以修建交通和从事垦殖，另一方面可以净化内地社会、改造新疆居民的民族结构，以达到充实国防的目的。[④]

总之，20 世纪 30 年代的“新疆论”中，开发新疆是众多学

---

① 安汉：（1897 — 1943），字杰三，陕西南郑县梁山人。1930 年春，安应北平中法大学聘请离陕赴北平任教。1930 年冬，任国民政府实业部农村署技正，着力于全国农业垦殖研究。1931 年，组织西北实业调查团，撰写了《西北农业考察》《西北垦殖论》等专著。1933 年，安调国民政府行政院实业部任科长，还任新疆建设计划委员会委员。

② 安汉：《西北垦殖论》（国家图书馆文献缩微），南京国华印书馆，1932 年，第 271—272 页。

③ 松聲：《西北边防的危机》，《西北研究》1931 年第 2 期。

④ 蒋默掀：《新疆大局须彻底清理》，《时事月报》1933 年第 9 卷第 3 期。

者疾呼的一个解决新疆问题的方案之一。其开发方案虽然是林林总总，各抒己见，但无论是主张发展交通，还是发展实业，都不能离开移民殖边，在他们看来新疆有了这些大量的移民，则可谈开发建设、可谈消除民族隔阂、可谈巩固国防，中华民族振兴的希望指日可待。正如有的人所说："西北开发关系我国经济的建设，失业的解决，国防的充实，即关系中国整个振兴与安全之一个大事件。"① 故在这种意义上看，移民殖边是20世纪30年代开发新疆论述中的关键。

其三，推行教育。关于新疆的教育状况，这一时期的论述大抵都是用"落后"二字来表述。冯有真说："新疆现在几无教育之可言。全省学校，除省垣设一俄文法政专门学校，师范中学各一所，及小学数所外，其余各县，只大县有高级小学，余则只设初级小学，甚至初级小学亦无之。所有学校，大抵有名无实，历年变乱，更陷停顿。缠回富有者，教其子弟诵可兰经，最富有者送至苏联教育，故全疆人民，大抵知识薄弱，风气闭塞。"② "统计新疆全省学校之数量，恐与内地以大县相若，全省学生人数，则恐不及内地较大学校一校。"③ 由此可见，新省之学风闭塞，文化落后，无他省可及。

面对如此落后的教育状况，许多知识分子提出必须推行教育，启发民智，培养人才。他们认为教育极端落后是新疆汉回矛盾产生的重要原因，只有发展教育，方能阐明民族主义、民权主

① 余汉华：《西北富源开发与我国之经济建设》，《新亚细亚》1934年第4卷第5期。

② 冯有真：《新疆视察记》（国家图书馆文献缩微），上海世界书局，1934年，第77页。

③ 紫莊：《新疆问题的重要性》，《西北春秋》1934年第9期。

义、国家主义[①]；方能使回族受相当之教育，知民族外尚有国家[②]。因此，教育是开发新疆的重要部分，关系新疆安全。故推进新疆教育，亦刻不容缓。[③]

他们还提出了具体措施，如安汉在《西北垦殖论》中对新疆教育的推行有具体翔实的规划：第一，训练师资。选择对象是谙熟回族语言及风俗的；能吃苦耐劳的；信仰三民主义者。第二，改良交通。疏通内地到新疆的交通，使内地文化如潮办地涌去，以抵御英、俄帝国主义对新疆的文化侵略。第三，划分学区。新疆省幅员辽阔，教育行政上仍有鞭长莫及之感，因而仍须据原有道治分为若干学区。第四，审定教材，由省教育厅编订适合本地区之风土人情的适当教材。杨刚毅在《新疆问题的讲话》中也提到划分学区，并具体划分天山北路和天山南路两区，各区以下以城市为中心继续划分学区。他还提出大学教育的推广，每区应设一所大学，学科分类至少有文科、理科及艺术科。此外他提出应设回、汉族学校，以便统一语言。同时他也提到训练师资，审定教材。[④] 冯有真提出：“一面应广设学校，使各族子弟接受教育，开通思想，尤注重于专门技术之培养，以适合地方之需要；一面应扶助新疆子弟，使其至内地求学，养成共同中央与新疆文化之中坚人物。”[⑤] 华企云提出：“在新疆多设初级汉文学

① 安汉：《西北垦殖论》（国家图书馆文献缩微），第 272 页。

② 薛文波：《开发西北》，《西北》1933 年第 1 卷第 2 期。

③ 冯有真：《新疆视察记》（国家图书馆文献缩微），上海世界书局，1934 年，第 81 页。

④ 杨刚毅：《新疆问题讲话》（国家图书馆文献缩微），武定同文印刷社，1935 年，第 224—225 页。

⑤ 冯有真：《新疆视察记》（国家图书馆文献缩微），上海世界书局，1934 年，第 81 页。

校，使回民能通汉文，次之则在南京上海北平各处，可设一专门学校，造就回族之专门人才，备作将来建设服务之用。唯此等学校学生，须一律免费，以引起回民求学之便利与兴趣。……同时政府亦应设立回文学校，使汉人学习回文。如此汉回语言文字相通，可以互相了解，不生隔膜，而办事亦无困难矣。”[①] 他还指出，应该加强党政思想的宣传，让回民知道中央之意图，党国之三民主义。他们认为，若新疆信仰伊斯兰教的民众，人人能彻底了解三民主义中的民族主义，从而具有充分的国家观念，以团结整个“中华民族”，抵御外侮，共同奋斗，虽有外来势力百端诱惑煽动之手段，亦不能动摇民心，若先发展其他实业，恐烦为他人做嫁衣而已！[②] 只有这样才能使各民族在文化精神上与我结为一体，将来能群策群力，共存共荣。[③]

在他们看来借助教育和文化的力量，可使个民族间的界限淡化乃至消失，是解决新疆问题的一个重要手段，也是彻底解决新疆民族问题的最好方案。正如赵镜元所提出的，应该对突厥语系伊斯兰教民族的子女同时进行汉文化和民族文化的教育，以便“治汉回于一炉”[④]。

可见，在 20 世纪 30 年代新疆开发讨论中倡导的“文化教育”，其实质是国民党政府在新疆以政治建构为目的的党化教育，他们以“中华民族”“三民主义”为旗帜，倡言在新疆实施所谓

① 华企雲：《新疆问题》（国家图书馆文献缩微），上海大东书行，1931 年，第 105 页。

② 刘熙：《建设新疆之先决问题》，《边事研究》1935 年第 1 卷第 5 期。

③ 刘文海：《西行见闻记》，《中国西北文献丛书》第 124 册，兰州古籍书店影印版，1990 年，第 220 页。

④ 赵镜元：《新疆事变及其善后》，《新中华杂志》1933 年第 1 卷第 10 期。

的“民族教育”，其目的是教化民众，对少数民族进行同化，以期最终解决新疆的民族问题。

（三）应对与想象：关于 20 世纪 30 年代“新疆论”的几点思考

将上述两部分内容结合起来进行综合分析，不难发现 1930 年“新疆论”之总体特征就是应对与想象，前者是危机之下的历史选择，后者是历史选择中的误区，在近代中国关于新疆问题认识史上具有重要的意义和影响。

第一，如同晚清之际新疆问题由危机凸显一样，20 世纪 30 年代的“新疆论”依旧是危机下的应对、权宜论，即在日本侵华下的民族危机和新疆的现实乱局中，如何解决新疆问题在思想认识上的历史反应，它表明新疆问题是中国问题不可分割的一部分，二者之历史命运紧密相连、荣辱与共。不同的是，这时的新疆论较之过去认识发生了巨大变化，无论是具体内容方面还是理论认识程度上都是近代中国新疆问题认识史上的重要阶段与重要组成部分。

第二，从其目的来看，20 世纪 30 年代的“新疆论”是当时国民政府政治建构的一次努力尝试。在当时的中央政府来看：一方面，新疆是整个中华民族共同抗日的重要组成部分，是重要的战略后方；另一方面，打破新疆政治独立更是中央亟待解决的根本目标，即政治统一。从 20 世纪 30 年代时人对新疆的诸多讨论中我们不难发现，无论是官员还是学者，他们都认为政治腐败是新疆危机出现的根本原因，其各类建言无一不是把打破新疆政治独立作为解决新疆问题的前提条件，至于其他诸如民族、宗教、文化教育等具体措施，均提出推行三民主义、国族主义、纳回汉人民于同一中华民族文化范围内等。[①] 换言之，20 世纪 30 年代"新疆论"是民国之际国家政治建构在新疆问题思想认识上的必然反映。

第三，从其关注和思考的内容上来看，20 世纪 30 年代的"新疆论"具有明显二重性。首先，关于新疆与中国整体性及其特殊性认识的分离。20 世纪 30 年代的"新疆论"中，在国家统一方面，认定新疆是国家领土不可分割的一部分，认定新疆的各少数民族也是"中国人"，如"缠回多住新省境内，论缠回者皆谓其为土耳其种，实则中华民族"[②]，这无疑是时代的进步，具有重要的理论意义。但另一方面，它对于新疆特殊性的认知却停留在边疆或是屏藩等传统意义范畴，诸如新疆不同于内地，其经济凋敝、民族庞杂、愚昧落后，且无文化可言等，于是产生种种造成对新疆的片面认识，甚至误读。如以国防而论，新疆保卫内地；以经济而言，新疆经济凋敝，大量丰富宝藏有待开发，急需内地人前来开发；以民族而言，新疆民族庞杂，且民智不启，愚昧落后；以文化而论，新疆无文化可言，亟待内地先进文化之启发。其次，责任与权利的分离。20 世纪 30 年代的"新疆论"中，国人片面强调新疆作为中国的边疆地区肩负着抵御外辱、振兴中华民族之责任，却鲜有人考虑到新疆各族人民的权利问题。如在移民垦殖方面，鲜有人考虑到移民垦殖给新疆社会带来的负面影响，新疆只是内地危机的宣泄地、内地社会的净化器。甚至时任外交部部长的罗文干提出把内地获刑的犯人移民新疆，以净

---

① 20 世纪 30 年代的讨论中关于在新疆推行三民主义、国族主义的学者和官员有很多，如庞敏修：《西北的回民及其教育》，载《西北民俗文献》第 139 册。

② 庞敏修：《西北的回民及其教育》，《中国西北文献丛书》第 139 册，兰州古籍书店影印版，1990 年，第 290 页。

化内地。此外，在文化教育上，鲜有人提到少数民族文化教育的实施和推广，无视作为中华民族文明重要组成部分的少数民族文化，其诸多方案中，核心目的是推广党化教育、汉化教育，以最终达到“治回汉于一炉”。可以说，在时人的想象中，新疆在中华民族面对强敌、深陷危机时才有其价值，新疆地区及居住在此的各族民众，应当肩负其作为边疆、作为中华民族组成部分应有之重大责任，至于权利则在时人的想象中被遗忘。

第四，20世纪30年代的“新疆论”又具有显著的内地本位论，新疆本位缺失之特征。通过对“新疆论”的分析，我们发现人们对新疆的思考也是停留在政治范畴之内，他们最关心还是如何打破新疆的政治独立问题，其他诸如经济问题、民族问题、交通问题等都在其次。需要指出的是，在这些论述中，他们在强调解决政治问题为前提的同时，也提出其他方面的措施。如推行教育以便“治回汉于一炉”、建设交通以便一箭四雕①、移民垦殖以解决内地人口问题、开发新疆富源等。可以说，当时知识分子提出的各种解决新疆问题之办法，与其说是“解决新疆问题”之方法，不如说是从中国内地利益出发的一种考虑的真实写照。

此外，我们发现20世纪30年代“新疆论”之群体，大多存在主观族群局限与政治御用的问题。尤其是一些论者很少真正深入新疆地区进行调查研究，而仅仅是走马观花，有的甚至根本没去过新疆，其“新疆论”难免有失偏颇，更何从谈他们所提出的政策或建议之合理性、有效性？

最后需要指出的是，20世纪30年代的“新疆论”是历史的产物，具有重要的时代价值和社会影响。虽然在当下看来，它仍

① 前述蒋默掀的《新疆大局须彻底清理》一文中所述罗文干之计划。

然有许多不合理和肤浅之处，但它是那个时代中国关于新疆问题认识的真实写照，对于今天新疆的发展和稳定依旧具有重要的参考价值和现实意义。

作者简介：赵曼，女，1975 年生，新疆昌吉人，蒙古族，中央民族大学历史学博士。研究方向为中国近现代史、近现代民族关系史。现就职于北京市建华实验学校。

七、试论近代转型时期回族面临的双重性困境

——以20世纪三四十年代舆论界关于回族的讨论为例

马海国

绪　　论

在传统社会向现代社会转型之际，国内的少数民族面临着由传统的皇权认同向现代的民族国家认同转型。国民政府的国族思想无法满足国内少数民族关于民族身份的认同，进而导致民族认同的危机。以回族为例，20世纪三四十年代随着日本侵华和全民抗战，国内的回族知识分子通过报刊舆论来担当起“兴教与救国”的双重任务。“兴教”在某种程度上也是回族民族意识不断觉醒，试图以本民族作为一个整体而进行民族身份的追求；“救国”则说明回族在追求本民族认同的基础上保持着国家认同。随着边疆危机的爆发，国内的教内教外人士开始关注西北，关注西北信仰伊斯兰教的群体。顾颉刚曾明言：“我不是回教徒，在民国二十年前也不曾注意过回教。那时有一个回教徒在我家住过，但我除了知道他们的生活和我们有些不同之外，也不会注意到别的地方。直到东四省失掉，日本的大陆政策给我们以最严重的压迫，才使我们注意到边疆，因注意到边疆，而连带注意到在西北

最有势力的回教。”① 可见关注西北、关注西北的回教群体实乃当时舆论的一大焦点，回族知识分子则通过特殊的历史记忆来追求民族意识。《回民青年》的发刊词言：“吾教不振，穆胞涣散，实则内部交恶，继则外侮伺乘，迨至今世，我五千同胞，几乎无立足之地矣。”② 正是在这种失望的情绪之下回族开始了“兴教与救国”的双重任务，以图改变自清以来回族势力的衰落，将“教危”和“国难”绑在一起。由于教外人士的关注和教内人士企图振兴宗教，20 世纪三四十年代社会上形成了一股热论回族的高潮。

本文主要从回族文化运动、回族教育、回族团体组织三个层面论述回族民族身份的追求在近代国民政府国族思想下所面临的困境，这也是近代转型之际国内少数民族以民族作为身份认同建构民族的知识影响所致。但是，在国民政府不承认回族是一个民族的条件下，回族知识分子的建构呈现出双重性的困境，这是由于国民政府不承认回族的民族身份所致。回族在近代转型之际，一方面进行本民族的认同，同时又整合了国家的认同。回族在自我发现和自我构建中呈现出双重的趋向，诸如文化的伊斯兰化和中国本土化的双重趋向、教育的宗教化和世俗化、组织的自我化和国家化等趋向。这也受近代转型时期少数民族自我化与近代民族国家的影响所致。国民政府的“一个国家，一个民族”的政策加剧了这种认同的困境。本文就舆论界的认知在前人研究之上做一尝试性的探讨，以丰富回族史的研究。

① 顾颉刚：《回教的文化运动》，载李兴华、冯今源：《中国伊斯兰教史参考资料选编（1911—1949 年）》（下），宁夏人民出版社，1985 年，第 912 页。

② 《回族青年发刊词》，《回族青年》1937 年第 1 卷第 1 期，第 1 页。

(一) 回族文化的伊斯兰化与本土化

顾颉刚观察到："综观这运动在三十年中的推进状况使我明白，这固是回教徒发展他们宗教的好办法，实在也是真正为中华民国筑好一层坚实的基础。"① 顾颉刚的观察大致上是合理的，一方面回族知识分子通过文化运动振兴回族，因为有些回族知识分子认为："回教民族是一个既有宗教为之联络，而又有民族为之充实力量的民族，故其民族性比任何民族都强，中国回民，在政治上、经济上、教育上要落人一等。因为民族精神不能振作，还时常受到强大的民族的侮辱和侵害，故中国民族想有救，不在其他，而在能发扬其民族精神！"② 宗教是中国回族的民族精神纽带，宗教的不振乃是其民族精神不振的重要因素。同时，这种文化运动在顾氏看来是"为中华民国筑好一层坚实的基础"。白寿彝观察到"以致为了弄得关于回教的知识，也还得看欧美人的研究报告，看欧美人的旅行笔记"。国内对回教缺乏了解，每每要借助西人的游记和笔记来了解③，可见国内对回族宗教知识的缺乏势必会影响到对回族的认知。1941 年，就有观察者发现"建设回教文化运动这个名词，在各报章杂志上很流行"④。看来当时在社会上兴起了一股回族文化运动讨论的热潮。中国穆斯林文化由于宗教的特殊影响，面临着伊斯兰文化的中国化和中国穆

---

① 顾颉刚：《回教的文化运动》，《中国伊斯兰教史参考资料选编（1911—1949年）》下，第 914 页。

② 觉非：《"辱教案"的教训》，《回族青年》1937 年第 1 卷第 1 期，第 15 页。

③ 白寿彝：《论设立回教文化研究机构》，《中国伊斯兰教史参考资料选编（1911—1949 年）》下，第 916 页。

④ 谢松涛：《建设回教文化运动式什么?》，中国回教救国协会：《回教文化》，重庆，1941—1943 一卷一期，第 14 页。

斯林的伊斯兰化两种取向：一方面为了区别于周围他者，使得文化带有伊斯兰化的倾向；同时，鉴于生活的边界使得民族身份的建构带有本土化的倾向。

王静斋认为："中国自有回教，即有回教文化。因回教自有史以来，即与其文化相表里。回教已离其自来之文化，定必失其本真。而文化一离回教，亦必回教非文化。所以回教在中国1000多年，终未脱离旧有的文化。时至今日，回教文化在中国是消是长，这实在是一个值得研究的重要问题。"① 王的认知颇能揭示出回族的宗教与文化的关系，二者相互影响，缺一不可。宗教孕育了文化，文化具体表现为宗教。王静斋对于中国往日的回族文化称为旧文化，也受新文化运动的暗示。王氏虽然没有谈及回族文化是消是长，但其将过往的回族文化称为旧文化，其寓意显而易见。顾颉刚认为："中国回教因为200多年来处于特殊的环境之下，对于本教情形不求外人知道，而教外人因隔膜日久，对于回教也不易发生研究兴趣。"② 顾氏所言的200年特殊的政策乃对清朝而言，这种认识多少与回族知识分子的启示有关。正如谢松涛所言："回教在中国的文化中，有他自己的地位，但是在清朝的政策的影响下回教人民与普通社会隔绝，掩蔽在荒漠的角落里，回教文化隐隐约约的，在中国更罩了一层灰色的衣服。"③ 王氏的"旧文化"和谢氏的"灰色的衣服"无不说明回族文化在中国的衰落，可见其基本上将国危和教危捆绑在一起的

① 王静斋：《中国近代回教文化史料》，《中国伊斯兰教史参考资料选编（1911—1949年）》下，第929页。

② 顾颉刚：《回教的文化运动》，《中国伊斯兰教史参考资料选编（1911—1949年）》下，第912页。

③ 谢松涛：《建设回教文化》，第4页，北平月华报社主编：《月华》，1937年。

特点。缘何出现不向外传播的情形？高文远认为："经此一度文字狱以后，回教不敢拿译文经典向外宣传，只在内部直接讲述自守，相传既久，遂养成对外不事宣传之风气，闭门自守，求其教内人自己明白足矣。因是引起外面的种种误会，直到现在，一般付传教者，仍然不敢向外宣传，这都是由于受满清文字狱的影响。"[①] 至于中国的回族向外传播伊斯兰教是否受清朝的政策影响有待进一步的讨论，但是，回族对清朝历史的解读颇能揭示出已经影响到主流学界。

承接上文王静斋认为回族文化与伊斯兰教相表里的关系言之，回族文化的核心是伊斯兰教，在当时有一股回族文化的伊斯兰化倾向。谢松涛认为："回教文化具有回教的特质，他不迁就任何的理论，更不符合任何的学说。要建设回教文化，这是最重要的一点。"[②] 谢氏所言的回族文化的特质与王静斋的认识基本一致。由于回族在中国历史的发展中势必会受到儒家（汉文化）的影响而使其失去原来的特质，这使得回族中的一部分人士感到不满。据谢氏言："回教当然有回教独到的精神。因之表现于回教生活行动上的与一般不同（此一般不同大致上言汉文化），譬如就葬礼来说吧。回教是用土葬，真宰用泥土将人造成，死后仍然变成泥土，这和棺廓衣衾之说固然不同。回教的孕育之下形成独特的丧葬礼俗与汉人的棺椁自然不同。但是有的回民已经不能贯彻这种速葬所谓精神了。再以丧夫来说：'回教根本无所谓四世而缌服之□也之说。和什么斩衰大功小功缌麻五服的礼制，但

① 高文远：《西北汉回民族问题的检讨》，第 12 页，选自中央日报社编辑部《中央时事周报》1937 年第 20 期。

② 谢松涛：《建设回教文化》，第 4 页。

回民当中更有些人因受了中国礼教的影响，居然也讲究起服制来了。’”[①] 由于受生活环境的影响，回民中的一些人开始了五服的丧礼，这种丧礼与伊斯兰的素葬是不一样的，素葬是没有五服之制的。谢氏对这种丢失回族原本的礼俗表示警惕，要恢复回族文化就要保持回族文化的原貌，回教文化的核心乃是宗教，对于部分回民生活习惯的汉化极为在意，因为其违背了伊斯兰文化的本质。

对此，顾颉刚认为：“表现得最清楚的是回教发表的文字和言论里往往把学术研究和宗教情绪浅混在一起，而不能把这两项各安放在适宜的地位。”[②] 大约顾氏认为文化研究和宗教情绪不能混同。可见，回族视宗教为文化的根本，对与宗教不符的诸如一些回民丧服的五服汉化等文化现象保持谨慎，说明了一个群体在自我化的过程中返回原本的心态，诸如今日社会的“经典阅读”，亦是有很多因素的，其中恐怕时人的文化民族主义思绪也是一大因素。这种返本的文化现象也是一个民族构建边界的过程中经常出现的亲本之象。

整合国家观念，首先寻求回族文化和儒家文化的共性，在这一点上，各派的观点大致一致。因此，高文远认为：“全国的回教学者以及对于回汉问题有兴趣的人，都应该联合起来，组成一个大规模的学会，使中国回教文化的研究有一个中心机关。”[③] 单纯的文化研究显然很难成气候，回族知识分子提出专门的研究

---

① 谢松涛：《建设回教文化取义》，《月华》第12卷第20—27期，第4页。

② 顾颉刚：《回教的文化运动》，《中国伊斯兰教史参考资料选编（1911—1949年）》下，第914页。

③ 高文远：《西北汉回民族问题的检讨（续）》，《中央时事周报》1937年第21期，第19页。

机构来推动回族文化的研究，而且“这个机关不妨由回教人主持，而参加人则无回汉之分”。[①] 主要的负责人由回族知识分子担任，但不排斥其他民族人士的参与，颇能说明回教在自我文化整合之际，很难自我实现，颇需要主体汉人的支持，也暗含着需要政府的同情。因为“这个机关的工作，一方面要有极窄的专题研究，另一方面则要用各种通俗的文字（包含汉文、阿拉伯文、波斯文、土耳其文等）吸收回汉两方面的广大读者。这个机关所必须有的理想，第一，要使多数的回教人和汉人，承认凡关于回教文化上的问题，无论是宗教的或学术上的，都需要到这个机关里探询。第二，凡涉及回汉关系的问题，都具备政府咨询的能力。这个机关基础巩固之后，可以逐渐扩大。政府对于这个机关的辅助，当然应具有最大的力量”[②]。从中可以看出，除了单纯的文化研究之外，这个机构还应“具备政府咨询的能力”。实则暗含着回族文化的建设需在国家的主导下进行，一方面获得政府的支持，同时也暗含着回族文化的中国化。

丁正熙提出用中国固有的文化作回族文化运动研究，丁氏认为：“中国的回教教义，是中国的所有；中国的回教教义，亦含有中国文化的成分。”[③] “回教在中国能传一千多年的原因，无非与我国固有的文化相符合而融会之。”[④] 这与王静斋等人的回族文化的伊斯兰化，坚持文化的宗教本位的路径不同。丁氏认为：

---

① 高文远：《西北汉回民族问题的检讨（续）》，《中央时事周报》1937年第21期，第19页。

② 高文远：《西北汉回民族问题的检讨（续）》，第19页。

③ 丁正熙：《用中国固有文化作中国回教运动》，载《突崛》月刊第2卷第6期，《中国伊斯兰教史参考资料选编（1911—1949年）》下，第975页。

④ 丁正熙：《用中国固有文化作中国回教运动》，载《突崛》月刊第2卷第6期，《中国伊斯兰教史参考资料选编（1911—1949年）》下，第975页。

"回教与中国的传统文化有相同的很大，至于回教教义，根本与中国的文化多相符合。回教所谓的真宰，这就是《中庸》所说的"至诚无息，不诚无物"。丁氏在进一步的比较后认为："所谓修身、齐家、治国、平天下之道，回教教义亦载是也。而在治国、平天下之外，更有至上之精神与归宿。"[①] 要言之，中国文化的基本精神与伊斯兰教义一致，二者之间不仅在形式上有所同，在精神上也多所一致。丁氏认为儒家文化的大部分回族宗教亦有之，更是有至上的精神，说明回族宗教比之儒家文化有过之而无不及的心理暗示。丁氏期盼："凡我努力回教运动的之同志，望以中国固有的文化发扬回教教义，以融合民族之团结，谋中国之复兴。"[②] 用中国固有的文化阐释教义，以图回族的振兴，这样将宗教与本土文化的结合使得回族能够能得到教外人士的援助，使得回族文化得以发扬。整合伊斯兰文化与本土文化，使得二者能够相互交融，形成新的中国的回族文化，新中国成立后的回族文化的建构就极为明显。

（二）回族教育的宗教化与世俗化

马全仁在 1939 年观察到："十几年来时人风起云涌的都来谈论回民教育，并且都认为促进回民教育在目前是一件极重要的事业。"[③] 大约在 20 世纪 30 年代，回族教育乃是回族人士极为关注

---

① 丁正熙：《用中国固有文化作中国回教运动》，载《突崛》月刊第 2 卷第 6 期，《中国伊斯兰教史参考资料选编（1911—1949 年）》下，第 974 页。

② 丁正熙：《用中国固有文化作中国回教运动》，载《突崛》月刊第 2 卷第 6 期，《中国伊斯兰教史参考资料选编（1911—1949 年）》下，第 975 页。

③ 马全仁：《发展回民教育应注意的几个问题》，摘自在桂林出版的《月华》第 11 卷第 1—3 期。德尔基彭错等：《中国南方回族文化教育资料选编》，四川民族出版社，2001 年，第 317—318 页。

的一件事情属实。因为“回看现今国内回民教育暮气沉沉的景象，不仅令人有无限之感慨”①。同时，“回民教育的能实施与否，对于整个国家民族之兴亡有莫大之影响”②。将回族的教育与国家民族的命运挂钩，使得这一问题期望能够得到全社会的重视。呼吁“但凡是中华民族的子孙，无疑义是应该深刻加倍地来努力兴办回民教育才对”③。发展回教教育要克服“误教误国”之现象，“兴教与兴国”的双重任务使得教育的内容要兼顾宗教教育和普通的国民教育。国家如何将国民教育与少数民族的教育结合起来也是近代国家在整合少数民族与国家认同差异时所面对的难题。

中国传统的回族教育以经堂教育为主，在近代也称为师范教育。这种教育的核心在于养成受教者的宗教知识，维系宗教的传承。回教的师范教育（经堂教育），自来没有固定组织。只是每一礼拜寺的阿訇，向例要开一学堂，视经济的情形，招收数名乃至数十名不等的学员，叫“海里法”。每日晨间，由阿訇讲经。毕业年限，视学员所学的程度而定，并无规定的年限。……课程方面以文法科居多，对于义理典籍比较少些。这种教育以宗教典籍为训练对象，在于培养受教者的宗教知识，授业到一定的程度即可成为宗教的传承者——阿訇。“这种保守式的教育，中国回

① 马全仁：《发展回民教育应注意的几个问题》，摘自在桂林出版的《月华》第十一卷第一、二、三期《中国南方回族文化教育资料选编》，第318页。

② 马全仁：《发展回民教育应注意的几个问题》，摘自在桂林出版的《月华》第十一卷第一、二、三期《中国南方回族文化教育资料选编》，第318页。

③ 马全仁：《发展回民教育应注意的几个问题》，摘自在桂林出版的《月华》第十一卷第一、二、三期《中国南方回族文化教育资料选编》，第318页。

教也凭着它延续千余年的生命。"[①] 可见其生命力之顽强。回族教育始终存在于主流教育之外。简言之，在传统社会中，回族虽然与汉族共享同一语言，但是在主流教育之外始终保持着经堂教育，而没有被主流教育所融化，这也是回族之所以能保持自己独特信仰的一大重要因素。

近代以来，时人出现了趋新、趋西的思想转向，在这种思想的转移之下时人反观以前的历史，大致都采取了反思性的批判，其目的在于借西法以图抗衡西方的挑战。在教育上也是批评传统的教育，借用西方的学制开始改革教育，建立了现代的新学制教育。回族也开始反思存在千余年的经堂教育的缺陷，这种教育偏重于宗教，"至于社会常识、公民常识、自然、史地以及国学各方面，差不多付之阙如"[②]。不单单是缺乏新式的知识，"所以这种教育，谈不到什么时代精神、国族意识、无形中与中国社会隔绝，造成独善其身的局面"[③]。缺乏国族意识，并与主流的中国社会隔绝而形成独善其身的局面。自清代以来回族势力衰微，要振兴回族就要打破这种独善其身的局面，使得回族教育不与中国社会隔绝。可以在国家层面上与其他民族更好地交流。马坚认为，"从前中国回教学校的学生（经堂学生），只学阿拉伯文和波斯文，而不学国文，所以国家观念非常淡薄，对于国民权利义务，毫无认识"[④]，进而影响到回族群体参与政治的机会。回族

① 马松亭：《中国回教与成达师范学校》，《禹贡，回教专号》，东方文化书局（台湾），1973 年，第 4 页。

② 马松亭：《中国回教与成达师范学校》，《禹贡，回教专号》，第 4 页。

③ 马松亭：《中国回教与成达师范学校》，《禹贡，回教专号》，第 4 页。

④ 马坚：《改良中国回教教育刍议》（回教教育史序），《中国南方回族文化教育资料选编》，第 156 页。

要酝酿国家意识，因为国家的兴盛与回族休戚相关，特别要提升回族民众参政的机会。马坚的认知可谓代表了回族这一认知的趋向。前人在论述中只强调回族在近代的爱国表现，却缺乏有关回族在爱国之时对国之要求。兴国的同时也要兴教。二者要同时兼顾不可偏废。

回族知识分子也观察到回族不振乃是因为各种人才的极度缺乏，特别是在近代社会转型之际，单靠内向培养宗教的教育已经无法满足本民族发展的需要。因为回族社会不但需要宗教师，同时还需要严格要求教员、医生、法官、律师、裁缝、木匠、铜匠……文明越进步，分工越严密，则社会所需的人才越多。① 可见传统的经堂教育培养宗教师的模式已经无法满足回教社会的进步，发展新式教育的渴望日趋强烈。这样，势必会由传统的经堂教育向世俗的新式教育转换。但是，回族为了保持因宗教而形成的独特性，在发展新式的主流教育（世俗教育）的同时也兼顾宗教教育。马坚认为单纯的新式教育缺乏宗教知识，不注重宗教的陶冶，以致毕业的学生不明了回教的教义，不遵守回教的戒律，吸烟、饮酒、赌博、宿娼、放僻、邪侈无所不为，因而使一般家长大失所望，也成为顽固教友反对新式学校的口实。他们常说："读汉文就要变成汉人。"② 可见这种新式教育遭到教友的排斥是因为缺乏宗教教育，使得受教者突破宗教的戒律，担忧因上新式学校读汉文而变成汉人。

一方面，回族也感受到新式教育的优点，急需发展新式教

① 马坚：《改良中国回教教育刍议》（回教教育史序），《中国南方回族文化教育资料选编》，第155页。

② 马坚：《改良中国回教教育刍议》（回教教育史序），《中国南方回族文化教育资料选编》，第156页。

育，提升回族的社会地位；另一方面，也担忧这种缺乏宗教教育的新式教育势必会削弱本民族的独特性，可谓是一个两难的抉择。这也是近代以来国民教育与少数群体（民族）教育相冲突的一面，如何协调好二者的关系显得极为重要。既要满足少数民族教育的需要，也要兼顾国家的公民教育，使得二者并行不悖方能促进二者的和谐发展。当然，在具体的操作层面难度会很大，据马坚观察，一些新式的回族学校兼顾宗教和普通教育问题也是很多。“新式的宗教学校里，以阿拉伯文的原本为教材，以至学生们因文字的障碍而难以领会回教教义。此外，还有国文、英文、史地、博物、数、理、花、公民等学科，把大部分的时间占去了。学生们以有限的时间和精力去研究精深的宗教学，当然不宜成功。其余的学科，也因为被宗教学把时间与精力分散了，所以成绩不很好。”① 暂且不谈这种宗教和世俗相结合的教育的利弊，值得注意的是，回族开始突破由单纯的传统的经堂教育培育人才的限制，积极探索将新式的世俗教育和宗教教育结合起来，发展新式的回族教育。这种教育至少在心理上既满足了教众的宗教需求，同时又兼顾了国家的公民教育。通过宗教教育保持本民族的独特性，同时结合世俗教育将宗教教育和国家的公民教育结合起来。

（三）回族组织的宗教化与国家化

近代以来，时人以团体组织来壮大力量，并表明其组织的共同点，大约含有共同的政治态度和学术追求等。回族在这一方面

---

① 马坚：《改良中国回教教育刍议》（回教教育史序），《中国南方回族文化教育资料选编》，第156—157页。

也表现突出，据唐柯三言：“我国的回民组织运动，发动得很早，远在民国元年的时候，就有中国回教俱进会，总会设在北京，各省都有分会，是我国最早的含有全国性的回民组织，以后我国的政局，一天一天地混乱，而回民组织亦渐消沉，但是各地的范围小的组织仍然在一天一天地发展，有的是专业性质的，有的是青年组织，有的是地方组织。”① 唐所言大致属实，在此也暗含着一个重要的信息，那就是回族人士在某种程度上将自晚清以来本民族势力的衰微和国势的不如意联合起来，兴国的同时也兴教，将兴国与兴教联合起来实属回教人士的真实心态，这样将本民族的组织建设和国家的命运联系起来。唐在论述回民抗战时应该团结一体时所言：“回教同胞时以团结为著称的，可是回教同胞的团结，是以宗教社会、日常生活为核心的，这种团结的机构是以清真寺为基础，但是到了抗战建国的今日，我们如何把这以宗教社会为核心的团结机构，来用到抗战上，用到建国上，这是当前的主要问题。”② 这里所言的回族组织为抗战服务，以清真寺为核心，以宗教和因宗教而形成的日常生活为支柱的民众组织已无法满足时代的需要。多少希望有减弱回民组织的宗教色彩，以宗教为核心的团结机构转移到以国家普通事物为主的组织意味。这样将国家事务诸如抗战作为组织的目的，一方面可以形成自我群体的组织化，另一方面以国家事务弱化宗教事务进而形成自我组织与国家组织。呼吁回族组织为救国而贡献力量，全国回教协会的建立使得回教以宗教为核心的机构转到抗战建国之上来：“全

① 唐三柯：《抗战建国运动中之回民组织问题》，《月华》第12卷第13—18期，第3页。

② 唐三柯：《抗战建国运动中之回民组织问题》，《月华》第12卷第13—18期，第3页。

国回教同胞都希望有统一的组织……才决定组织中国回教救国协会，于是民国二十年五月成立，公推白建生为理事长，于是全国回民所希望，而事实上所需要的统一组织，终于实现了。”① 白崇禧出任回教救国协会的职务便能说明政府也有控制回教组织的意愿。回民期望通过抗战发展自己的统一组织，而政府也期望通过统一的组织来加强对各处回教组织的控制，并将其引导到抗战建构上来，回民这种过于宗教化和自我化的组织通过国家整合，将其组织国家化。

关于“谁来代理回族”颇有争论。马述尧认为：“无权代理回民，与拍卖我族何异。提高我回民地位，使其有自决自治之能力，这是克绍祖业的好儿孙。与其低首下心求权于人，曷若自造权利。政府愚弄王公大人，王公大人愚弄民众，层层相蒙，还能说精诚团结吗？”② 可见马氏认为当时社会上的回族代表并不能代表回族普通大众的民意，与其求权于人，不如养成民众争取权利。对于统一回民组织是时代的需要，“所以（无不如有），但这种组织，若非基于公益故（有不如无）。绝不希望回民组织，像蒙藏委员会也似的。因为蒙藏委员会，正在那里拍卖蒙藏民众呢！”③ 马氏期望的回民组织要能代表整个回民的公意，而非一部分人的意愿，其对回民组织的期望实乃与提高回民的政治地位有关。可见回族组织一方面能在救国这一层面上与政府达成一致，但是，回族组织也有与政府相冲突的一方，即期望回族民众获取政治权利。

---

① 唐三柯：《抗战建国运动中之回民组织问题》，《月华》第12卷第13—18期，第3页。

② 马述尧：《伊斯兰学友会对于统一回民组织之主张》，《回族青年》，第16页。

③ 马述尧：《伊斯兰学友会对于统一回民组织之主张》，《回族青年》，第16页。

余　论

近代以来，回族的民族意识不断觉醒，势必会寻求民族的身份认同。这种认同与三四十年代的国民政府追求的“一个国家，一个民族”的思想相冲突，回族文化的伊斯兰化和中国化历来是学界关注的焦点，实则在某些研究中呈现了两种取向，即回族文化的伊斯兰化和中国的本土化。一方面，回族是一个全民信仰伊斯兰教的民族，其文化的一部分势必与伊斯兰教紧密相关，失去伊斯兰教，何谈回族文化？另一方面，回族是中国的一个少数民族，其本身就带有中国本土化的特点。正如马松亭阿訇所言：“回教传入中国以来，经过千余年的演变，而形成了今日在中国的形势；在中国的回民，也随着中国历史的推进而形成了今日的局势。”① 中国的回族也与中国的国运密切联系，这足以说明回族文化的本土化乃是其历史发展进程的必然趋势。回族教育的世俗化和宗教化也是其特点和现实所趋，近代以来，回族在自我复兴中发现单纯的宗教教育已无法满足本民族的发展需要，改革教育乃是形势所迫，如何平衡宗教教育与世俗教育极为重要。虽然组织的自我化是回族群体自我凝聚的一大表现，但是，回族作为中国的一个少数民族，国家化乃是回族群体参与政治，实现资源共享的有力途径。同时，国家通过回族组织的国家化便于国家政策在回族中得以贯彻。

由此可以看出，回族在近代转型之际由于国民政府不承认回族的民族身份，开始整合文化的本土化和伊斯兰化、教育的世俗化和宗教化、组织的宗教化和国家化。新中国成立后宗教和教育

① 马松亭：《中国回教与成达师范学校》，《禹贡，回教专号》，第1页。

的分离说明，在国家的民族政策的引导下，回族在中国化的同时兼顾了自我化的要求，成功地渡过了近代转型之际回族自我化与国家化的困境。近代以来，回族的自我民族化的进程中出现的这种双重困境有诸多原因，其中回族面临的近代转型与国民政府始终没有给予回族民族的身份认同不无关系。中国共产党承认回族的民族身份，实行民族区域自治，使得回族平稳渡过了在近代转型之际的双重性危机。

作者简介：马海国，1983 年生，宁夏海原人，硕士，回族，新疆工程学院社科部。

八、民国时期近代国家转型中湘西民族区域政治之变动：20 世纪 30 年代湘西革屯运动析论

田　怡

关于国家转型与政治重建是中国近代的一个历史主题，这是目前海内外学术界一个基本共识。由于中国多民族统一国家的历史和传统，国家转型的历史过程必然包括如何重新整合各民族间政治关系的问题，也就是民族区域整合的问题，其具体的表现形式就是民族地方与中央政府关系的分合演进。

湘西是中国传统的边疆民族地方重要区域之一，近代以前历经羁縻制度、土司制度，及“改土归流”后府县厅地方政治制度的变动，虽然形式实现了由“蛮夷之地”“化外之民”到国家“编户齐民”的政治整合，但是地方民族区域政治矛盾并未彻底解决。民国时期 20 世纪 30 年代的革屯运动，充分反映了近代以后近代国家转型中湘西民族区域政治变动的诸种矛盾与斗争。在这场运动过程中，传统地方少数民族的上层、新兴的乡绅势力以及在乱局中崛起的地方军阀、土匪等政治势力互相作用，同时又与湖南及南京中央政局变化相缩接，使得原本存在湘西民族区域与湖南地方及中央矛盾关系呈现出更复杂微妙的变化，最初由地方乡绅支持发起的苗民废屯请愿活动，发展到苗民武装起义革屯，再到和平谈判成功、革屯军赴抗战前线。笔者认为，这一曲折过

程一方面是湘西民族区域政治的一次重大变动，同时也反映了民国时期近代国家转型之中民族区域整合的一些基本问题和特征。

(一) 谁要革屯？为何革屯？

1936 年，湘西地区苗民聚居区永绥（今湖南省湘西土家族苗族自治州花垣县）组成“永绥县解除屯租诉愿团”向湖南省政府呈交革屯《宣言》和《快邮代电》，请求废除屯政，改屯升科，是 20 世纪 30 年代大规模的湘西少数民族革屯运动之序幕。

谁要革屯？为何革屯？呈文以近乎谦卑的语气陈述了屯政之害、苗民之疾苦，明确提出了诉愿团的目的与诉求，也表达了苗民希望实现民族平等的意愿。若详细探讨上述两个问题，首先应了解清代在湘西地区的“苗防屯政”制度的确立和演变是革屯运动的历史背景，以及民国以后湘西的变乱以及屯政之弊端是革屯运动的直接原因。

1. 清代湘西“苗防屯政”的确立

在镇压乾嘉苗民大起义后，如何维持苗疆的稳定是清廷上下十分关注的问题。魏源提出“兵民一体以相卫，民苗为二以相安”①，与“蛮不出峒，民不入境”之陈规有一定发展变化，影响颇大。嘉庆元年（1796）冬，傅鼐以军功被任命为湘西凤凰厅同知。傅鼐原本随福康安长期在云南征苗，对治理西南“蛮夷”素有经验和思考。他吸取了魏源的苗防思想，在湘西地区确立了“屯防”和“屯田”相结合的屯政，正是本文开篇中《宣言》和《快邮代电》所控诉的“乃傅鼐出寓防于抚，奏建营、屯兼制，强取民田而均之”。

① （清）魏源：《魏源集》，中华书局，1976 年，第 354 页。

“屯防”是一种兵农合一的制度，主要是在湘西地区广建汛堡，重修边墙，设屯丁与练勇，即所谓“兵民一体以相卫”。嘉庆六年（1801）冬，傅鼐以道员衔凤凰厅同知的身份总理苗疆事务，在整个苗疆民、苗交界的沿线大规模修建碉卡屯堡。经数年努力在嘉庆十年（1805）整个苗疆民、苗交界沿线共计700里地方都建起了屯堡，同时在凤凰厅与乾州厅比较平坦的地方重建了明边墙60余里，以严禁民苗私自越界窜动。屯丁是傅鼐在均屯田的过程中把集中起来的土地分给当地勇丁耕种而确立下来的编制，嘉庆十年（1805），湖广总督瑚图礼、湖南巡抚阿林保、湖南提督仙鹤林三人联名上奏，将苗疆屯防壮丁数列为法定数额。凤凰、乾州、永绥三厅，古丈坪、保靖二厅县共设7000名，分防在苗疆边缘的军事防线上。练勇是傅鼐设堡之初在凤凰厅挑选民丁建立的一支地方军队，随傅鼐总理苗疆事务后，练勇成为苗疆地区的一支特殊的地方军队，从当地青年壮丁中挑选，任务是维护地方的治安。它不属于国家的常设军，军费完全来自地方财政，但他们不同于屯丁，不需要自己耕种，与国家正规士兵一样享受待遇。据统计在苗疆共建“汛堡屯卡碉哨台炮台关门共一千一百余座。除分驻官兵外余八百座派勇驻守，凤凰厅防丁四千名、乾州六百名、永绥二千名、古丈坪一百名，保靖县三百名”①。屯丁和练勇在苗疆的固定设立，缓和了人地矛盾，有效地解决了苗疆内剩余劳动力的问题，在后来的一段时间内缓和了无业游民增多而导致区域内动荡的情况。而边墙和汛堡有效地把苗族和土家族汉族划分在两个相对稳定明确的区域内，暂时稳定了两个不同民族区域的环境，为“民苗为二以相安”提供实质

① 但湘良：《湖南苗防屯政考》卷8《碉堡》，光绪十六年刻本。

保证。这仍然存在民族封锁和隔离的成分，但在当时不失为一次有效的民族政策调整。

屯政的另一重要组成部分即“屯田”，此制并非傅鼐独创，明、清两朝为筹集军饷，屯田是广泛运用的一项措施。傅鼐结合湘西地区实际情况巧妙设立了两种屯田制度“民屯”和“苗屯”。对于汉土民地区以苗防为口号进行收归公均田，嘉庆四年（1799）五月傅鼐集会凤凰厅绅民，告诫“国家经费有常，留防兵勇势难久驻，一经裁撤，则碉卡空虚，苗匪仍可肆志，因谕令该土民等早为筹酌，必须自相为守”①。嘉庆六年（1801）二月，傅鼐拟定《均田屯守酌议章程三十四条》，翌年奏请办理。② 于是各县根据驻碉丁勇，计算出所需授田，如数均足供养丁勇。由于各县的地域和民族组成不同，碉卡的设置和所需丁勇员额也各不相同，均屯田的具体均摊方法也不同。当时的屯田在以下7县推行：永绥、凤凰、乾州、保靖、古丈、泸溪、麻阳。这7个县在当时其实属于不同的行政区划建制。湘西地区当时属于辰沅永靖兵备道，“把大湘西置于一个行政区划之内，始于清朝，清所设的辰沅永靖道下辖三府、四直隶厅、一直隶州共二十个厅、州、县，包括了今怀化、湘西自治州、张家界市的全部区域”③。除永绥、凤凰、乾州三直隶厅外，保靖和古丈坪隶属于永顺府，泸溪隶属于辰州府，而麻阳则隶属于沅州府。在以上隶属于不同府和直隶厅进行屯田制度实质上仍然是按照苗民聚居的区域来划

① 湖南省少数民族古籍办公室：《湖南地方志·少数民族史料》，岳麓书社，1991年，第551页。

② 傅鼐：《禀办均田屯守酌议章程三十四条摺》，转引自但湘良：《湖南苗防屯政考》卷6，光绪十六年刻本。

③ 罗维庆、罗中：《湘西行政区划的沿革与整合》，《民族论坛》2008年第4期。

定的。由此也可见清代虽在湘西地区“改土归流”后设立统一行政区划，但湘西民族地区的内部差异并无实质性的改变。

凤凰厅据苗民区的远近规定“均七留三”和“寸土归公”两种，不足部分，由泸溪、麻阳分摊补足。苗民最聚集的永绥厅采取“寸土归公”①，该厅在乾隆、嘉庆年间苗民起义前就有大量汉民涌入杂居其中，乾隆木《永绥厅志》记载，乾隆十六年（1751）已有民村109寨，1114户，男妇8721名，散居各地。起义期间，汉民有的抗拒被杀，有的逃奔异地，有的参与暴动，大部分放弃田地经营，因此该地汉民复业后心有余悸，“寸土归公”阻力较少。古丈坪“均三留七”②，保靖按照富户分等均摊，泸溪按照距苗民界远近“均七留三”“均六留四”“均二存八”进行。距离较远的麻阳则“不稍有拘牵，亦不预存成见，只期将此项应补之田五千亩如数取出”③。乾州厅屯田比例无详细记载。7厅县共计均田和归公田60436.6亩。④ 对于苗民田产则多以“逆苗叛产”“苗占民田”以及“官赎民田”的方式归公，苗屯田土就地全部转租给苗民，不设屯丁，屯租用以赡养苗兵。对此，傅鼐总结说：“设有缓急，除苗兵本听调用外，所有种地苗人，亦皆各听驱遣，是分佃收租，既收以苗养苗之效，并寓以苗制苗之法，欲其久安，舍此实无他策。”⑤

随着傅鼐于嘉庆十六年（1811）去世，屯防工程暂告一个

① 但湘良：《湖南苗防屯政考》卷6，光绪十六年刻本。

② 湖南少数民族办公室：《湖南地方志·少数民族史料》（上），岳麓书社1991年，第305页。

③ 但湘良：《湖南苗防屯政考》卷6，光绪十六年刻本。

④ 但湘良：《湖南苗防屯政考》卷6，光绪十六年刻本。

⑤ 但湘良：《湖南苗防屯政考》卷6，光绪十六年刻本。

段落，从此进入数百年的维护整顿期。清政府于嘉庆十九年（1814）、道光元年（1842）、咸丰五年（1855）数次对屯田政策进行调整。尽管如此，湘西各地抗屯、反屯事件持续不断。规模较大的有道光二十七年因无力缴租乾州苗首杨贵儿、杨正富、石观保等率众起事抗租，光绪五年因岁荒苗民苦于纳租保靖县苗首廖成才起事等。可见，屯政确立之后，湘西民族地区的稳定发展问题并未得到真正的解决，以至到民国以后其弊端更为严重。

2. 民国时期湘西“屯政”之演变及其弊端

民国之后，湘西地方政局动荡，各路势力角逐屯政以获取带来的巨大经济收入用以养兵自立。1914 年 5 月，袁世凯政府在凤凰县旧道衙内设湘西苗防屯务处，总揽湘西 7 县屯政，改练勇为屯务军，主持有屯 7 县“屯租”催征和收支。后迭经“护国”“护法”和“靖国”之役，湘西群雄并起，地方军阀混战不休，原来有关“屯务”的各种制度、设施均废弛。但屯政下各佃户却仍照旧纳租，地方军阀更将屯租收入攫为己有，以养军自立；大小屯苗官员和区乡官吏则乘制度废弛管理混乱之机，竞相从中浮征谋利。可以说，对争夺屯政控制权成为民国时期湘西地方各种矛盾的焦点，先后出现了几次反抗屯政的起义：民国四年，保靖鸡屎寨苗首梁国昌与排河苗首石生富等抗屯未果；民国八年，古丈县九龙洞苗首龙廷九领导苗民反屯抗租、反税抗捐，附和参加者达到万人，镇压后豁免数年欠租。

辛亥革命中，湘西光复，遂将直隶州、直隶厅、散厅及县一律改称行政厅，行政长官一律称厅长，军政长兼管屯政。沈从文在自传中记载了革命后的情况：“革命后地方不同了一点，绿营制度没有改变多少，屯田制度也没有改变多少，地方有军役的，依然各因等级不同，按月由本人或者家中人到营上去领取食粮与碎银。守兵当值的，到时照常上衙门听候差遣……但防军组织分配稍微不同了，军队所用器械不同了，地方长官不同了。县知事换了本地人，镇守使也换了本地人。”①

1912年冬，袁世凯政府在全国撤除残余绿营，认为湘西“五厅县地邻黔蜀，匪患时有，边防重要，碍难裁汰”②，派田应诏③和梁国桢分任镇筸镇和绥靖镇总兵，原设镇标、道标官兵全部沿袭不变，道标练勇开支仍由屯租支付，屯丁仍继续耕种屯田。1913年，田应诏参与镇压孙中山领导的“二次革命”被袁世凯升任为湘西镇守使兼镇筸镇总兵。田系清咸同时期贵州巡抚兼提督田兴恕之子，凤凰田氏家族从清朝中期开始就成为湘西地方世家望族。田应诏就任后从凤凰镇筸绿营兵子弟中挑选青壮年组成湘西巡防军即新军，逐渐淘汰了绿营。由此，新军也成为湘西一支稳定的地方武装。

1918年，护法战争兴起，湘西镇守使田应诏组织护法军第一路军，陈渠珍为参谋长兼第一梯团长，旋又代理第一路军司令。1920年6月，谭延凯、赵恒惕打着“湘事湘人自决”旗帜入长沙，谭延凯自任湖南省长，赵恒惕任湘军总指挥，邀田应诏

---

① 沈从文：《从文自传》，重庆出版社，1986年，第31页。

② 《湖南大公报》，1918年11月14日。

③ 田应诏（1876—1932年），苗族，沱江镇人，田兴恕子。1904年，赴日本留学，结识孙中山，加入同盟会。1908年7月回国，武昌起义时任敢死队队长率部攻占雨花台。南京光复后，被提升为第二十旅旅长，卫戍南京。袁世凯执政后，田应诏返回长沙出任湘西镇守使，驻凤凰。民国5年（1916），袁世凯称帝，封田应诏为一等轻车都尉。同年5月24日，田应诏在凤凰宣布独立，自称湘西护国军总司令，承担湖南西路前线的防守责任。民国6年（1917），孙中山决定北上讨伐段祺瑞，命田应诏出兵响应，并晋升为中将。民国17年（1928）回到凤凰，不再问政事。1932年病逝。

共商省政，维护湖南稳定，设湘西镇守使署于长沙，田应诏将部队交陈渠珍统帅。此后先后任命陈渠珍为“陆军十三区兼永、保、龙、桑、绥、古各县清乡司令”，后改“统领湘西巡防各军兼镇、乾、绥（绥靖镇）、古、永（永绥协）、保各绿营指挥，永（永顺）、保、龙、桑、绥（永绥县）、古、庸各县剿匪司令”。从此，湘西进入了陈渠珍统治时代。①

陈渠珍是近代湘西历史上一个极重要的人物，沈从文在自传中有关于这位“地方领袖”在任时形象的回忆说：“那军官的文稿，草字极不容易认识，我就从他那手稿上，望文会义地认识了不少新字。但使我很感动的、影响到一生工作的却是他那稀有的精神和人格。天未亮时起身，半夜里还不睡觉。任什么事他明白，任什么他懂。他自奉常常同个下级军官一样。在某一方面来说，他还天真烂漫，什么是好的他就去学习、去理解。处置一切他总敏捷稳重。由于他那份稀奇的精力，篁军在湘西二十年来博

① 陈渠珍，凤凰人，号玉鏊，生于清光绪八年（1882）九月，16岁入沅水校经堂读书。清光绪三十二年（1906年）毕业于湖南武备学堂，分配在新军第四十九标任队官，曾加入同盟会。宣统元年7月，钟颖率部进军西藏，陈任援藏川军营督队官，参加了工布、波密等战役，被调升为管带。1911年10月，武昌起义的消息传到西藏，进藏川军中的“哥老会”组织积极响应，并杀死协统罗长祺。陈渠珍于1991年底策动150名湘黔籍士兵，取道青海，渡哈喇乌苏河，入沙漠，过通天河，经柴达木盆地，历经7个月返回凤凰，已是民国元年（1912）冬。24年后陈把这段历史写成《艽野尘梦》一书。民国2年（1913）回凤凰任湘西镇守使署中校参谋。1918年，护法战兴起，湘西镇守使田应诏组织护法军第一路军，命陈为参谋长兼第一梯团长，旋又代理第一路军司令。民国10年（1921）兼湘西巡防军统领，移驻保靖。民国14年（1925，省长赵恒惕任命陈渠珍为湘西屯边使。民国16年（1920）唐生智复任命陈为第十九独立师师长，陈遂回驻凤凰。为培植地方武装势力，他兴办了军官教导团、经武学校和国术训练所等机构；编著了《军人良心论》等教材。还先后在凤凰县办起了造枪、皮革、木器、印刷、毛笔等工厂。

取了最好的名誉，内部团结得如一片坚硬的铁，一束不可分离的丝。”[①] 评价相当高，可见陈渠珍在湘西统治励精图治。

陈渠珍主持湘西军政后，打着“保靖息民”的旗号，开始实施“湘西自治”。陈渠珍草拟了一份计划，将湘西13个县划分为100多个区乡，试行“湘西自治”，兴办各种教育、民生、经济等事业，这是湘西历史走向近代的重要一页。这时，国内联省自治口号喊得极响，有人比喻陈是“湘西土酋长”，陈渠珍也模仿阎锡山在山西做土皇帝办法，以“湘西王”自居。

虽然大力推行自治，但陈渠珍也有传统的一面。地方管理机制上，陈渠珍根据湘西各自然村寨多系同姓家族的特点，效法古代部族制进行统治：以同一家族组成大保或联保；其下为若干同姓的自然村寨，相当于一个大家庭，大家庭以下又编为“十户一联”的所谓小家庭；若干部族联合组成行政乡，乡长由陈渠珍直接任免。同时，内部管理机制仍沿袭清代绿营屯田制老例，在财政上，他扩充税源，加收盐税、木关税、特税（大烟税）、火坑捐（户口捐）等约五六十种苛捐杂税，掌管湘西全部屯租，还兴办了湘西农村银行，票币发行量达10万元，流通于湘西14个县，重税给民众带来了生存压力。

1932年秋，陈渠珍又得国民政府参军长贺耀祖保荐，就任陆军新编三十四师师长，改湘西屯务处为湘西屯政处，直属师部管理，处长承师长之命，管理屯务军及苗防官兵、屯谷、屯产等一切事务。屯务军分驻有屯七县，负责地方治安，军队归驻地县长管辖，陈渠珍为师长统一领导。这样，陈渠珍牢牢控制了湘西屯政大权，屯务带来的大量收入用以在湘西进行各项建设和养

① 沈从文：《从文自传》，重庆出版社，1986年，第122页。

兵，是陈渠珍统治湘西地方的经济支柱。

何健主湘后，厉行湘政统一，对陈渠珍盘踞湘西十分不满，但苦于湘西地形复杂、民族杂居，不敢直接对陈进行打压。1935年，长征的红军在湘西活动，何健命陈渠珍率部队于湘黔边境追剿，意在同时消减陈渠珍的势力。1935年1月28日，何健颁布湘西军政办法八项，限令陈渠珍驻乾城兼屯务处长；红军长征离开湘西后，何健将陈渠珍所辖三十四师的第一旅、第二旅和教导旅编为一二八师，第三旅编为独立十四旅，调离湘西。陈渠珍辞去师长职位。1935年7月22日，何健在沅陵设"湘西绥靖处"，划湘西十九县为绥靖区，任命追剿第一路军总指挥刘建绪兼处长，在区内分设五位行政督察专员，并兼任区内一县县长；规定"绥靖区内驻军团队之调动、整训、散枪之收集，保甲之组织，屯务之改善，屯田之清厘，苗民教育之筹设，以及各项政治之兴革举办，悉由该绥靖处处长"①。一方面彻底清乡铲共，另一方面排挤陈渠珍。陈渠珍出任湘西屯务处处长，第三区行政专员余范传兼湘西屯务处副处长。陈渠珍认为屯政可做立军之本，以图东山再起，大力整顿屯务。何健于1935年10月9日批准了陈渠珍之"呈拟屯务草案"②。

《草案》批准后，陈渠珍于1935年冬以集训屯务军为名，调集全部屯务军于乾州城训练。1936年2月某日凌晨紧急集合，以武力逼迫永绥地方武装力量宋濂泉所部缴械，以改编为名彻底打乱原有编制，解除指挥宋濂泉职务，于是与永绥地方势力矛盾激化。1936年2月20日，陈渠珍在乾州召集有屯七县县长和士

① （民国二十五年）《湖南年鉴》第六编，湘西自治州档案局存民国档案。

② 全文见附录三。

绅开会讨论屯务委员会简章，规定屯务处正副处长为常务委员，七县县长为委员，七县各推代表一人，共16人组成屯务委员会；其职权是审核屯租收支，整理屯务、苗弁、苗兵；整训屯务部队，筹划治安保卫及经济、教育、交通灯各项建设计划。接着召开屯、苗守备会议，讨论弁兵编制，裁减土千总、把总、外委90员，苗兵1220名。① 何健见屯务整理渐有头绪，试图把陈渠珍调离湘西，入长沙任“长沙绥靖公署总参议”。陈渠珍以湘西为本，以愿任屯务处长归老为辞，正式卸任兵权。至此，陈渠珍只得以掌握屯政控制权作为其政治资本，加大了对于屯政的控制和屯租的收取力度，与地方实力派矛盾激化。于是，革屯运动以请愿的方式在永绥爆发了。

综上所述，20世纪30年代的革屯运动一方面是湘西民族地方历史发展演变的内在要求，是湘西各族人民反抗自清代设立的屯政制度的总爆发；另一方面，它更是反映了近代尤其是民国以后湘西民族区域政治中内、外部矛盾关系的历史脉络。简言之，湘西各民族人民要革屯，近代中国民族政治重建的历史趋势要革屯。

（二）张力与调适：从革屯请愿、武力革屯到革屯抗日

20世纪30年代，湘西革屯运动经历了和平请愿、武装革屯、革屯抗日这三个阶段。它先后历时二年有余，其间诸种势力纠缠在一起相互影响，跌宕起伏；看似眼花缭乱，实则受到中国政治时局总体发展变化的制约，是当时近代国家转型历史进程中湘西民族区域政治变动的一出历史活剧。

① 《大公报》，1937年6月11日。

1. 和平请愿

如前文所述，陈渠珍大力整顿屯政，尤其重视审核屯租收支，企图作为其割据湘西的经济基础。苗民最为集中的永绥县屯租占全部屯租的2/5，于是该县屯务工作是陈渠珍整顿的重中之重。陈欲再次独霸湘西，可各地县域实力派已非昔日可比。早在1936年2月，陈渠珍借整集训屯务军之名改编永绥地方实力派宋濂泉的武装，两者之间矛盾犹箭在弦上，一触即发。宋濂泉依靠其叔父宋海涛绥靖镇总兵统辖永绥15年之久，出任湘西凤乾绥保泸麻七县屯务军指挥，掌握永绥5个屯务军大队和保安团的3个大队，牢牢掌握永绥屯租这一巨大经济来源，仅少量上交，而且永绥各级屯长均为宋氏族人。陈渠珍清查屯务收支，极大地损害了宋氏在永绥的利益，于是，宋濂泉在永绥抵制陈渠珍的屯务整顿工作。陈渠珍态度强硬：一方面正式出公告，明示若有胆敢阻挠屯务整理者将予以法办；另一方面增派准备武力解决，派屯务军营长刘鹄卿率两个大队向永绥进发。宋濂泉知来者不善，连夜通知周边秀山、保靖等县武装力量及全县区、乡、镇“义勇队”会师麻栗场，于6月24日围歼了陈渠珍派驻绥城的屯务军中队。此后，集合军队驻扎新寨，自称“反陈抗屯军”，打出“抗屯”口号为武装出师辩护，继续堵击陈渠珍派驻麻栗场的屯务军。陈渠珍急电各县屯务军调往永绥支援，并亲临排碧部署，拟分三路围剿宋濂泉集合起来的“反陈抗屯军”。是为“麻栗场”事件，成为革屯运动的导火线。

麻栗场事发后，省方震惊。陈渠珍欲再霸湘西，为何键①所

① 何键，字芸樵，湖南醴陵人，1929年2月27日被南京政府任命为湖南省代理省主席。1937年11月，蒋介石把何键调任内政部长，从此结束了何键统治湖南19年的历史。1939年春，蒋介石又撤销了何键的内政部长职务，调任抚恤委员会主任委员。1949年春，解放军逼近长沙，何键迁居香港，1956年病逝于台湾。

不容。省方派二十八军军长兼湘西绥靖处处长陶广从中调停，陈渠珍和宋濂泉各自撤军。当时《湖南大公报》报道："永绥苗民与屯军，日前忽发生冲突，其起因则为在绥催收欠租及预征屯谷之督征员罔恤民艰，借词恫吓。而卸职之屯务军营长宋运徵（宋濂泉别名），因积恨屯务处处长陈渠珍借故泄忿，而鼓动苗民，聚众反抗，于是一时双方秣马厉兵，形势严重，后经二十八军军长陶广从中调停，饬令双方撤退，遣散变民，绥境秩序，得以恢复。"① 陈渠珍认为屯政绝不可轻易更改，宋濂泉见省方钳制陈渠珍，加之永绥兵权被陈所废，坚定反对陈以另谋出路。宋濂泉积极争取苗民支持，亲笔致信当时永绥县长刘慕唐，倡导为民废除屯租，同时将抗租的苗民引入城内示威。于是，革屯请愿爆发。

屯租在永绥已经实行 200 多年，如前文所言，它早已引起苗民上层和大小地主的不满，加上贫苦苗民积极加入，因此呼声一出，响应甚众。县长刘慕唐见人多势众，恐引起苗变，于是出面召集全县区、乡、镇长，各公法团和乡绅代表 300 多人在江西会馆开会，讨论废屯升科的改革方案，组织"永绥县解除屯租诉愿团"，把革屯抗租引入正常合法轨道。会议通过成立宣言，并将呈文作《快邮代电》与《宣言》一同印发，呼吁社会舆论支持，并派代表赴省递呈，开展政治攻势。

诉愿团成员主要是永绥当地大部分上层分子，他们多寄希望于向省政府陈情请愿，以求问题得到解决。请愿的初始起因，虽是永绥地方军阀势力与陈渠珍独霸湘西的权力之争，但宋濂泉很巧妙而准确地抓住了屯政这一民族矛盾的核心。当时的湖南省政

---

① 《湖南大公报》，1936 年 7 月 27 日。

府对这一内涵并无清醒的认识，仍打算以历史上多次处理抗屯事件的老办法——减免积欠屯租，以息事宁人。7月，省政府公布善后办法，暂停永绥积欠屯租，并拟派专员清查事件，再做处置。

但是，时移势易，今非昔比。面对省政府敷衍的态度，8月16日永绥第一区区长吴吉生署名召开第二次民众代表会议，再次申请“废屯升科”，同时诉愿团除继续开展合法请愿活动外，还积极动员永绥基层苗备、屯长、仓兵联名辞职。时湘西屯务处负责人余范传在《大公报》声明：

> 前次永绥事件，虽告粗平，然该近复有区乡长及苗民代表等联呈政府，要求改屯升科，提出种种条件，不候政府解决，遽欲藉此抗租，意气异常嚣张，形式极其紧急。并嗾使土备、屯长一千名联名辞职，以相要挟，一面又派员四乡宣传：声称以往旧欠，早经政府豁免，从今年起概不纳租等语。苗民无知，多受其煽惑，倘政府不早为设法救济，一旦屯租不纳，而屯军可恃以为生活者，竟失其来源，果真不能救济，则讹变又复堪虞”。①

一个月后，《湖南大公报》又登出了以下言论：

> 湘西目前最重要事项，厥为废屯升科问题。迩自“永绥事变”以后，屯苗代表吴吉生等，倡言“废屯升

① 《湖南大公报》，1936年8月23日。

科”，意气激昂，前后映照，其内容固不言可知。现为秋获登场，尤复以抗租相要挟，形势益见严重，倘或处理不当，其影响所及，诚不仅屯务军根基发生动摇，即于湘西各县今后安危，亦为莫大关键。盖有屯县份，为乾城、凤凰、永绥、古丈、保靖、泸溪、麻阳七县，全部屯租六万余石，永绥一县，占其五分之二，屯务军千余人之给养，胥赖于此，若果抗租不纳，成为事实，自不免相率效尤，则屯务军势将束手待毙，以贫瘠之湘西，绝无其他抵补之方，又如各县苗弁口粮，亦唯屯租所自出，一旦不予发给，生机顿失，纷乱即呈，关系有如此重大，自非考虑周详，处理慎重，无以现状而奠来兹……二十八军军长陶广，以兼理湘西军政事宜，责无旁贷，为防患未然计，特严电有屯各县，转谕各屯长、佃户：将本年屯租照旧收纳，不得把持阻挠，自贻重累。①

双方要求距离太远，事态有扩大的势头。陈渠珍见苗民抗租意决，遂离开苦心经营了 20 多年的湘西，赴长沙任绥靖公署总参议；宋濂泉也就任省府上校参议；余范传代表省政府湘西处理永绥抗屯善后事务。余范传出巡各县，亲自到永绥解决屯务纠纷，态度强硬，要求各县如数缴纳屯租；更下令取消诉愿团，强行停止其一切活动，激起永绥苗民不满。

10 月 28 日，为平息请愿，维持湘西稳定，湖南省政府令李卧南就任永绥县长。12 月 1 日，李卧南带着《七县废屯升科》

① 《湖南大公报》，1936 年 9 月 11 日。

布告到永绥接任。布告如下：

> 为布告事，案照乾城、凤凰、古丈、永绥、保靖、泸溪、麻阳七县改屯升科一案，业经本府于二十五年十月十五日召集民、财两厅与保安处主管长官及陈总参议渠珍、余专员范传开会讨论。佥以屯制沿袭已久，欲图改革，非对于国计民生，双方兼顾不可。尤非有相当时间，妥为筹备，方能措置裕如。当经一致表决：（一）二十四年以前各县蒂欠屯租，一律蠲免；（二）二十五年新租，各县佃民均应照旧完纳；（三）关于屯务整理，由屯务处召开屯务委员会，妥实拟具方案，呈候省政府核示施行；（四）废屯升科，暂从缓议，应俟全省各县实行土地清丈时，再行核办。①

《布告》明显从缓和局势考虑安抚了以宋濂泉为首的永绥士绅，以《布告》为纲领，湘西地区的屯政未有实质性的调整，至此革屯运动以请愿形式拉开了序幕却又迅速归于平静。但是，湘西最基层民众的权利诉求却未得到真正满足，早期的革屯请愿提出“废屯升科”的口号，为真正以中下层民众为中坚力量的武装革屯运动的爆发奠定了舆论和思想基础。

2. 武装革屯

革屯请愿归于平静，民众要求真正废除湘西民族区域政治制度，取消屯政的呼声却并未引起省方的足够重视。面对政府的搪塞态度，在屯租最重的永绥地区，中下层少数民族人民揭竿而

① 《民国档案》卷宗一，湖南省花垣县档案局存。

起，发起了武装革屯的斗争。

1937年元月，武装起义首先在永绥县龙潭乡爆发。在龙潭乡以蚂蝗塘苗民石维桢等人为领导，首先举行武装“革屯”暴动。龙潭乡位于龙潭河两岸，是永绥县少有的肥沃土地，因此按上等屯田每亩比其他地方多纳四斗屯租，加上灾荒年间严催屯租，民怨较大。请愿告一段落后，地方政府援引《布告》继续催租，导致武装革屯的斗争首先在此爆发。石维桢曾在贵州当过两年兵，率领群众杀掉枪兵，处死了当地强硬催租的苗守备石达轩，并打开龙潭屯仓，将屯谷分给群众后放火烧毁屯仓。接着包围了前来镇压的屯务军一个连，缴获20多支枪，建立起第一支革屯武装。面对苗民突然发起的武装起事，省政府相当震惊，对起义剿抚举旗未定，长潭乡响应的武装斗争又起。

长潭苗民布衣领袖梁明元，是该乡木沟寨人，出生农民家庭，13岁时，贺龙率红军到保靖，曾去投军，后在永绥地方军阀宋海涛部当过兵。梁明元家境寒苦，对苗民的生活疾苦深有体会，加上平日交结甚广，在苗族群众中有一定威信。龙潭抗屯武装起事后，他积极支持和响应，在群众中宣传龙潭苗民抗屯之举，邀约七八个苗族农民歃血为盟，几天后队伍扩大到40余人。3月4日，永绥窝勺乡的略坝村赶场，乡长常健赶到略坝场看热闹，并当场对抗租群众进行恐吓、威胁。梁明元带领众人杀死了常健，缴获机枪1挺、长短枪12支；接着发动群众，打开屯仓分谷给百姓，烧毁了长潭、下寨、窝勺等地的屯仓，得到苗民积极响应，革屯武装迅速发展到300多人。龙潭革屯队伍得知梁明元领导苗民在长潭也发动武装斗争后，马上派人与其联络，石维桢和梁明元结盟拜把，两支武装队伍会师统一指挥，武装革屯初具规模。同时，影响扩大到了相邻的保靖县。当时保靖县《月报》记载了县长姜干发表的讲话："永绥匪徒，作苗民抗租名义，实行暴动，本县二区夯沙、水田系属苗区，常有匪徒入境，迫令苗民加入情事，本府为防止乱萌起见，特派枪兵一排，前往镇压。"①

面对武装革屯发展壮大之势，湘西屯务处长佘范传、永绥县长李卧南等急电省主席何键，称苗民越抚越凶，请求派军进剿。省府决定武装镇压，省长何键派六十二师进湘西，并发《告湘西民众书》，悬赏通缉隆子雍、吴恒良、梁明元、石维桢等人；称抗屯苗民武装为"匪"，并派军队袭击了各首领所在的村寨，杀害其亲属，焚烧其房屋。吴恒良记载了当时的情况："（佘范传、李卧南）矇报政府，诬称叛乱。主席何键，不察事实，即飞调一军两师，星驰到县，遍构战壕，如临大敌。犹可痛者，则随意放火杀人，奸淫掳掠；兵分十路搜剿，玉石俱焚！八面包围，池鱼遭殃。"② 在省军的残酷镇压下，革屯武装队伍四处躲藏，坚持斗争。同时，他们把"抗屯"正式改为"革屯"，表明了其从政治上要求彻底废除屯租制度的决心以及对于省府以"匪乱"定性的不满。

正当湘西民族地方武装革屯队伍面临又一次被剿杀之际，湘省地方与南京中央之间的权力斗争格局发生了重大变化，特别是抗战全面爆发。省长何健本是借蒋介石与桂系军阀李宗仁之间的矛盾拥蒋反桂谋得湖南政权，其实仅是蒋介石牵制桂系的一颗棋子而已。可是，何键主湘长达 9 年，积极发展自己的个人势力，

① 保靖县政府：《月报》，民国二十六年（1937）三月，保靖县档案局存民国档案。

② 吴恒良：《苗帚苗钟》，转引自石启贵：《湘西民族实地调查报告》，湖南人民出版社，1986 年，第 68 页。

建立起由其一手控制的党、政、军系统，时人称之“醴陵派”。1936 年 9 月，桂系拥蒋后，何键失去了原有价值，而其在湖南经营独立王国的做法也逐渐对中央构成威胁。此时，湘西局势混乱，何键更加陷入困境，有被迫离湘之虞。1937 年，抗日战争爆发后，全国人民“停止内战，一致抗日”的口号响起，各报刊媒介也大量地宣传、动员抗日，包括在湘西地区发行的各种报章、杂志上当时的主要内容也均为各种抗日动员文章。面对内外压力，何键不得不撤除在湘西镇压革屯的省军，但仍不愿彻底改变屯租制度。何键撤军后，梁明元随即在永绥、保靖交界处重建革屯军指挥部，并抓住抗日局势的契机，将革屯军命名为“湘西苗民抗日革屯军”，攻占了保靖县的水田、葫芦、夯沙等苗乡，在古丈、保靖、乾州、永绥等县边界形成了根据地，革屯形势再度活跃。

此外，湘西地方各方势力也随机而动，各有所图，于是武装革屯风起云涌。陈渠珍被何键排挤打击下离开其经营多年的湘西地区，担任有职无权的省府委员，与何积怨。是时，陈秘密联系同样被何键排挤失势的湖南国民党 CC 集团，于汉口密谋“倒何”，决定由陈渠珍的老部下龙云飞以苗民身份扩大革屯运动，发起群众请愿，再从中央政府内部联络 CC 派首脑陈立夫、陈果夫与蒋介石沟通，促使何键离湘。

龙云飞，凤凰县总兵营蛤蟆洞苗民，其父亲是当地守备。龙云飞曾做过烟土生意，辛亥革命爆发后，他参加了凤凰苗民光复军，之后与陈渠珍一起参加了湘西镇守使田应诏的讨袁护法军，在田手下任团长。后来田应诏将军权交给陈渠珍，龙云飞深得陈重用，先后任永顺、保靖的驻军统帅，凤凰、麻阳、辰溪、泸溪的警备司令，坐镇麻阳。而后又当游击司令、七县屯务军指挥、旅长、师长，成为凤凰苗族中的显赫人物，人称“青帕苗王”。当时拥有田地数百亩，在总兵营附近的黄茅坪修建了豪宅、炮楼及军事工事，至今尚存。[①] 陈渠珍失势后，龙云飞也赋闲在家。何键为肃清陈渠珍势力以杜绝湘西局势有变，在凤凰大规模清匪缴枪，龙云飞也被勒令交出所有的枪支。龙云飞见陈渠珍旧部和家属纷纷受到牵连，也深感不能坐以待毙。作为民族领袖的角色，加上陈渠珍和CC派在背后支持，龙云飞很快地成为革屯运动的新主力。

龙云飞回到湘西后，立即联系凤凰苗疆各路武装势力，并与永绥革屯领导人吴恒良等取得联系，商议先攻下乾州，废掉专员公署，赶走余范传，再分兵攻打永绥、保靖、凤凰、麻阳等有屯各县，迅速扩大规模和震慑力。

1937年9月7日，龙云飞率苗民武装攻占乾州县城，打开军火库夺取所有武器，随后发出《湘西驱何抗日联军团宣言》和《快邮代电》，尽数何健统治湖南之罪行，革屯军明确提出了“抗日、革屯、倒何”三项主张。同时，麻阳县义勇队副总队长龙杰配合占领了麻阳县城，成立“倒何抗日抗屯义勇军”，湘西革屯运动达到高潮。

龙云飞攻陷乾城，龙杰在麻阳起事，给永绥、保靖等地革屯队伍以极大鼓舞。1937年9月15日，梁明元等在谷坡召开“湘西苗民革屯抗日军”成立大会，也正式举起“抗日救国”的旗帜。后吴恒良整编革屯军为“湘川黔革屯抗日军”，制定军纪，吴恒良任总指挥，隆子雍任副总指挥，向备三为参谋长，梁明元为前敌指挥。保靖土家族人田伯卿亦率部队投归革屯军，被任命

---

① 范诚：《龙云飞：“苗王”还是土匪》，《文史博览》2009年第4期。

为第一旅旅长。松桃义军由杨勇臣率领组成独立营。活动于四川秀山与龙山里耶一带的龙焕云也组织起“革屯抗日军”，由龙云飞任命为“湘川黔革屯抗日军”第五路指挥。

9月28日，梁明元借龙云飞、龙杰攻陷乾、麻的大好局势，集中永绥、保靖、秀山、松桃等湘川黔边区革屯力量约2000余人、枪，分兵五路进攻保靖县城。① 保靖县毛沟乡王家冲村汉民李安江和巴科村土家族人贾凤昌为第一路正、副司令，梁明元自任第二路司令，梁明元的弟弟梁兴成何邓世之弟为第四路大军司令，秀山县苗民龙焕云为第五路大军司令，田伯卿为第二梯队跟进。围攻县城一天一夜后失败，但也增大了政府方面的压力。

面对湘西的危局，各方密切关注。9月24日，专员余范传被迫呈请辞职。② 蒋介石“极为注意”，“电令将原定调往前线之军队，停止开拔，协助剿匪”③。何键急调省保安第二、五、十五、十六各团及保安暂编团，“分途兼程并进”，前去镇压；并留正规军六十二师185旅“协助剿匪”④。9月30日，何键还致电四川省政府主席刘湘，请求派遣“秀、西军警会剿”⑤。10月8日，省府悬赏，击毙龙云飞、吴恒良、梁明元者奖金500元。

面对省府的继续镇压，永绥革屯军与凤凰革屯军联合起来于10月13日在永绥境内当家地段伏击保安团，取得胜利后包围了永绥县城，经协商后撤军。县长李卧南怕革屯军进城，暗地转移

① 《保靖县地方情形及施政报告书》（民国二十七年元月），保靖档案局存民国档案。

② 《湖南大公报》，1937年10月5日。

③ 《湖南大公报》，1937年9月17日。

④ 《湖南大公报》，1937年10月15日。

⑤ 刘善述：《湘西苗民革屯史话》，转引自伍新福：《湘西革屯运动述评》，《贵州民族研究》1983年第4期。

屯田、屯土鱼鳞图册出城，被革屯军伏击，图册被焚烧，李卧南离县，新县长迟迟未就任，永绥地区基本上为革屯军控制。10月18日，保靖、永绥交界处召开庆祝“湘西苗民抗日革屯军”成立大会[①]，梁明元登台宣誓，祭天升旗，并做了“革屯抗日的形势与意义的报告”，提出了“改善苗民生活”“耕者有其田”的政治号召。[②] 同时，重申废除屯政的目标，严正革屯军军纪。会后，将指挥部迁往木沟寨，开办兵工厂，开展军事训练，积极准备武装斗争。

3. 废除屯政，共赴国难

在内外矛盾交织、激化的形势下，省方试行沿用传统对待少数民族起义施行剿抚并重之法开始和革屯力量进行谈判。省长何健于1937年10月免除余范传、李卧南职务，派胡锦心就任永绥县县长。对于苗民提出的“废屯升科”要求，早在1937年4月《大公报》就报道了省府方面的回应：

> 以本省绥、凤、乾、古、保、泸、麻七县均有屯田，且多寡不一，唯永绥土地向属寸土归屯，苗民生计，尤受重大束缚，以致永绥苗民迭次聚众，央请“废屯升科”，发生重大纠纷。现省府为使苗民平均负担，解除痛苦起见，决定一律“废屯升科”，先从永绥屯田着手清丈，昨特现规定办法三项如下：
>
> 1. 由民政厅训练初级地政人员，提前清丈永绥县屯区田土，准备废屯升科。同时清丈全县无粮屯田，一

① 刘善述：《湘西苗民革屯史志》，中国文联出版社，2008年，第189页。
② 《湖南大公报》，1938年2月20日。

律课租。其次逐渐及于凤凰、乾城、麻阳、保靖、泸溪、古丈有屯各县。

2. 清丈完毕，实行废屯升科，并裁撤湘西屯务处，废止各屯、苗备弁旧官职。

3. 在清丈期间，所有苗防屯务，概归全省保安处负责统筹，以免纠纷，而昭划一。①

但清丈工作迟迟未完成，并规定在清丈期间按旧制收租。至龙云飞攻陷湘西重镇乾城后，省方改变了拖延态度，先后派官员来湘西安抚，表示愿意立即“废屯升科”，谈判解决屯租问题。吴恒良以“川黔湘苗民革屯抗日军”总指挥的名义向前来谈判的保安处上校陈策勋呈递书面陈词，言“永绥人民同为中华民国国民，备受屯制之束缚，痛苦特深，岂得谓平”，并提出“伏乞钧座详呈政府，首在改屯升科，期得共享平等待遇之幸福，次则良等原请愿之武装民兵4000余名，请于屯租改革后予以编定，从事整训，俾得向国家觅一努力途径，尽人民一分子责任，则感激更深矣”②。陈词中明确提出了苗民要求废除屯租，实现民族平等的愿望，以及废屯后的善后办法——整编军队，效力国家。

何健接到呈文后，指派永绥新任县长胡锦心③为政府代表，与永绥、保靖的革屯军代表隆子雍、向备三等谈判协商，政府方面同意改编永绥革屯军为保安警察队，由县财政支付军饷，梁明

① 《湖南大公报》，1937年4月10日。

② 《湖南大公报》，1937年10月27日。

③ 胡锦心，湖南省龙山县人，曾任古丈、永绥等县县长、专署科长等职。新中国成立后死于错案，1986年平反。

元、石维桢任大队长，董平为中队长，统归吴恒良指挥。[①] 面对永绥革屯军与政府方面的谈判，坚持“倒何”的龙云飞于1938年10月13日，派部队到龙潭邀约吴恒良、梁明元再次进攻永绥、保靖县城。但吴、梁等人按兵不动。龙云飞谋求协调未果，凤凰革屯武装力量开始与永绥革屯军各自行动。

“乾城事变”后，何键对倒何派发出严重警告：“乃在汉口开会，用倒何抗日之名，决议五事，复为汉奸利用，乃趁着国军调离湘西的时候，煽动湘西民众，另组团体抗日，湘西民众以国难当头，应一致准备抗日，不为所动，故仅引诱龙云飞部进占乾城。故所发宣言是抗阻抗日。……现在他们扰乱后方，破坏抗倭统一战线，当以惩治汉奸的方法处置他们。”[②] 此番说法，对陈渠珍、龙云飞产生了一定的威慑力。龙云飞又见永绥革屯军与政府一直进行谈判，唯凤凰风平浪静，为阻挠何键与永绥革屯武装的进一步谈判，不得不于10月27日攻打凤凰县城。但不仅凤凰和永绥的革屯势力出现分化，就连革屯军内部也开始出现分化，吸收进来的各支散落武装，许多曾是当地的“土匪”和闲散劳动力以及地方游民，抢劫、勒索事件时有发生，难以有效控制。龙云飞围攻凤凰5天未克，撤军，将部队集中于凤凰山江和龙角洞一带苗区，进行整训，准备接受政府“改编”。

永绥、保靖革屯军一方面在与政府代表进行谈判，另一方面继续清除保屯势力，为谈判顺利进行扫除障碍，先后攻打永绥卫城、保靖水田河、永绥弭诺、麻栗场等保屯乡镇，基本瓦解了各

① 1937年农历10月8日，保靖复兴西乡乡长向县长的报告，转引自刘善述：《湘西苗民革屯史志》，中国文联出版社，2008年，第199页。

② 《湖南大公报》，1937年9月21日。

地保屯势力。11 月 20 日，吴恒良率部进驻湘川黔边境重镇茶峒[①]。同日，省府主席何键去职，蒋介石派其嫡系张治中继任湖南省主席。1937 年 11 月下旬，张治中[②]正式来湘接任，12 月初何键离开湖南，就任内政部长。[③] 湘西和谈出现重大转机。

张治中主湘后继续与湘西革屯军进行和平谈判，采取了更为缓和的政策措施。对于湘西的苗民革屯，张治中的态度也仍以"土匪问题"视之。张治中在回忆录里说："（匪患）这个慢性的沉疴，那时正以急性发作的姿态表现在湘西，甚至在湘中各县。其中最严重的，自然是在多年不曾真正安定的偏僻的湘西。"[④]"在我到任前不久，有龙云飞部发动的'乾城事变'，有吴恒良部的'革屯军'在永绥一带的骚动。由于这些异动而破坏的地方秩序，在我到任以后，还不曾恢复起来。加以不少小股的跳梁，使整个湘西都受着骚动的影响。"[⑤]

虽然当时张治中对于革屯运动仍以"匪患"视之，但此时

---

① 茶峒，也称边城，地接湘、川、黔三省，是三省贸易集散地，民国时期湘西四大名镇之一。

② 张治中（1890—1969），著名爱国将领，原名本尧，字文白。黄埔系骨干将领，原国民党陆军二级上将。中国国民党革命委员会领导人之一。1917 年加入北洋倪嗣冲的安武军，1917 年，南下参加护法战役，1924 年后，任黄埔军校学生总队长、军官团团长，1926 年，参加北伐，1928 年后，任国民政府中央军校教育长、国民政府第五军军长、第四路军总指挥、第九集团军总司令，参加中日淞沪会战，1937 年 11 月，任湖南省主席，1945 年，调任国民党军事委员会政治部部长兼三民主义青年团书记。抗日战争胜利前后，任国民党西北行营主任兼新疆省主席。中华人民共和国成立后，任西北军政委员会副主席、全国人民代表大会常务委员会副委员长、国防委员会副主席、全国政协委员会委员、中国国民党革命委员会中央副主席等职。1969 年 4 月 6 日，在北京病逝，被誉为"和平将军"。

③ （民国二十五年）《湖南政府公报》，第 839—841 合刊。

④ 张治中：《张治中回忆录》，华文出版社，2002 年，第 94 页。

⑤ 张治中：《张治中回忆录》，华文出版社，2002 年，第 94 页。

抗日战争如火如荼，湖南省政府再无多余兵力来镇压。同时，南京国民党政府及张治中也意识到为维护抗战大局的重要性，湘西民族区域传统政治制度需要调整。张治中在1938年为解决湘西屯务问题时对湘西各县屯务代表发表讲话时说："讲到湘西的治安问题，清剿和收编都是治标的办法，旨在阻止匪势的蔓延；其治本的办法是在清明政治，改造社会，使政治上不再存留'官逼民反'的因素，在社会上把人民力量发动起来……但是就目前情形而论，我们对这个骚乱的局面，用剿抚兼施的方式，设法澄清，也就可以有小康之像了。"① 虽然声称仍然采取"剿抚兼施"的方法解决，但主要着力点已经在于政策上的调整。1938年1月12日，湖南省府通令取消何健发布的对吴恒良等领导人的通缉令，1月22日，邀请湘西有屯各县代表进省协商解决湘西屯租问题。

当时，各县代表政治背景不同，就革屯和留屯出现激烈争论。吴恒良在其自传《苗帚苗钟》中记载："屯务会议，子雍与备三、载阳②诸兄在省府力排众议，羞抵保屯派，蒙省府主席张公俯顺舆情，采纳意见，电请中央明令废屯。"③ 经过多次讨论达成《六条办法》，经张治中审查，于2月10日批准，3月9日，省府常会贯彻执行。其六条为：

> 一、凤凰、乾城、泸溪、古丈四县屯租，依照各该县屯苗代表意见，发交各县政府减成征收（已减二成，再减三成，共减五成）。但以租额收入百分之三，照每

① 张治中：《张治中回忆录》，华文出版社，2002年，第95页。

② 即永绥代表隆子雍，向备三，唐载阳。

③ 石启贵：《湘西苗族实地调查报告》，湖南人民出版社，1986年，第71页。

石一元五角折算归省。

二、麻阳代表未到，依照凤凰等四县代表之要求及前项决定比照办理。

三、永绥、保靖按照现有租额及依各县代表之意见，发交各县政府征收，以租额百分之三，照每石价一元五角折算，解交省库。

四、屯中学习经费由省政府设法筹付。

五、有屯七县屯租收入，应行留县部分，及一切善后事宜，由各县县长同该县代表及各公法团拟定办法，呈省核定。

六、湖南省屯租征收局自本年三月一日起裁撤，所以屯租征收事宜，归由各县办理。①

尽管《六条办法》在处理革屯问题上仍然稍显拖泥带水，但废除了屯田制度，屯户真正获得了土地。虽然后来废屯过程在各县经历了较长的一段时期，但从制度上湘西苗民得到了当时所呼吁的与国民同等待遇，湘西民族区域制度整合出现了历史转折，往前推进了一大步。永绥长潭乡于1938年4月在湘川公路的下寨河南岸桥头集资竖立纪念碑，名为“湘西苗民抗日革屯前敌指挥梁德政”，记载了梁明元为苗族人民做出的贡献。1938年8月，上五乡、下五乡（今花垣县民乐、两河、猫儿）苗民在永绥县谷哨坪修建“万古流芳”碑，纪念少数民族革屯领袖龙顺德、龙云超、隆子雍、石维桢、石永安、龙正波、梁明元、吴恒良等为苗民解除屯租压迫的历史贡献。

① 刘善述：《湘西苗民革屯史志》，中国文联出版社，2008年，第222页。

1938 年 4 月 1 日，沅陵行署成立，取代绥靖处，省府委员陈渠珍兼行署主任，恢复主持湘西大局。陈渠珍就任后，顺利收编湘西各地革屯军。革屯军将士少部分解甲归田，大部分选择响应国家号召接受改编，开赴抗日前线。凤凰龙云飞和永绥吴恒良、梁明元两支队伍共约 8000 人，初编为湖南省新编保安部队，隶湘西行署。1939 年，在桃源整训，扩编为暂六师。1939 年，第一次长沙会战时调往前线，参与了抗日战争的一线战斗。湘西苗民子弟在 8 年的抗日战争中，为保卫国家独立、民族生存做出了重大牺牲和贡献。

综观 20 世纪 30 年代湘西革屯运动从苗族上层人士发起的和平请愿为开端，在省方调停后发展成为基层少数民族群众自发的武装起义，以及湘西地方实力派陈渠珍在与省长何健的权利争斗中拉拢国民党上层 CC 派从背后支持凤凰苗王龙云飞出山成为革屯运动风云人物，多种力量汇合把革屯运动进一步扩大并推向最高潮。随后，由于湖南地方与国民党中央政府权力斗争激化，原省长何健离湘，张自忠就任湖南省长后通过和平谈判收编革屯武装力量，统一奔赴抗日前线，20 世纪 30 年代，湘西地区大规模的革屯运动就此终于告一段落。

（三）结语：民族区域政治整合之历史经验教训

综观 20 世纪 30 年代湘西革屯运动爆发原因及发展演变过程，我们不难得出以下几点结论：

其一，这场运动的发生，是自清代在湘西建立“屯政”制度以来湘西民族地方与中央政府及湖南地方矛盾关系历史发展的必然反映。湘西是土家族、苗族等少数民族聚居区，是中国传统边疆民族地区的重要组成部分之一。当地与内地中央政府之关系经历了羁縻制、土司制及“改土归流”后实行府州县制的发展演变过程，至清朝中期乾嘉苗民起义由傅鼐全面推行了由“屯防”和“屯田”组成的所谓“屯政”，实际上是二者政治关系不断调整的历史结果。虽然“屯政”具有一定的历史进步意义维持了湘西地方社会政治秩序相对平衡，但它没有超越历代中央王朝“蛮不出峒，民不入境”以及“以夷制夷”的民族隔离、民族压迫制度的历史局限，最终成为湘西民族地方政治整合的制度障碍。民国建立后，这种制度性结构造成的诸多问题不仅没有改变反而愈加严重。一方面，中央政治衰败持续发展，民族危机愈加严重，无力顾及湘西民族区域历史遗留的制度建构问题；另一方面，湘西地区一度陷入政局混乱，各路势力纷纷崛起，屯租带来的巨大的收入使得“屯政”的控制权成为湘西各地方势力争夺的目标，于是“屯政”成为当时各种利益矛盾关系的焦点。实际上，正是因屯租收取问题，直接导致革屯请愿首先在永绥爆发。

其二，20世纪30年代，革屯运动从和平请愿、武装革屯到和平谈判成功废屯抗日，这一过程复杂曲折，跌宕起伏。围绕“屯政”这一事关湘西民族地方社会各阶层利益的制度废存问题，多方力量互相斗争角逐，风云变幻。其中包括湘西民族区域内县区之间的矛盾、湘西地方与湖南省方的矛盾、省方与南京中央的矛盾以及中华民族与日本侵略者的矛盾等。总体来看，它是近代中国湘西民族区域多重矛盾运动的历史表现形式与内容，民族问题与政治问题相互缩结在一起，互为表里、相互制约、相辅相成。换言之，这一历史事件是中国近代国家转型中民族区域整合问题的历史反映之一，是在重建现代多民族国家过程中如何建构民族区域政治关系问题。

其三，20世纪30年代的革屯运动虽然以废除“屯政”为目标，但其实质是湘西民族区域争取民族平等的时代呼唤。它起于地方利益集团间“屯租”之争，进而发展为湘西民族地方与湖南省方的矛盾冲突，核心问题就是由于“屯政”这一民族不平等的制度安排所造成的。应当说，废除“屯政”形式上取消了历史遗留下来的民族隔离、民族压迫制度，是湘西民族区域历史上的又一次重大政治变动，在民国时期国家近代转型与民族关系之建构进程中具有重要的意义和影响。

其四，如何建构民族关系是中国近代国家转型的重要历史课题之一，其中之要义在于现代多民族统一国家之下民族区域制度建构问题，也就是“如何保持中央权力以维持国家的统一，如何将社会成员从特定的地缘关系中解放出来并组织成为主权国家的权利主体，如何在不同地区和文化的认同之间形成平等的和具有各自特点的政治结构”①。由于时代及民族区域等诸种局限，革屯运动没有也不可能完成这样的历史课题，只不过是这一历史大潮中十分耀眼的一朵浪花而已。从革屯运动平息后的湘西民族区域社会政治发展来看，虽然废除了“屯政”这一民族隔离与民族压迫制度，但是之后对于湘西地区的“一体化”管理却仍然存在诸多制度性问题，尤其表现在对于民族区域政治差异性的忽视。实际上，由于国民政府此后在湘西民族区域大规模派捐款，抓壮丁，实行食盐专卖等，各地抗捐抗税事件不断发生，“匪乱”丛生，社会政治环境日益恶化，以致新中国成立前夕爆发了震惊省内外的“湘西事变”。

作者简介：田怡，1987 年生，湖南保靖人，硕士，土家族，中国环境出版社。

① 汪晖：《现代中国思想的兴起》上卷第二部《帝国与国家》，生活·读书·新知三联书店，2004 年，第 825 页。

九、南京国民政府国家整合下的热、察、绥改省研究

刘　茗

南京国民政府热、察、绥[①]改省不仅是民国政区史研究的内容之一，同时，也是民国民族史、民族关系史研究的重要课题之一。目前学术界相关研究成果不少，但大多是从政区沿革、国民党南京政府对蒙古政策等视角着笔，较少涉及近代国家整合及其关系问题。[②] 本文在参阅相关文献及研究成果的基础上，就这一问题做一初步探讨。

---

① 南京国民政府时期热河、察哈尔、绥远三省的地理范围广阔，热河省相当今河北省东北部和辽宁西南部，察哈尔省则在今内蒙古东北部和河北西北部，绥远省为今内蒙自治区西半部。参见许正文：《中国历代政区划分与管理沿革》，陕西师范大学出版社，1990 年，第 138—139 页。

② 相关论著有乌兰少布：《中国国民党对蒙政策（1928—1949 年）》，《内蒙古近代史论丛》第三辑，内蒙古人民出版社，1987 年；李细珠：《试论清末新政时期政区变革的几个问题》，《近代史研究》2003 年第 2 期；周竞红：《清末民国时期内蒙古地区政区管理体制变迁及对蒙古族的影响》，《中央民族大学学报》2004 年第 6 期；闫天灵：《试论抗战前十年国民政府对内蒙古的政策定位》，《边疆史地研究》2004 年第 3 期；李玉伟：《民国时期国民党政府的民族政策及内蒙古的民族问题》，《中央民族大学学报》2004 年第 1 期；张双志：《南京国民政府时期的民族思想和民族政策》，《中国藏学》2003 年第 4 期。

（一）热、察、绥地区改省

南京国民政府成立后，“中国国势不振，俄国东进，首先侵及外蒙；日本继起，视东蒙为其特别利益之所在，蒙疆从此多事矣”①。日俄战争后，日本将满、蒙地区作为其势力范围，并煽动和勾结蒙古王公独立，称“满、蒙无论在国防上，还是在国民生存上，均与我国有重大之利害关系，我国不能不加以特殊之考虑”，“万一动乱波及满、蒙，治安陷于紊乱，致使我国在该地区之特殊地位与权益有遭受侵害之虞时，不问其来自何方，均坚决加以防护，并须不失机益地采取适当措施，以保证该地区为内外人等安居繁昌之地”②。

热河、察哈尔、绥远（以下简称热、察、绥）地区向来是国防要塞，国民政府执政之初就认识到这一地区的稳定对其巩固统治的重要性，随即在北洋政府基础之上继续加强对这一地区的管理和统治，以推进近代国家整合的进程。对于北洋时期边疆民族地区各特别行政区，国民党痛感“全国行政区域紊乱异常，若不整饬划一，将何以刷新内政，筑宪政之基础，故呈请中央将各特别区废除，易为行省，依照省组织法改革”③。特别是热、察、绥三特别区：“几有不与同中国之势，仍其旧俗，保其旧爵。然强邻逼处，觊觎频来，后之形势，已大异于往昔，则蒙古建设之

---

① 方范九：《蒙古概况与内蒙自治运动》，上海商务印书馆，民国二十三年，第25页。

② ［日］信夫清三郎：《日本外交史》（下卷），北京商务印书馆，1980年，第523页。

③ 秦孝仪：《抗战前国家建设史料——内政方面》，国民党中央党史会编辑：《革命文献（第71辑）》，台北中央文物供应社，1976年。

必要，遂更切矣。……同为一国领土，经疆设治，即宜整齐划一，以便统驭，此自古封建郡县皆足举统一之实也。……如回部之于新疆，然行政机关既备，遂可整顿军事，提倡农林，振兴工商、教育，虽不能收一日千里之效，然国家之势力，因是骤增数倍，且既实纳土地于我国版图之中，外祸内忧，较诸外蒙，究属此胜于彼，蒙古改建行省为永久治安之计。……今蒙古以偌大空旷之地，权衡内省，果分建若干行省，足利于省制之统驭。"①

1928年7月6日，国民政府委员会举行第77次会议，国民党战地政务委员会主任委员蒋作宾提出热河、察哈尔、绥远三特别区改为行省，并撤销都统名称的建议。② 内政部长薛笃弼拥护这个提议。11日，薛笃弼正式向国民政府提出了热、察、绥三特别区改省的建议。这一建议，引起了国民政府上层的重视，中央政治会议立即就此事电询阎锡山和北平、太原两政治分会及河北省政府，征求他们的意见。17日，阎锡山复电称绥远"属县无多，地方岁入，每年不过数百万元，骤行改省，资力恐有未逮，倘为将来开发计，实行改省亦极赞成"③。其他相关各方也很快答复，都表示赞同建省。8月，内政部以"《建国大纲》中仅有省治，并无特别区之规定，况值军事结束，训政开始，更应将特别区次第改省，以昭划一"④ 为由，将热、察、绥改省案送交国民党中央政治会议审核。此后，有关各方围绕三区建省问题展开了讨论。8月29日，国民党中央政治会议做出决定，热、察、绥三个特别区一律改为行省，并要求内政部拟定最后的改制

① 刘仲仁：《蒙古建省议》，《巴尔干问题之研究》《地学杂志》第83号。

② 《东方杂志》第26卷，(22)：45。

③ 《阎锡山特区改省主张》，《民国日报》1928年7月19日。

④ 《中国国民党宣言集》，独立出版社，1938年，第6页。

办法和各省名称。9月5日，国民党中央政治会议第153次会议根据内政部最后拟定的改省方案，决议："一、热、察、绥、青海、西康均改省；二、旧直隶省口北道各县划归察哈尔，察哈尔原划绥远之丰镇、凉城、兴和、陶林四县仍归还绥远；三、五省省府组织，委员暂定五人，设民政、财政二厅，并得酌设教育、建设厅，余照省府组织法办理。"[①] 12日，中政会第154次会议又决定将集宁归还绥远。17日，国民政府下令厘定边远地方行政区域，公布了绥远等特别区改省的命令。从蒋作宾提议到公布改省命令，国民政府仅用两个月的时间就做出绥远等内蒙古地区建省的重大决定，可见南京国民政府划一地方管理体制以推进国家整合的政策策略。

热、察、绥改省工作进展顺利。1928年10月20日，南京国民政府任命赵戴文等7人为察哈尔省政府委员，指定赵戴文为省政府主席[②]，热河省政府主席为汤玉麟，绥远省徐永昌为政府主席。

热河省以承德为省会，卓、昭两盟建置仍旧，归热河省管辖；热河省辖15县、3设治局、20旗。1931年，析翁牛特左旗一部设全宁设治局，1931年改县。后又析喀喇沁右旗、建平县各一部分设宁城设治局。1932年，撤销全宁县，将天山、林东、鲁北、宁城4设治局改为县。

察哈尔省以张家口为省会，原直隶省口北道所辖之宣化、怀来等10县划归察哈尔省，原兴和道所辖之丰镇、凉城、兴和、陶林及集宁等5县划归新成立的绥远省。察哈尔省共辖16县、18旗、4牧群。

① 陆为震：《新六省之鸟瞰与西北之边防》，《东方杂志》第27卷（14）。

② 《民国时期察哈尔的都统与主席》，载《张家口文史》（第28—29期），1996年，第172页。

绥远省以归绥为省会，辖16县、1市、1设治局、19旗。①

热、察、绥各省分辖各盟旗如下表所示。

热、察、绥各省分辖各盟旗

盟旗名称	旗数	所在省份
卓索图盟	7旗	热河
昭乌达盟	13旗	热河
锡林郭勒盟	10旗	察哈尔
乌兰察布盟	6旗	绥远
伊克昭盟	7旗	绥远
察哈尔部	8旗4牧群	察哈尔、绥远
（归化）土默特	1旗	绥远

热、察、绥改省从制度层面上来说大大推进了近代国家整合的进程，但是受到多方面因素的限制，遇到了财政、地域、民族关系等诸多困难和矛盾，正如有分析者指出："热、察、绥、宁等新省份的面积超过内地一般省份，但各省的属县甚少，省区大部分是由盟旗区域构成的……以上几省的属县、人口、财税收入与内地各省相差极为悬殊，在财政方面尚须中央政府给予大量补助。清朝和北洋政府当时没有改省，各区财政收入过少是一个重要原因。国民党政府将原属河北省的口北10县划给察哈尔，又将察哈尔的丰镇等5县划归绥远，主要是为了部分解决这个问题，以促成改省。即便是这样，以区区十余县之地支撑一个行省的建制，无论如何也勉为其难。察哈尔改省时，口北10县曾极

① 参见周清澍：《内蒙古历史地理》，内蒙古大学出版社，1994年。

力反对改隶察省，因为改隶察哈尔之后，察哈尔全省的财政负担将主要由这10县来承担。”①

（二）矛盾冲突与调适

南京国民政府在严峻的国际国内形势下，仓促地将热、察、绥地区改省，致使新旧矛盾交织在一起，错综复杂，先后引发了反改省运动及内蒙古自治运动。

1. 省县与盟旗之间的行政管理制度矛盾

南京国民政府将热、察、绥地区改省，将各盟旗划给各省管辖，表面上看符合现代国家政区管理划一的要求，实际上存在严重的制度矛盾。以往热、绥、察地区的各盟旗直属于理藩院或蒙藏院，改省后各盟旗的地位下降，甚至有缺少合法地位之趋势。国民党中央在改省命令中虽未明令取消盟、旗制度，但也未明确规定盟旗的地位及其与省县的关系。实际上，各盟旗虽然未明确置于省政府统辖之下，但各盟旗所在的地域辖于省境，省县和盟旗并立、管理区划交错、事权纠缠复杂。“局县专理由内地移居之人民，省则专管所属局县，而蒙古原有之盟部旗组织及权限未尝因设置省县而变动，且在其分际上，旗与旗之间有界，县与县之间有界”，有跨数旗而设一县者，有在一旗设置数县者，有数旗和数县交错者，这样在各旗地方“有完全为盟旗之土地者，又有与各县错综或完全划归县治者”，“旗与县为二重组织，盟与省各成一系统，是同一地方，旗县并存，省盟对立”。从表面看来，分人而治似无冲突，但“因在某种情况之下，旗既管汉人，

① 乌兰少布：《中国国民党的对蒙政策》，《内蒙古近代史论丛》（第三辑），内蒙古人民出版社，1987年，第23页。

县亦管辖蒙人，而蒙人与汉人间之纠纷，尤为旗与县间难解决之问题”。“旗与县之关系既如此纠缠不清，盟与省之关系自亦随之而纷扰。”①

2. 蒙地放垦中的权益矛盾

改省之后，各省政府为扩大县治区域和增加财税收入，积极招徕移民，增设县治，勒逼蒙旗放垦牧场。

绥远省政府成立后，立即着手整理垦务，一面改组垦务总局及所属各分局，“督促各局积极进行垦殖事宜，一面派员分在各旗劝令报垦，以辟新荒”②。在极短的时间内，省方即以“劝导的协商办法”迫使各蒙旗新报垦土地1万余顷。③ 绥远省政府秘书长王谦对改省后的施政情况评价道：“绥远自十七年冬改为行省，其政治始稍稍备。此一年中若财政、若建设、若教育、若司法，举一切之敷设类均有相当之成绩，孟速之进展，而尤以开渠、放垦、筑路诸大端为最著。”④ 在《绥远垦务计划》一书中，关于垦务的意义有一段精辟的文字：“绥省行政区域之扩充向以垦务为基础，以故自清末叶办垦至今垂30年，均以劝辟蒙荒为唯一之工作。”⑤

热河省卓索图、昭乌达两盟开垦较早，锡拉木伦河以南已多为农区或半农半牧区，各旗境内均设有县治。锡拉木伦河以北则开垦较晚，大部分仍为牧区，改省前只设有天山、鲁北、林东3

① 谭惕吾：《内蒙之今昔》，上海商务印书馆，1935年，第77页。
② 《绥远省地方自治讲义》，绥远省政府编印，第229页。
③ 《绥远省地方自治讲义》，绥远省政府编印，第229页。
④ 《绥远省政府年刊》，王谦序。
⑤ 《绥远垦务计划》上编，第23页。

个设治局。热河改省后，将这几个设治局升格为县治。热河省政府对境内各蒙旗采用蛮横的高压政策，积极推行移垦设治计划，急欲将境内蒙旗加以吞并消化，其土地掠夺和经济搜刮达到了敲骨吸髓的地步，境内蒙民的生活痛苦不堪。国民政府为“谋整个的发展起见，拟将热河行政区域以内各王公保有之土地一律丈放”①。

随着土地开垦由南而北进入草原腹地，反对省县之声浪亦越激烈，指责省县“以垦殖为前驱，垦殖所至，县政随之扩大”②，长此以往，则盟旗与蒙民恐将同归于尽。一方面，盟旗宣称蒙民除向王公交税外，还要负担省县税收，并说省县常常扣压应该给予盟旗的税收。另一方面，省县则声称负担双重税的是汉人而非蒙民，因为汉人除交纳省县税收外，还须向蒙民交纳岁租、水草税等，而蒙民不但运货免税，还“既不纳村差，又不缴田赋，对县政府区公所，毫无负担；所负担者，该管旗及王公之兵役与该旗之摊派耳”③。

除此之外，原属河北的口北十县也反对隶属察哈尔。口北十县在河北省并非富县，可当时察哈尔没有像样的富县，口北十县便成为察哈尔一等、二等县，它们将成为察哈尔省的主要支撑，十县担心自身的负担过重，因此反对隶属察省。④ 同时，蒙古族社会对改省反响也十分激烈。

① 《蒙古会议汇编》，蒙藏委员会编印，1930 年，第 109—110 页。

② 《中华民国史档案资料汇编》（第五辑第三编），江苏古籍出版社，1999 年。

③ 黄奋生：《内蒙盟旗自治运动纪实》，上海中华书局，民国二十四年，第 64、第 125—126 页。

④ 纪霭士：《察哈尔与绥远》，上海文化建设月刊社，1937 年，第 19 页。

3. 反改省运动

国民党政府改设行省的消息传出后，立即遭到内蒙古各盟旗的强烈反对。国民党关于民族平等和扶助弱小民族的许诺曾使不少蒙古人抱有幻想，以为国民党执政后，会实现孙中山的遗教，解除蒙古民族遭受的种种压迫与痛苦。可是，国民党上台伊始就宣布热、察、绥改省，对蒙古族社会产生了很大的震动。内蒙古各盟旗的盟长、扎萨克纷纷发出电函，要求国民党政府暂缓设省，并派出盟旗代表，会同一部分在北平的蒙古人组成“蒙古代表团”，向南京国民党政府请愿，要求停止改省，呼吁国民党“实现扶助弱小民族，使之能自治自决的遗教，予蒙古以生存发达之机会”①。

反改省运动还促成了1930年南京蒙古会议的召开。各盟旗代表在会上要求盟旗与省县完全分治，旗隶于盟，盟直隶属于中央。“现在蒙古盟旗与省府的冲突，不是由于双方感情不好，也不是民族间发生恶劣的情感”，而“完全由于制度不良”，是设省置县所致；“表面看来，废省设自治政府不容易，但实行亦很简单，因为蒙古自治政府之确立，只是某一部分土地人民组织之内部变更”②。省方代表则认为热、察、绥已经改省设县，盟旗没有必要作为行政单位存在，更谈不上什么自治，“边区设省，系沿袭特别区而来，原有行政区域早已经明白划定，某省某县之名词，公私文书沿用已非一日，中国28行省尤为中外人士所习闻，倘一旦加以割裂，关系良非浅鲜”，并说“察绥两省划定以来，‘内蒙’二字已成历史名词而非地理名词。旧日内蒙盟旗，

① 《蒙古代表团呈文》，载《蒙藏委员会公报》第5、第6期合刊。

② 《大公报》，1933年11月25日。

无论政治、财政种种方面，已成察绥之一部”；认为“蒙古人口在现在察绥区域者不过30万，比之两省总人口400余万，仅为1/13，可谓极少数”①。内政部常任次长代理部务张我华提出《改进蒙古行政制度案》，主张蒙古地方应该“分属于各省政府范围，由省政府监督其事务”，并主张“未垦及垦牧交混地方之各旗均设设治局，置局长，由省政府酌量情形，遴选汉员或扎萨克充任”；“已垦地方依照现组织法设立县政府，直辖于省政府”②。蒙藏委员会提出了折中的方案，同意各盟、部直隶于国民政府，但又要受所在省之监督。会议通过《蒙古盟旗组织法》，1931年10月南京国民政府正式颁布。

《蒙古盟部旗组织法》共37条（原案33条），其要点如下：第一，确定了蒙古各盟、部、旗的法律地位，肯定了盟、部、旗对现有区域和境内蒙民的管辖治理权，与省县平行，不相统属；第二，将总管制各部、旗的体制和地位与扎萨克盟旗一致；第三，各盟盟长以各职官照旧，各旗扎萨克照旧；第四，各旗新设旗务会议，决定重要旗务；第五，各盟设盟民代表会议，旗设旗民代表会议。③

南京国民政府通过该法确认了盟旗制度的合法地位，使盟旗在法律上、体制上获得了与省县同等的地位。但是，《蒙古盟部旗组织法》并没有明确规定如何有效保障蒙古各盟旗权益不受省县侵犯。同时，该法遭到省方强烈反对。绥远省政府的代电称：“窃以辽吉黑热察绥新宁青等省改建之初，原以各盟旗区域并括

---

① 《大公报》，1933年11月13日。

② 《蒙古会议汇编》，蒙藏委员会编印，1930年，第8—9页。

③ 中国第二历史档案馆编：《中华民国史档案资料汇编》第五辑，第一编，政治（五），江苏古籍出版社，1994年，第45—48页。

在内，故其管辖治理之权无论蒙汉均属之于所在地最高机关，此中运用，别有深意。今如骤以各盟旗实行委员制，直隶于行政院，则沿边各省原有疆域恐顿形破裂，拟请暂缓施行，以免别生枝节。”① 热河省主席汤玉麟致电行政院称：“蒙古盟部旗组织法按之本省实在情形，稍有窒碍难行之点。缘热河各盟旗早经设县分治，一切地方行政司法统归省县政府管辖，相安无事，若一旦舍此而易新制，不啻使省县统治权无形分裂。”② 北平政务委员会也致电国民政府称：“该省所陈各节确属实，即察绥等省情形亦复无异……”③

由于时局的影响和多方的反对，《蒙古盟部旗组织法》成为一纸空文。内蒙古蒙古族各阶层对国民党政府的失望和不满加深，随后出现了内蒙古高度自治运动。

4. 内蒙古高度自治运动

早在1928年7月，察哈尔代表杭锦寿、尼玛鄂特索尔等人给南京向国民党政府的建议书中就提出了自治的要求；在蒙古大会上，卓索图盟代表的提案也要求设立蒙古行政委员会为“蒙古地方最大权力机关”。这些要求意在反改省或为盟旗争取应有的政治空间，显然与南京国民政府推进国家整合目标相左，所以招致坚决反对。

“九·一八”事变后，内蒙古东部盟旗相继沦陷。1933年夏，热河全境被日军占领，内蒙古西部各盟旗也在日军步步西侵的势头下处于风雨飘摇之中。锡林郭勒盟和察哈尔部与“伪满洲国”相邻，其间既无任何自然屏障又无任何军事、国防设施，日

① 南京中国第二历史档案馆藏档，代号：一四一，档号：1245。
② 南京中国第二历史档案馆藏档，代号：一四一，档号：1245。
③ 南京中国第二历史档案馆藏档，代号：一四一，档号：1245。

寇随时都可以长驱直入。国民政府的反对、省县当局的压迫、日军侵略的危局，同时，外蒙古已以进行社会革命之后获得发展，于是，以西蒙古王公上层为主导的“内蒙古自治运动”发生。

1933 年 7 月 26 日，乌兰察布盟盟长喀尔喀右翼旗（达尔罕贝勒旗）扎萨克云端旺楚克（云王）和锡林郭勒盟副盟长苏尼特右旗扎萨克德穆楚克栋鲁普（德王）在喀尔喀右翼旗的百灵庙（贝勒庙）举行会议，于 7 月 27 日向国民政府相关部门发出“请求国民政府实践国父孙中山先生的遗教，准许蒙古高度自治通电”，并以锡、乌、伊三盟名义，邀请各蒙旗王公及旅外蒙古人士前来参加自治会议，解决内蒙古自治问题。

国民党中央各部门及社会各界得悉百灵庙方面发动自治的消息后，大为震惊，社会舆论一片哗然。南京国民政府认为内蒙古自治运动是对国家集权的侵犯，有分裂国家统一之嫌，要求政府相关部门和绥远、察哈尔两省密切配合，力图阻止自治会议举行。绥远、察哈尔两省政府一面向国民党中央报告有关情况，提出建议；同时，想方设法阻止各旗王公出席百灵庙会议，进行挑拨和分化、瓦解工作。

国民政府蒙藏委员会一边咨请绥远省政府主席傅作义秘密派遣视察员，暗中详密调查事实真相；一边实施新闻封锁，严禁泄露消息，以防社会舆论哗然，扩大事态。但是，国民党中央及地方当局的努力没有阻止自治会议的召开。1933 年 10 月 9 日，百灵庙自治会议正式举行，并通过了《内蒙自治政府组织大纲》。国民党见内蒙古自治运动声势日大，便由暗中阻止转而公开出面解决。10 月 17 日，国民政府行政院会议通过了改革蒙政方案三项。时任行政院院长的汪精卫对方案进行了说明：“①绝对不变更各省各县的行政区域和行政系统；②在每一边省行政系统内，各盟旗可设一地方政务委员会（实际等于将原来直隶中央，不属于省政管辖的内蒙各盟旗置于省政府的管辖之下）；③不允许有跨省的内蒙自治机关。”①

基本方针确定后，国民政府派内政部长黄绍竑、蒙藏委员会副委员长赵丕廉前往百灵庙，与参加自治会议的代表商谈解决办法。途经北平、归绥时，黄绍竑、赵丕廉等与省方达成一致意见：已设县治地方，不得再有变更。黄绍竑于百灵庙谈判后，将其接受方案转呈国民党中央。国民党中央根据黄绍竑等人的报告和建议，于 1934 年 1 月在 392 次中央政治会议上，通过了内蒙自治办法 11 项。这个自治办法与黄绍竑在百灵庙接受的条件有很大出入，实际上出台的方案在分省自治的方案上又退后一步，由“一省一治”改为“一盟一治”。此案一出，引起百灵庙方面和京、平两地蒙古人团体的强烈抗议和反对。国民党中央最终迫于情势，为“俯顺蒙情”起见，不得不进行一定的调整和让步，以维护热、察、绥地区的稳定，在内蒙古各盟之上设置一个统一的自治机构——蒙政会，双方达成妥协。

1934 年 4 月，蒙古地方自治政务委员会（以下简称蒙政会）在百灵庙成立。蒙政会成立以后，国民政府通过省方，对蒙政会施以政治、经济、军事压力。首先是经费问题，国民政府最初发给蒙政会几万块钱开办费，此后，蒙政会就因缺少经费陷入困境。除经费问题外，在解决蒙政会与察、绥两省政府矛盾时，国民政府常常站在省方打击蒙政会。不仅如此，国民政府还往百灵庙派去大量特务，监视蒙政会和德穆楚克栋鲁普（以下简称德

① 黄奋生：《内蒙盟旗自治运动纪实》，文海出版社，1934 年，第 101—105 页。

王）的行动；后来又暗杀了德王的“得力干部”韩凤林。1936年年初，德王投日行动已经公开。绥远省政府借机向国民党中央建议：将蒙政会一分为二，按察、绥省界分设“绥远省境内蒙古地方自治政务委员会”和“察哈尔省境内蒙古地方自治政务委员会”，重新按照省界划分盟旗，将盟旗置于省政府统治之下。

（三）历史影响

近代以降，如何重建现代统一多民族国家是近代中国面临的历史主题，其中应有之义就是如何建构现代多民族统一国家架构之下的民族政治关系问题。可以说，从清王朝到民国，是这一历史进程中的重要阶段。就蒙古地区而言，自清末“筹蒙改制”到北洋政府设立热、察、绥三个特别行政区，就是中央政府在这一历史课题面前的对策与努力。南京国民政府将热、察、绥改省正是这一历史逻辑的继续和发展，具有多重历史影响及经验教训。

第一，热、察、绥改省“加速了蒙古社会内部去除封建化的过程，尽管这不是一个彻底清除蒙古社会封建化制度的过程，但是政区管理体制的变革在蒙古社会封建制度瓦解方面仍然是一个不容忽视的重要历史推动力量”①。向省县管理体制转型，内蒙古地区的汉族事务管理得到强化，促进了这一地区汉族社会的稳定和发展，加速了单一牧业生产结构的转型。另外，随着蒙汉民族间交流的增多，相当一些蒙古族人也转而从事农业生产。农业的发展，刺激了工矿、交通、商业的发展。促进了城镇的兴起和发

① 周竞红：《清末民国时期内蒙古地区政区管理体制变迁及对蒙古族的影响》，《中央民族大学学报》（哲学社会科学版）2004年第6期。

展。省制的建立，县的增多便利了内地与边疆地区人员流动及经济、文化的交流，经济联系的加强，对于抵制列强的经济侵略，促进国内统一的民族经济和民族市场的建立也产生了积极的影响。热、察、绥改省“加速了内蒙古地区与内地经济文化的联系，特别是省县相关经济文化计划的实施，对推动蒙古民族发展有着重要作用”[①]。

第二，热察绥改省强化了内蒙古地区与内地的文化交流，促进了内蒙古地区近代教育的发展。省制的建立，实现了热、察、绥与内地的行政一体，有利于打破蒙、汉民族间的文化壁垒，有利于相互间社会文化的整合。“国民党及国民政府对蒙古族的教育颇为重视，不仅多次下令敦促各盟旗迅速成立教育行政委员会并开办小学，按国定教材授课，还继续开办北平蒙藏学校，并先后增设南京中央政治学校附设蒙藏学校、中央大学蒙藏班（1930）、中央政治学校西宁分校（1931年夏）、包头分校（1934年秋）、国立绥远蒙旗师范学校（1936）等学校，同时由教育部、蒙藏委员会颁布了《待遇蒙藏学生章程》《蒙藏回教育补助费规则》（1935）、《蒙藏委员会保送蒙藏学生办法》等一系列规定，鼓励并资助蒙、藏的学生到内地各学校求学。东北政务委员会和热、察、绥三省政府亦极力督促辖下蒙旗办学，并帮助建立了东北蒙旗师范学校，黑龙江蒙旗师范学校等。”[②] 据统计，到1930年时，各盟旗新设立之公立、私立小学计60余校。在教育较为发达的卓索图、昭乌达、哲里木诸盟学校数量大增，1931

① 马汝晰、马大正主编：《清代的边疆政策》，中国社会科学出版社，1994年，第126页。

② 白拉都格其、金海、赛航：《蒙古民族通史》第五卷，内蒙古大学出版社，2002年，第715页。

年，仅喀喇沁左旗已有公立小学 28 所，科右中旗有小学 16 所（内有高小两所）。在教育相对落后的内蒙古西部地区，有匪患和特大自然灾害（1928—1929）的影响，蒙旗教育步履维艰，甚至出现倒退，但以后稍有好转。到抗战前，“土默特旗计有中学一所，完小一所，初小六所，绥东四旗各于总管所在地设立国民小学一所，乌伊两盟各旗有小学十七所”[①]。僻处西北的阿拉善、额济纳两旗，也都有了当地的第一所小学。这些学校虽然大多在经费、设施、师资、教材等方面远逊于内地，有些甚至存在时间不长，但也培养出了一些有知识的青年，对蒙古族文化的发展具有一定的积极作用。

第三，热、察、绥改省过程中，破坏了蒙古民族共同地域的历史传统。南京国民政府实际上承继了清王朝及北洋政府对蒙古社会分而治之的措施，随着热河、察哈尔、绥远三行省的相继设立，蒙古民族被正式分割完毕。地方省县对各盟旗的歧视、压制、侵夺，对蒙旗内部事务的干预愈加严重，蒙古王公们原有自主自治的权利已丧失殆尽。[②] 时任民国内政部长的黄绍竑称：“内蒙在中国地理上现在已仅是一个历史的名词。”[③] 民国著名边疆问题学者黄奋生认为：“自民国十七年，中央将热、察、绥改行省，成立省政府，内蒙人民即深致不满。因盟旗与省县，为内蒙同一区域内之行政上的双重组织。虽旗县并存，分人而治，然蒙人认为，设县愈多，则侵蚀盟旗权益者亦愈多。故蒙人对于建

① 《内蒙古教育史志资料》第 2 辑，《内蒙古教育志》编委会编，内蒙古大学出版社，1995 年。第 4、第 6、第 102 页。

② 白拉都格其：《关于近代内蒙古民族运动研究的几个问题》，《内蒙古社会科学》1997 年第 6 期。

③ 黄绍竑：《五十回忆》（上册），风云出版社，民国三十四年，第 263 页。

省设县，极为痛心。”① 德王曾抱怨说：“近年中央之对蒙人，则以奴隶视之。对蒙地，则以殖民地视之。蒙古要求练兵，则中央视之为军事割据。蒙古要求办教育，则中央视之为教育割据。中央对于察、绥则以亲生子视之；对蒙古，则以先房子视之。中央高呼打倒帝国主义，而蒙人之视中央，殆与帝国主义无异。土地日蹙，牛羊瘦死，蒙人之生计绝矣。”②

第四，热、绥、察改省破坏了蒙古民族共同的经济生活。热、察、绥改省后，加快了土地放垦步伐，给蒙古人的生存带来了灾难性后果。有学者指出：“荒地（即蒙荒）和草牧场是两个概念，同样一块土地，牧民看来是草牧场，而农民认为是荒地。所以几百年的内蒙古开荒史，对蒙古民族来说是一个痛苦的历程。”③ 由于水草较好的优良牧场大面积被垦，被垦地区蒙古牧民不得不退入水草较差的地方或跨旗越盟过起背井离乡的逃生生活，开垦者却无视蒙古民族的痛苦和蒙古地区的土壤特点，一味地强调“变牧为农”。《西北垦殖论》的作者安汉就提出：“欲使蒙古居民富庶，文物灿烂，无论实施若何政策非先变牧为农，则不能收功效也。”④ 至于如何变牧为农，安汉认为：“锡盟有一最优良之牧场，面积为四万方里，每年养牛马十三万余，羊八万余，牛马之生产年可得五十三万余元，羊之生产，年可得七万余元，总计六十万。若以四万方里改作农田，一方里为五顷四十

① 黄奋生编著：《内蒙盟旗自治运动纪实》，中华书局，民国二十四年六月，第57—63页。

② 《军委会办公厅为抄送赵尺子报告德王与日本勾结要挟中央等事致蒙藏委员会公函》，《中华民国史档案资料汇编》第五辑第一编政治（五），第131—134页。

③ 郝维民主编：《内蒙古近代简史》，内蒙古大学出版社1990年，第32—33页。

④ 安汉：《西北垦殖论》，国华印书馆，民国二十一年，第307页。

亩，四万方里为二十一万六千顷。最低限度，每顷可收粮三十石，四万方里所产之粮应为六百四十八万石。最低价值，每石十元，其总收入为六千四百八十万元，相差之一百零八倍，其盈细优劣概可想见。就此利益言之，宜急起改革者也。”① 显然，安汉把草场当作荒地，只看到了农业带给人们暂时的巨额经济收入，而未能考究农业化对当地蒙古社会、生态环境等造成的危害。关于这个问题，当时被民国学界捧为研究蒙古情形权威的拉铁摩尔已注意到，内蒙大部地区“气候较旱，土质晓薄，开垦之后不久沿面的沃土就被风力吹走，所余的只是沙土”②。“垦殖不是所有地区都适合的，若无视自然环境的差异，强行推广垦殖，不仅会大量浪费人力、物力，而且会破坏生态平衡，结果是非但农业不能够发展，反而破坏了其他经济类型的进步、发展。”③

第五，热、绥、察改省一定程度上破坏了蒙古民族的文化。民国历届中央政府坚持推行民族同化政策，北洋时绥远城都统李鸣钟上任伊始就给伊克昭盟副盟长阿拉坦鄂其尔发文，要求所属各旗，书写公文须用汉文，禁止使用蒙古文。其文曰：“为知照事。案查，绥远特区所辖乌兰察布、伊克昭两盟十三旗，往来信函，自古盖用蒙古文，旋频繁翻译，费力匪浅。骤遇急务，顿生窘迫，固勿论。且今非昔比，理应速改。从今以后，贵旗呈文，务用汉文，以简文牍，以免隔阂。除分令外，令仰贵处遵照。文

① 安汉：《西北垦殖论》，国华印书馆，民国二十一年，第307页。

② 王成组：《关于游牧生活的缺点》，《东方杂志》第33卷第2号。

③ 苏德：《试论晚清边疆、内地一体化政策》，《中国边疆史地研究》2001年第3期。

到一月筱，所有公文，一律改用汉文，勿再启蒙古文为要。”①李培基上任绥远省主席后，立即主张“五族一家，汉蒙何分，即成一家奚可见面言语不通，此属一大障碍，不可不除。欲除此障碍，非先统一言语不可”②。李培基统一语言的措施就是逼迫蒙古人放弃本民族语言，强行使用汉语。因此，当时出现一些蒙古人“冒充汉人，以蒙古人为可耻”的现象是不难理解的。况且地方当局还青睐汉化的蒙古人并给予他们高官厚禄，绥远省主席傅作义大力保荐荣祥继任土默特旗总管职务的主要原因是荣祥早已彻底汉化了。③ 同时，不少未被同化的“蒙古人十分珍惜自己的民族语言文字，也十分担心自己的民族被同化，往往把失掉民族语文和同化等同起来”④。

总之，热、察、绥改省是南京国民政府建立之初所选择的多民族国家治理之路，有效管理边疆民族事务是其推动国家整合的重要步骤，调适了“反改省运动”“内蒙古自治运动”带来的危机，为推动转型中的国家整合创造了条件，加速了蒙古社会内部去封建化的进程，促进了这一地区农、工、商的发展以及文化教育事业的发展。但由于南京国民政府秉承大汉族主义的思想观念，在热、察、绥改省过程中，制度过于粗放，不重视蒙古族社会的利益，没能充分保障蒙古民族的权利，实际上削弱了改省促

① 《绥远城都统李致伊克昭盟副盟长鄂尔多斯札萨克郡王阿拉坦鄂其尔文》，档案，内蒙古社会科学院图书馆收藏，蒙古文。

② 李培基：《对于伊乌两盟之新希望》，《绥远蒙文半月刊第四号》，《民族古籍与蒙古文化》第9期，呼和浩特市民族事务委员会编辑出版，2006年，第123页。

③ 忒木勒：《荣祥先生传略》，《民族古籍与蒙古文化》第1—2期，呼和浩特市民族事务委员会编辑出版，2001年，第321页。

④ 特古斯：《内蒙古自治区成立十周年前后的喜与悲》，《内蒙古档案史料》1993年第3期，第56页。

进国家整合的功能。从三特别区到三省，只推进了对这一区域管理与全国划一之名，由于抗日战争的爆发和这三省大部分地区相继伦陷，南京国民政府热、绥、察改省促进国家整合的最终目标并未真正实现。

作者简介：刘茗，1979 年生，内蒙古赤峰市人，汉族，硕士，内蒙古赤峰市第二实验中学。

十、简析 1931—1937 年德王与南京国民政府之关系

胡海杰

德穆楚克栋鲁普（以下简称德王）与南京国民政府之关系，是民国时期民族关系研究的重要课题之一。虽然目前学术界相关研究成果很多，但专门讨论不多[①]，本文在广泛参阅前人研究成果及相关文献的基础上，就 1931—1937 年德王与南京国民政府之关系问题做一探讨。

（一）“九一八”事变前后的德王

1. 年轻有为的蒙古亲王

德王字希贤，1902 年生[②]，察哈尔部正白旗人，其父那木济勒旺楚克是当时内蒙古锡林郭勒盟盟长兼苏尼特右旗札萨克多罗杜棱郡王。6 岁时因父丧，德王按例承袭苏尼特右旗

---

① 目前相关论著有卢明辉：《蒙古“自治”运动始末》，中华书局，1980 年；祁建民：《二十世纪三四十年代的晋察绥地区》，天津人民出版社，2002 年；（日）森久男：《德王研究》，日本创文社出版，2000 年；明月：《德王发动百灵庙自治运动的起因，本质和结果》，《内蒙古大学学报》1997 年第 4 期；刘忠和：《再论百灵庙问题的起因》，《阴山学刊》2002 年第 2 期；丁晓杰：《1933—1936 年日本关东军的“内蒙古工作”述评》，《内蒙古师范大学学报》2003 年第 5 期等。

② 札奇斯钦：《我所知道的德王和当时的内蒙古》（中国文史出版社，2005 年，第 11 页）记载，德王生于壬寅年正月五日（丙寅日），也就是阳历 1902 年 2 月 12 日。

札萨克多罗杜棱郡王。德王自幼受到严格良好的家庭教育，除了学习蒙语蒙文书籍外还学习汉语汉文，熟读“四书”“五经”等儒学典籍和历代帝王将相的传记。此外，德王还喜好音乐、射击和狩猎，也喜欢摆弄些机械的新奇物件，喜欢接受新事物。

中华民国成立后，袁世凯政府上台，并采取优待蒙古的政策，德王由扎萨克多罗郡王晋升为和硕杜棱亲王衔。这一年，满18岁的德王开始主持全旗的政务，后升补锡林郭勒盟副盟长。北京政变后，德王曾携同补英达赖①暗赴天津拜见溥仪，并当面将他所带去的1万元银洋奉献给溥仪，表示他对溥仪的“忠君”之意。1925年2月，段祺瑞临时执政在北京召开御用善后会议，德王代表锡林郭勒盟出席，并被任命为善后会议委员和临时参议院参政。会议期间，德王广交政界人物，以展其政治抱负。见到当时国内大小军阀连年混战，政局动荡不安，北京中央政府根本无暇顾及边疆民族地区，德王决心自己在内蒙古发奋图强。

北京善后会议结束后，德王针对蒙古社会的陈规陋俗，在当地进行了大刀阔斧的改革。他采取的改革措施主要有改革喇嘛教，兴办近代工业及教育卫生事业，重点是扩充保安队。他亲自到寺院进行调查，号召不懂经文的青年喇嘛还俗；同时，还由内地聘请教职人员，购买机器，在他的旗里创办了毛纺工业机构和牧区学校、卫生组织。经过整顿、扩充，在他的旗里建立起一支拥有500余人“乌滂守备队”。这些改革措施在某种程度上，对

① 补英达赖：又名赵海福，前牛羊群协理，德王的姨夫，在德王年幼时，他就为德王灌输一系列政治思想，德王受其影响也较深，自治运动后受到德王重用，为德王出谋划策，可以说是德王的左膀右臂。

蒙旗的经济、文化、社会的发展有一定的促进作用，也给蒙古族青年知识分子留下了良好而深刻的印象，在政治、军事、人力支持上都获得了一定的资本。于是，在蒙古王公中德王成为实力派代表人物，在政治舞台上崭露头角。南京国民政府成立后，德王就成为南京方面关注的重要对象。

2. 逐渐受到南京国民政府的青睐

1928年，南京国民政府成立后，随即扶植和拉拢蒙古上层王公以作为其统治内蒙古的代理人，德王成为其中的重要目标和对象。德王作为当时蒙古王公中影响较大的实力派人物，对刚成立的南京国民政府寄予了很大的期望，希望能从国民政府那里得到有力的支援，以将内蒙古能牢牢地控制在自己的手中。因此两者不谋而合，初步建立了良好的关系。但是，在反改省风潮及蒙古大会、“九·一八”事变后，德王开始对蒋介石南京政府渐生不满。

南京国民政府成立后，即将原热、绥、察三个特别行政区分建三行省，立即遭到蒙古族各阶层的强烈反对。内蒙古各盟旗代表组成蒙古代表团，并推原蒙藏院秘书吴鹤龄为团长，前往南京举行了声势浩大的请愿活动。1930年，南京蒙古大会召开，通过了《蒙古盟部旗组织法》。《蒙古盟部旗组织法》的目的在于加强对蒙古民族的大汉族主义统治，在一定程度上也削弱了各盟旗的权利，实际上是“以汉治蒙”①。德王接连两次致电国民党中央报，表示坚决反对；与此同时，派包悦卿等人到北京、武汉、南京等地活动，指出《蒙古盟部旗组织法》的民族压迫实

① 德穆楚克栋鲁普：《抗战前我勾结日寇的活动》，《文史资料选辑》第63辑（内部发行），中华书局，1979年。

质，吹嘘德王是个“素孚众望、洽顺舆情”、手中握有5000兵马的蒙古族实权人物，并以蒙古旅北平同乡会的名义提议由德王出任蒙旗宣抚使。1932年5月8日，蒙古留平学生会致电国民政府：“近阅报载蒙委会呈请宣抚蒙古第以宣抚之责至重且巨，当以蒙古大员素孚众望，熟悉边情者膺此重职，方足奏效。环视蒙籍中，唯锡盟副盟长德穆楚克栋鲁普素所钦仰，才堪胜任。敝会效以至诚，付乞早任德穆楚克栋鲁普为宣抚使，以安蒙心，而保领土，迫切陈词，不胜待命之至。”① 9日，内蒙古各盟旗驻北平代表会致电国民政府：“边情日急，用敢再恳早日发表设置蒙古宣抚使，并请任命德穆楚克栋鲁普为宣抚使，以慰蒙众，而安边疆，迫切再恳，不胜待命之至。”② 班禅驻北平办公处也致电国民政府：“伏乞早日设置蒙古宣抚使，并任德盟长为宣抚使，俾蒙情得慰，边番得安，幸甚！”③ 德王的这次活动以及包悦卿等人对德王的吹捧引起了蒋介石对德王的重视，认为德王是统治蒙古民族的有用之材。1932年秋，蒋介石派军官训练部主任桂永清等，在包悦卿的陪同下由南京前往内蒙古宣抚，并特地到锡林郭勒盟苏尼特右旗拜访德王。包悦卿向桂永清提出希望德王出任“宣抚使”一职，但桂永清认为“宣抚使是老年人干的事，而德王年轻有为，不适合此职，应当组织军队，扩充实力，并在蒙旗先组织一个骑兵师或旅，当一个中将师长或旅长”。德王对这一

① 中国第二历史档案馆编：《中华民国史档案资料汇编》第五辑，第一编政治（五），江苏古籍出版社，1994年，第86页。

② 中国第二历史档案馆编：《中华民国史档案资料汇编》第五辑，第一编政治（五），江苏古籍出版社，1994年，第87页。

③ 中国第二历史档案馆编：《中华民国史档案资料汇编》第五辑，第一编政治（五），江苏古籍出版社，1994年，第87页。

看法表示同意。[①] 之后，蒋介石先后两次电招德王前去武汉和南京与他相见。

蒋介石接见德王后，并没有兑现原来的承诺[②]，反对“组织法”结果也没有如愿以偿。后来，德王在南京觐见蒋介石期间，蒋介石曾提出建立中央军官学校张北分校，为编设蒙古骑兵师做准备，并向德王保证蒙古的王公制度可以继续存在。[③] 但因后来德王发动自治运动，建立张北分校一事就被搁置下来，没有付诸实施。蒋介石之所以这样重视德王，就德王看来是别有用心的：首先，苏尼特旗是通往蒙古人民共和国的要冲地带，如果在该旗组织起一部分武力，不仅对附近的杂牌军队能起到牵制作用，而且对于“防共”也是很有必要的。其次，对于秘书长杨永泰所给予的“蒙古保安统监”，是有名无实，并不让他掌握蒙古骑兵师长的实权，只是蒋介石国民政府用来统治内蒙古的一个招牌；最后，至于建立张北分校的计划，实际上是叫桂永清为他培养军事干部，掌握实权。[④] 武汉和南京之行，德王虽然没有达到他向蒋介石国民政府索要军权和政权的目的，但是他在武汉和北京期间，却广泛接触了蒙古族知识青年，并且从中招收了 20 多名学

① 德穆楚克栋鲁普：《抗战前我勾结日寇的活动》，《文史资料选辑》第 63 辑（内部发行），中华书局，1979 年。

② 蒋介石与德王见面后，并没有与他进行深入的交谈，对于桂永清所说的组织蒙古骑兵之事，仅让他与秘书长参谋长接洽。在与秘书长和参谋长交谈的时候因两者意见不同，也不欢而散。最后在行营军械部门领到机关枪四挺，对于所发的步枪，由于属于破旧之物，德王没有让丁我愚领取，要求另请补发。至于另外拨发的迫击炮二门，须到南京军政部洽领。资料来源同上书。

③ 德穆楚克栋鲁普：《抗战前我勾结日寇的活动》，《文史资料选辑》第 63 辑（内部发行），中华书局，1979 年。

④ 德穆楚克栋鲁普：《抗战前我勾结日寇的活动》，《文史资料选辑》第 63 辑（内部发行），中华书局，1979 年。

生，带回到苏尼特右旗，着手培养人才，蓄积力量，准备待机而起。

“九·一八”事变后，日本继占领东北三省及内蒙古东部盟旗，西部盟旗形势日益严峻。南京国民政府奉行“不抵抗主义”，坚持“攘外必先安内”的反动政策。在外来势力的入侵面前，德王与南京国民政府之间对内蒙问题的看法产生分歧，原来期望之情烟消云散，企图希通过实行“民族自治”来解决内蒙古的政治问题。正如他在致国民党中央的电报中所言“我中央政府，究为内乱所束缚，兼顾不遑；抑或视我蒙古为无用之物，以为不关痛痒，亦不可知？迄今十有余年，于外蒙尚无收复之策，东蒙既失，又无退敌之方，望之无所适从，不能不置虑也。强邻压境，而在中央政府放任之下，哲里木、昭乌达、卓索图及呼伦贝尔等各盟部，转瞬非复我所有；西蒙各盟旗，势蹙力弱，更何以御强敌?！我蒙古各盟旗当局，咸觉事态势迫，大祸迫于眉睫；若不亟起联合，无以阻止消灭；即将来之命运，舍自救无法延长；然欲联合，必先应从统一政治着手，以便革除行政积弊；欲谋自救，必应将自决自治机关，为适当设置，以增加利益力量。”①

（二）德王与南京国民政府之间的冲突

1. “自治运动”之发生

1933年7月26日，德王在百灵庙召集内蒙古全体长官会议，

① 中国第二历史档案馆编：《中华民国史档案资料汇编》第五辑，第一编政治（五），江苏古籍出版社，1994年，第109页。

发出自治通电。[①] 10月份先后举行4次会议[②]，通过《内蒙自治政府组织法》。此组织法共五章三十六条，主要内容如下：

第一条 内蒙自治政府总揽内蒙各盟部旗之治权。

第二条 内蒙自治政府以原有之内蒙各盟部旗之领域为

① 自治通电内容：“吾蒙古临近日俄，创痛尤烈，广漠之地，弱小民族，抵拒无力，俎上之肉，宰割由人。十年以来，外蒙剥夺于苏俄，哲盟呼伦贝尔沦亡于日本；近日卓昭等盟，亦相继覆没。西蒙牵动，华北震撼，千钧一发，举国忧心。吾蒙积弱民族，坐受宰割，亦固其所。中央虽负扶植救济之责，顾内乱频仍，事势分异；当局尚不暇自救，吾蒙抑何忍以协助全责望之中央。况兵燹之余，不时劳遣专使，远方存问；足证休戚相关，患难与共，吾蒙深为拜嘉。边疆不警，委蛇偷安，未为不可。尔来强邻俱侵，刻不容缓，燕雀处幕，覆亡之祸已迫，因循偷安，已为事势所不许，煎急难耐，应付无方，倘不黾勉自决，一旦劲敌压境，所至为墟，风波所及，积弱之蒙疆，势必蚕食殆尽，深贻中央之忧，藩篱破决，将以亡吾蒙古者，累计同胞，一肢摧折，全体牵动，关系至大，为罪滋深。传曰：‘鹿亡不择阴’，凡我同胞，设身处地，试为蒙民三思，舍自决自治，复有何法？伏念我孙总理艰难定国，以人民自治为基础，以扶植弱小为职志，煌煌遗训，万世法守。中央军事鞅掌，既不遑忧远，吾蒙敢不投袂而起，遵奉总理懿训，自认自决，以自策动。盟长扎萨克等，谨查民国二十年国民会议议决案，已有特许外蒙自治之先例，乃于今年七月二十六日，在乌盟百灵庙召集内蒙全体长官会议，佥日采用高度自治，建设内蒙自治政府，急谋团结促进，以补中央所不及。凡事自决自治，庶几眉急可挽，国疆可守。……悉其自治真意，实因事急境迫，日暮途穷，志切自救救国，不得不亟图自决，以补救危亡。至于军事、外交，关切国家体制，吾蒙能鲜力薄，平时尤仰中央多助，况当存亡关头。一切对外措施，更唯中央是赖……”黄奋生：《内蒙盟旗自治运动纪实》，文海出版社，1934年，第75页。

② 谭惕吾：《内蒙之今昔》，上海商务印书馆，1935年，第129—130页。关于开会的具体日期问题，存在不同的看法，黄奋生《内蒙盟旗自治运动纪实》所记述的时间分别为10月9日，10月15日，10月19日，10月20日，10月24日；方范九《蒙古概况与内蒙自治运动》记述开会的时间分别为10月9日，10月15日，10月19日，10月21日，10月24日；卢明辉《蒙古“自治运动”始末》一书也只是简单地提到两次会议的情形，因为谭惕吾女士为当时跟随内政部长赴内蒙古的记者，对此次会议举行的时间记述相对确切，因此本文采用谭惕吾一书记述的时间。

统辖范围。第三条　内蒙自治政府除国际军事及外交事项由中央处理外，内蒙一切行政俱依本自治政府法律命令行之。第四条　内蒙自治政府以政务厅、制法委员会参议厅组织之，但遇事实之需要，内蒙自治政府暨各厅会得酌设特种机关。第六条　内蒙自治政府正副委员长委员，由各盟部旗长官共选之，各厅长及各会委员长由政府兼任之，各厅副厅长及各会副委员长由厅长及委员长提请内蒙自治政府任命之。第七条　内蒙自治政府委员长因事故不能执行职务时，由副委员长或政务厅长代理之。……第十五条　政务厅为内蒙自治政府最高行政机关。第十八条　政务厅正副厅长及各处正副处长特种机关主管长官组织厅务会议，处理一切行政事宜。①

内蒙古自治通电发出后，南京政府高度重视，立即召集旅京人员询问内蒙古自治情形，同时蒙藏委员会又召集内政部、参谋本部及熟悉蒙情的蒙古人士，共同讨论内蒙自治问题。最后，南京国民政府决定派遣内政部长黄绍竑、蒙藏委员会副委员长赵丕廉赴内蒙古宣抚。10月17日，国民党中央政府于召开行政院第130次会议，18日讨论通过了中央处理蒙事原则三案，及对于改革蒙古地方行政系统方案说明书，并以处理蒙事原则三案为基本原则。②

内蒙古要求自治的通电和《内蒙自治政府组织法》的颁布与国民政府所制定的处理蒙事原则方案以及改革蒙古地方行政系

① 谭惕吾：《内蒙之今昔》，上海商务印书馆，1935年，第132—135页。
② 黄奋生：《内蒙盟旗自治运动纪实》，文海出版社，1934年，第101—105页。

统具体方案说明书，两者显然存在很大的分歧。主要有：①行政设置方面的不同：内蒙古方面主张废除省县的设置，实行蒙古民族自己的高度自治，国民政府方面则要求不改变原有的行政划分。②管辖范围的差异：德王等所提出的领域较为广泛，主张以“原有之内蒙各盟部旗之领域为统辖范围”，而国民政府则认可除了省县统治之外的地区。③管理权限的不同：德王等认为，“除关于国际军事、外交事项，由国家处理外，内蒙一切行政仍由自治政府办理”。而国民政府方面认为内蒙古自治除军事外交及其他国家行政，由中央政府办理或中央政府授权于当地省政府办理，其他事务才由内蒙古地方政务委员会负责办理，并且要受到中央边务部的指挥监督。④两者要求所设机构的不同：内蒙古方面主张采用高度自治，成立内蒙古自治政府，而国民政府则承认省政府管辖之下的地方自治，并主张在省政府行政系统之下，设立一个蒙古地方政务委员会。

黄绍竑一行于 11 月初到内蒙古百灵庙先与各盟旗长官作第一步交谈，发现他们还是力主要求成立自治政府，并说“德王等要求组织自治政府，实系鉴于内蒙之危亟，不得不起而联合蒙人以求自保，且谓如此可以减少强邻侵略等”①。接着，黄绍竑与德王进行了三次谈话。② 前两次谈话，都是以各自原有的观点为讨论的出发点，双方态度坚决，毫无商量余地。德王坚持要求国民政府成立内蒙自治政府，并撤销省县行政设置；黄绍竑也是在中央所定原则之下，规劝德王要服从中央的旨意，在省政府领导之下实行自治。但第三次谈话，双方都明显降低了要求，德王不

① 谭惕吾：《内蒙之今昔》，上海商务印书馆，1935 年，第 154—155 页。
② 谭惕吾：《内蒙之今昔》，上海商务印书馆，1935 年，第 158—172 页。

再坚持要求废省，黄绍竑也说中央可以另想办法，求得圆满解决。第三次谈话之后，双方都派人员就实际问题进行磋商，当时德王等提出办法 11 条①，谈判陷入了僵局。黄绍竑以离开百灵庙返归绥相威胁，德王见没有转圜余地，便通过班禅要求黄绍竑再多留一日。随后，德王也做出了一定的让步，提出了甲乙两种办法，甲种办法：名称定为蒙古第一自治区政府，蒙古第二自治区政府，以下类推。区域锡林郭勒盟暨察哈尔各旗编为蒙古第一自治区政府，乌伊两盟暨土默特阿拉善额济纳各旗编为蒙古第二自治区政府，其他各盟部旗比照此例编区。隶属蒙古各自治区政府，直隶于行政院，遇有关涉省之事件，与省政府会商办理。权限：蒙古各自治区政府管理各本区内各盟部旗一切政务。经费：

① 黄奋生：《内蒙盟旗自治运动纪实》，文海出版社，1934 年，第 163—165 页。“11 条”为：（一）内蒙设一最高自治机关，定名为内蒙自治政府，直隶于国民政府行政院，总揽内蒙各盟部旗治权，其经费由中央补助之；（二）蒙古各盟部旗之管辖治理权，一律照旧；（三）内蒙各盟部旗境内，以后不得再设县或设治局，其现有之县或治局不及设治成分者，一律取消；（四）蒙古现有荒地一律划为蒙古牧区，永远不得开垦，其既有突入牧区之零星垦地，一律恢复为牧区；（五）凡蒙古牧区以内各项税收，均由内蒙统一最高自治机关，祥定统一办法征收之，其由省县设在牧区内之各项税收局卡，一律取消；（六）蒙古已垦土地，另定妥善办法整理之，其所得临时收益及每年阻水，以内蒙统一最高自治机关各关系省政府平分为原则；（七）蒙古已垦土地，在未整理以前按下列各项办理之；（甲）蒙旗对于境内之土地矿产、山林、川泽等蒙旗固有权，一律照旧，其向有征收者，照旧征收；（乙）蒙旗境内所设之各省县局，征收土地、矿产、山林、川泽等租税时，由内蒙统一最高自治机关，派员会同征收之，所收款项，一律即时平分；（丙）蒙古官厅及蒙民之原有私租，一律予以保障；（丁）蒙民除对于本旗应有负担外，省县不得再加以任何负担。（八）凡蒙旗境内关于土地以外，由省县所设之各项税收机关，一律由内蒙统一最高自治机关派员会同征收，其所收款项，一律即时平分；（九）凡在盟旗境内已设之各级司法机关，均由内蒙统一最高自治机关选派专员，对于蒙汉诉讼事件实行会审制度；（十）内蒙统一最高自治机关各项收入，均作为卫生、教育、实业、交通等各项事业费；（十一）内蒙统一最高自治机关，在各关系省政府所在地，各设一办事处，以资联络。

蒙古各自治区政府经费由中央按月拨给。联络蒙古各自治区间设一联席会议，商决各自治区间共同事宜。乙种办法设置蒙古统一最高自治机关，定名为蒙古自治委员会，直隶于行政院管理各盟部旗一切政务，其经费由中央按月拨给。① 黄部长认为甲种办法和中央所定的原则相差不大，与赵副委员长商讨之后，决定予以接受，并告知云王和德王，云王和德王也比较满意。自此，经过双方多日磋商与协调，自治问题告一段落。

2. "柳暗花明又一村"——蒙政会的成立

黄绍竑部长返京后，把考察内蒙现状及改革蒙事、处理自治的情况向中央做了汇报。南京国民政府根据黄绍竑等人的报告和建议，于 1934 年 1 月在第 392 次中央政治会议上，通过了内蒙自治办法 11 项。这个自治办法和黄绍竑在百灵庙接受的条件大有出入，因而引起百灵庙方面和南京、北平等地蒙人团体的强烈抗议和反对，认为办法实行自治，则内蒙自治的区域将大为减小，"盟部旗原有之区域权限，无不一落千丈，将来只有消灭，绝无繁荣之望"②。国民党中央于情势所迫，又召开了第 393 次中央政治会议，决议将 11 项办法"收回再议"③。国民政府经过讨论后，于 1934 年 2 月 28 日通过了《蒙古自治办法原则》8 项。其全文为：

(1) 在蒙古适宜地点，设一蒙古地方自治政务委员会，直隶于行政院，并受中央主管机关之指导，总理各盟、旗政务，其委员长委员以用蒙古人为原则，经费

---

① 谭惕吾：《内蒙之今昔》，上海商务印书馆，1935 年，第 175—176 页。
② 方范九：《蒙古概况与内蒙自治运动》，上海商务印书馆，1934 年，第 111 页。
③ 谭惕吾：《内蒙之今昔》，上海商务印书馆，1935 年，第 182 页。

由中央拨给。中央另派大员驻在该委员会所在地指导之，并就近调解盟旗、省县之争议。（2）各盟公署，改称为盟政府，旗公署改称为旗政府，其组织不变更，盟政府经费由中央补助之。（3）察哈尔部改称为盟，以昭一律，其系统组织照旧。（4）各盟旗管辖治理权，一律照旧。（5）各盟旗现有牧地，停止放垦，以后从改良畜牧，并兴办附带工业方面，发展地方经济（但盟旗自愿垦殖者听）。（6）盟旗原有租税，及蒙民原有私租，一律予以保障。（7）省县在盟旗地方所征之各项地方税收，须劈给盟旗若干成，以为各项建设费，其劈税办法另定之。（8）盟旗地方以后不再增设县治或设治局。（但遇必须设置时，亦须征得关系盟旗之同意）①

《蒙古自治办法原则》八项经国民政府公布后，旅京旅平蒙人及百灵庙晋京请愿代表认为与原来要求相差不大，就欣表同意，内蒙古自治问题遂告初步解决。国民政府又根据《蒙古自治办法原则》8 项，草拟并通过了《蒙古地方自治政务委员会暂行组织大纲》及《蒙古地方自治指导长官暂行条例》。1934 年 4 月，蒙古地方自治政务委员会（以下简称蒙政会）在百灵庙成立。国民政府任命各盟盟长、各旗扎萨克、总管和一些旗的重要官员以及一些知名的蒙古政客为蒙政会成员，并指定云王为委员长，锡盟盟长索特纳木拉布坦（索王）和伊盟盟长沙克都尔扎布（沙王）为副委员长，德王为秘书长。

---

① 谭惕吾：《内蒙之今昔》，上海商务印书馆，1935 年，第 182 页—183 页。

3. 矛盾与冲突

对于德王而言，蒙政会的成立并没有实现他的政治愿望，觉得它只是南京国民政府的一个把戏，于是开始投向日本，逐渐偏离了国民政府。国民政府自然不能容忍德王的这种做法，双方矛盾日益激化，原先达成的协议也化为乌有。

对于蒙政会的成立，绥远省政府最不满意。绥远省政府与蒙政会之间频生纠纷，矛盾日益尖锐，几乎发展到兵戎相见的地步。由于国民政府对蒙政会的实际管辖范围没有明确规定，蒙政会与各有关省之间区域划分、权限划分等问题没有得到明确的解决，省县与盟旗并存的状况依然如故，蒙政会与省政府之间的权责利益冲突，势所难免，其中关于特税问题和西公旗扎萨克继承问题方面矛盾最为突出。①

在与省方不断发生冲突的过程中，德王与国民政府的矛盾也不断激化。国民党中央既想利用德王，又对他存有疑心。蒙政会成立前后，国民党曾往百灵庙派去大量特务监视蒙政会和德王的活动。日本侵占热河后进一步西侵，派特务人员拉拢德王。国民政府为警告德王投靠日本，暗杀其亲信日语翻译官韩凤林，反而大大刺激了德王，对国民政府关系心生不满。同时，德王为了表示他还倾向于国民政府，就把日本想拉拢他的情况向蒋介石做了汇报，蒋介石告诉德王要以“不卑不亢的态度，与之抗衡”，并准予拨给经常费每月 3 万元，建筑费 12 万元，及枪械、电台等物。蒋介石为了表示对蒙古民族的关心，进一步拉拢德王，于 1934 年 10 月视察绥远，并邀请云王和德王会见他。在征询蒙政

① 任秉钧：《德穆楚克栋鲁普与傅作义争夺鸦片过境税》，《内蒙古文史资料》第五辑（内部发行），内蒙古人民出版社，1979 年。

会成员的看法后，德王决定采取陈绍武的建议①，赴绥远面见蒋介石。蒋介石离开绥远后，德王就派补英达赖和陈绍武赴京洽领经费、武器和通信器材、交通工具的问题。他们到南京后，向国民政府主席林森以下各院部会长官分送蒙古土产皮毛等品，向蒋介石献军马一百匹，蒋介石也迎合他们的愿望说："你们所要求的经费和武器等东西，我马上就批交财政、军政两部迅予拨发，你们可以直接向该两部洽领。"继而又以得意的神情微笑着说："我看德王很好，你们回去告诉他，让他好好干，今后如遇什么困难问题，尽可和我讲，我必给他解决。"② 过了几天，就接到军事委员会办公厅的通知，说已令财政部拨发蒙政会建设费 12 万元（一次），经常费每月 3 万元，军政部拨发步枪、手枪 300 余支，轻重机枪 20 余挺，迫击炮数门，载重汽车四辆，大小无线电机 10 台，二人遂按照蒋介石的批示，与各部门接洽，除建设费 1 万余数续拨以外，其他经常费和武器等均照批示数目拨发。

蒋介石视察绥远期间，正遇韩凤林被逮捕，德王就让蒋介石设法营救他，蒋介石也当面应允。但过后不久，就接到一个以"北平民众锄奸团"名义印发的传单，说韩凤林是勾结日本、背叛党国、出卖民族的汉奸，已被处死。德王闻讯后，非常气愤，就拟发电报，请蒋介石予以释放，并坚决表示，如再不释放，他们身居蒙政会的要职，竟连职员的人身安全都不能保护，实无以对同人，只好恳请辞职，以卸仔肩。电报发出后，惹起蒋介石的

① 德穆楚克栋鲁普：《"百灵庙自治运动"回忆片断》，《内蒙古文史资料》第 5 辑（内部发行），内蒙古人民出版社，1979 年。

② 陈绍武：《内蒙德王和蒋介石的关系》，《文史资料选辑》第 39 辑（内部发行），中华书局，1963 年。

不满，不久蒋复电责备说："君等任意推断，肆意要挟，尚知国家有纪纲否？"① 此时日本也在争取德王的工作，德王就让日本特务人员调查韩凤林事件，不久，土肥原通过日本特务转告德王国民党宪兵逮捕、处死韩凤林的经过，使德王非常气愤，遂放弃了脚踏两只船的立场，完全倒向日本侵略者。②

（三）"改元易帜"

1. 倒向日本

蒙政会成立没多久，在与省政府发生冲突时总是吃亏，尤其在西公旗事件和税收方面，更是令德王痛苦不堪，在寻求国民政府的帮助时，总不能得到满意的答复，并且国民政府也总是一味地袒护省政府，以致使德王心灰意冷。"由于他的工作不能顺利进展，与察哈尔省的宋哲元和绥远的傅作义等形成尖锐的对立，从而开始逐渐倒向关东军。同时，关东军方面在现实的各种问题上也采取了支持德王的方针。"③

德王弄清了国民政府的真正意图，知道国民政府不过把他作为统治蒙古民族、收揽人心的一个工具而已，认为依靠国民政府根本不能实现他的政治愿望。他曾派刘建华赴广州与正在搞西南独立的胡汉民、陈济棠粤派集团联络，请其支援内蒙古"自治"。刘建华到广州后，把德王大吹大擂了一番，说德王在内蒙

---

① 德穆楚克栋鲁普：《"百灵庙自治运动"回忆片断》，《内蒙古文史资料》第5辑，内蒙古人民出版社，1979 年。

② 程思远：《中国国民党百年风云录》（上），延边大学出版社，1994 年，第804 页。

③ ［日］土肥原贤二刊行会编：《土肥原秘录》，中华书局，1980 年，第 122—123 页。

古握有三万骑兵等，但也没起到什么效果。只是得到胡汉民赠送的旅费500元，并赠给德王一个用象牙刻有胡汉民、陈济棠、萧佛成等十数人名字的精致赠品和信函一封，信内虽表示愿意赞助，但并没有实际支援。德王也认为西南与蒙古相距太远，仅能声援，远水解不了近渴，无济于事，决心走与日本合作的道路。

德王想利用日本的力量来扩充实力，派宝贵廷密赴多伦寻求支持。在多伦特务机关长植山和伪察东警备司令官李守信的协助下，从东部各盟旗招兵买马，秘密练兵。后来经德王准许在苏尼特右旗设立日本特务机关和架设电台，以资加强联络，并以“善邻协会”名义作为掩护。在新闻记者采访德王询问日本在蒙地活动的情形时，德王就把日本在蒙地设置电台及搜集情报的情况说了出来，受到日本大使馆驻北平参赞渡边的质问，面对质问，德王很不满意，分辩说：“我和新闻记者谈话，仅说了使人易知的设置电台情形，并没有泄露我们之间的秘密，如果连设置电台的情形都不能说，这不是欲盖弥彰吗?”由于此时日本的势力尚未深入西蒙，为了利用德王，他们不得不拉下面子，向德王解释说：“渡边在北平和您所谈的话，带有责备的意味，使他不知我们这里的情形和我们进一步的关系，贸然说出来的，希望不要误会。”① 由此可以看出，日本为了达成他们的目的，除了采用强硬手段外，也不得不采用温和的方法对待他们要利用的人。

日本关东军为了进一步拉拢德王，特送他飞机一架，同时赠他整套的电影放映机和照相设备。1935年年初，百灵庙蒙政会举行第二次委员会会议，各委员多来参加，中岛万藏、陶克陶、

---

① 德穆楚克栋鲁普：《抗战前我勾结日寇的罪恶活动》，《文史资料选辑》第63辑（内部发行），中华书局，1979年。

金永昌等趁机劝德王与日本正式合作，希望早日下定决心。特别是陶克陶强调说："这是日本既定的政策，将来非走这条路不可，与其将来被动地走这条路，不如现在主动地走这条路为宜。"①德王便向吴鹤龄等人提出这个问题，征询他们的建议。吴鹤龄把他参加国民党中央党部召开的一次特别秘密会议讨论对日问题的情况告诉了德王："根据特别会议中蒋、何的谈话，我深切感觉到中央把黄河以北都准备不要了，蒙古当然更在不要之列。在此时期，我们和日本合作是可以的，但此时关系重大，需要日本方面派主要人员前来，或者我们派负责人员前往，共同商谈，缔结协定，作为日蒙合作的根据，不能仅凭几个日本特工人员一说，就贸然从事。"② 德王认为可以采纳他的建议，以后便亲自出马，主动与日本关东军勾结起来。

2. "改元易帜"

1935 年 7 月 25 日，日本关东军制定了"对内蒙施策要领"，该要领的方针为："关东军为对苏作战，以及便于准备各项必要工作，并且为便于巩固满洲国之国防与统治，首先设法扩大与加强内蒙的亲日满地区。随同华北工作的进展，使内蒙脱离中央独立，施策重点指向多伦及西苏尼特方面。"在此方针下，使德王、卓特巴扎布、李守信结成同盟，推进对内蒙古施策。③ 当然，德王这时态度的转变对日本内蒙古工作的推进也是一个很大的帮

① 德穆楚克栋鲁普：《抗战前我勾结日寇的罪恶活动》，《文史资料选辑》第 63 辑（内部发行），中华书局，1979 年。

② 德穆楚克栋鲁普：《抗战前我勾结日寇的罪恶活动》，《文史资料选辑》第 63 辑（内部发行），中华书局，1979 年。

③ 《大本营陆军部》摘译：《日本军国主义侵华资料长编》（上），四川人民出版社，1987 年，第 262 页。

助。1935年11月，德王偕同迪力瓦、陶克陶和宍浦、中岛万藏等日本特务人员，乘坐飞机前往伪满新京（今长春），面见日本关东军司令官南次郎和参谋长西尾，然后和参谋副长坂垣、参谋田中隆吉等商谈“日蒙合作”的问题。会谈时，德王表示不满意“满洲国”对待东蒙各旗的办法，希望日本能帮助内蒙先搞一个“独立”的局面，再帮助蒙古“建国”，参谋副长坂垣答复日本会尽量帮助内蒙古，先送给日币50万元，参谋田中隆吉也说会给德王5000条枪，作为扩充军队之用。会议结束后，双方并未签订协定。由此可知，日本帝国主义看准了德王处于山穷水尽的地步，知道他此时缺乏财力和武器，他们就趁此时机，给德王一颗定心丸，以帮他“独立”“建国”为承诺，既给钱又给枪，促使德王早日下定决心与他们合作。

德王于1936年1月间，在西苏尼特旗王府成立了伪“蒙古军总司令部”，自任总司令兼政务部部长。3月间，他又与日本帝国主义商定，在锡林郭勒盟西乌珠穆沁旗索王府召开了第一次“蒙古大会”，决议取消伪“蒙古军总司令部”，在嘉卜寺另行成立伪“蒙古军政府”。5月23日，在嘉卜寺正式成立了伪“蒙古军政府”，由蒙政会委员长乌兰察布盟盟长云王任主席，蒙政会副委员长兼锡林郭勒盟盟长索王和蒙政会副委员长沙王任副主席，德王则任总裁兼蒙古军总司令，总揽军政大权，实际操纵一切。

德王投靠日本帝国主义的行为，引起内蒙古西部地区青年云继先等多人的不满，他们原来要求实行内蒙古自治，是想蒙古人民团结起来自卫御侮，并不主张脱离祖国，因此，对日本帝国主义的横行霸道，企图灭亡蒙古的政策非常不满，对发起内蒙古自治的领导人物德王公开投靠日本，更是不能容忍。经过一番周密部署后，云继先等于 1936 年 2 月率部举行暴动，摧毁了德王的大部分兵力，德王苦心经营多年的军队受到严重打击，这件事对德王来说也是比较痛心的。

自德王访问新京，建立伪“蒙古军总司令部”后，德王与日本之间的合作已经公开化，傅作义等认为德王搞“独立”已是既成的事实，便利用这个机会，说服国民政府当局，要求将百灵庙蒙政会一分为二，另外成立了绥境蒙政会和察境蒙政会。绥境蒙政会的成立，使德王很不满意，表面上接受改组察境蒙政会的名义，实际上却进一步投靠了日本帝国主义。德王就在原百灵庙蒙政会的班底上将察境蒙政会也同时设立在嘉卜寺，一方面搞伪“蒙古军政府”，另一方面又拿这个察境蒙政会的名义，继续和南京国民政府以及蒋介石往来，并领取经费和雪灾救济款。

伪“蒙古军政府”成立后，德王等就积极招兵买马，训练部队，充实武装力量。德王就以察境蒙政会名义发出宣战性通电，就税收问题、西公旗事件和百灵庙暴动等方面向傅作义兴师问罪，以为进攻绥远的先声。德王向傅作义发出宣战通电，南京蒋介石虽曾来电劝阻，让他“勿希以国家为重，即日停止军事冲突，听候中央处理”[①]。德王置之不理，在日本帝国主义的指挥下，加紧调动军队，向绥远发起全面进攻。但战争一开始，德王的部队就受到傅作义部队的有力反击，人员伤亡惨重。适值西安事变发生，德王趁机宣布停战，并指责张学良、杨虎城劫持最高领袖，主张全国一致声讨，进行营救。[②] 傅作义军队就此停止进

① 德穆楚克栋鲁普：《伪蒙古军政府成立前后》，《内蒙古文史资料》第六辑（内部发行），内蒙古人民出版社，1979 年。

② 德穆楚克栋鲁普：《伪蒙古军政府成立前后》，《内蒙古文史资料》第六辑（内部发行），内蒙古人民出版社，1979 年。

攻，双方进入相持状态。

3. 未达意愿，转变想法

1937年7月7日，卢沟桥事变发生，日本帝国主义集中力量进攻平、津、华北。傅作义趁日军没进入内蒙古以前，首先发起进攻，伪蒙古军政府为了保持实力不致受到很大冲击，随即移到归绥市，召开了所谓“第二次蒙古大会”，通过了伪蒙古联盟自治政府组织法，以云王为联盟自治政府主席，沙王和德王为副主席。1937年冬，伪蒙古联盟自治政府在绥远宣告成立。同时，日本人在张家口成立了察南自治政府，以于品卿任伪主席，在大同成立了晋北自治政府，以夏恭任伪主席。三个自治政府之上，在张家口设立了所谓蒙疆联合委员会，为统一指导机关。日本人金井章二为首席最高顾问，三个自治政府听命于伪蒙疆联合委员会。日本帝国主义把伪蒙视为和“察南”“晋北”以及汉奸殷汝耕的“冀东”相同的政权，由梦想的国家降为特殊地区，使德王大为失望。德王心目中的蒙古独立王国，是要把东蒙、西蒙和青海、新疆蒙古都包括在内，可是日本人只许他向西发展，不让他跟锡盟和察哈尔以东的王公联系，并且“政权形式以盟旗为中心之蒙旗制为重点，且须改善原地方蒙旗之地方政权，并注意掌握王侯庶民，努力抓住全地区之领导权”。在日本的控制下，德王根本不可能实现他“独立建国”的计划。

伪蒙古联盟自治政府的设立，并没有让德王获得更大的权力，相反，处理事务的自由却受到限制。日本顾问遍布各部门，“把持一切事务，凡公文稿件先经顾问、辅佐官考核，然后送给伪蒙汉官吏画押，只是画押而已，谁也不敢提出异议”[①]。日本帝国主义显然把德王作为他们侵略中国的招牌，让德王顺服地听从他们的指挥。德王也由此感到在日本手下做事也不好受，为了表示他的反抗，先后和驻在内蒙古的日本军部和当权的日本政客，发生过几次“冲突”。德王曾多次向日本关东军提出“蒙古独立建国”的问题，但他们总敷衍应付，认为“蒙古独立建国问题，关系重大，牵涉到国际上《九国公约》问题，需要关东军和日本国内慎重研究，一时不能确定，并说时机还不成熟，条件尚不具备，俟将外蒙‘收复’，实现内外蒙的统一，才能帮助蒙古独立建国”[②]。但“日寇公开立满洲国，对于蒙古是‘分而治之’，绝不许德王把蒙古统一起来”[③]。

日本帝国主义除不让德王实现他“蒙古独立建国”的计划外，还严厉禁止德王使用“蒙古”一词，要求使用“蒙疆”，并以“杀头”相威胁。但此时的德王也不再像从前那样一味地听从日本的指挥了，仍在各种场合使用“蒙古”一词，并策动各盟旗反对蒙疆，招致日本关东军的不满，并且对于“蒙疆联合委员会”的成立问题，德王也是消极应对。狡猾奸诈的日本帝国主义也不能就此除掉德王，因为“德王和我（指李守信——笔者），是日本人花了很长时间与花了一定本钱制造出来的两个招

---

① 哈斯瓦齐尔：《德穆楚克栋鲁普与日本帝国主义的勾结》，《内蒙古文史资料》第五辑（内部发行），内蒙古人民出版社，1979 年。

② 德穆楚克栋鲁普：《伪蒙古军政府成立前后》，《内蒙古文史资料》第六辑（内部发行），内蒙古人民出版社，1979 年。

③ 李守信：《日寇怎样统治伪蒙》，《内蒙古文史资料》第六辑（内部发行），内蒙古人民出版社，1979 年。

牌，非到万不得已的时候，不肯轻易扔弃不用。[1] 只有通过与德王的合作，才能给他们的侵略提供便利通道。通过这么长时间和日本的接触，德王也深深感受到日本帝国主义侵略者的可恶，觉得再不能“合作”下去，便打算出走。

经过多方思考，德王仍打算投靠蒋介石，而蒋介石对德王态度的变化也是非常高兴的，也愿意再次运用德王。德王的行为与思想之所以发生这么曲折复杂的变化，与他一开始给自己制定的政治目标是有一定关联的。《军委会办公厅为抄送赵尺子报告德王与日本勾结要挟中央等事致蒙藏委员会公函》中记载，在赵尺子问德王何以与日人来往甚密切时，德王说：“拟以此要挟中央，威吓绥远，而取得金钱与地盘，更以之多备械多练兵，俟世界战起，从中渔利，而建立‘蒙古邦’与中国为‘联邦’耳；更以中央之拉拢蒙古，为对日要挟之资，亦为取得金钱枪械，复兴蒙古民族耳。固曰出之本心，绝不亲日，而所以为此者，想作渔人而也。”[2] 也许德王的这番话才能真切地表达他的真实意图，才有后来进一步转而依靠国民政府的想法，但这是否是他的真实想法，我们也并不能得出一个准确的答案。因为“德王主观上固未尝亲日，而客观上实已亲日”[3]。由此我们也可以看出，德王从依靠国民政府到寻求日本的支持，最后又决定投靠蒋介石国民政府，虽说走了一段迂回曲折的道路，但他最初的政治目的并没有

① 李守信：《日寇怎样统治伪蒙》，《内蒙古文史资料》第六辑（内部发行），内蒙古人民出版社，1979年。

② 中国第二历史档案馆编：《中华民国史档案资料汇编》第五辑，第一编政治（五），江苏古籍出版社，1994年，第132页。

③ 国第二历史档案馆编：《中华民国史档案资料汇编》第五辑，第一编政治（五），江苏古籍出版社，1994年，第133页。

改变，还想再次依靠国民政府实现建立蒙古国的计划。

结　语

1931—1937 年可说是中国近代历史上较为特殊的几年，之所以说它特殊，是因为从 1931 年开始，日本野心家开始把主要矛头针对中国，不断发动对中国的侵略战争。历史进入 1937 年，这种侵略活动也进入了高峰时期，中国与日本之间的矛盾更加尖锐。作为当时的统治者，国民政府能否处理好这一问题，不仅关系到统治的根基是否稳固，而且关系到对民族问题的处理是否恰当。不仅包含复杂的外交关系，还包括复杂的民族关系。内蒙古地区作为当时日本侵华的最前线，其政治、军事地位显得尤为重要，可以说关系到国家的生死存亡。因此，能否治理好内蒙古，能否制定出合理的政策，也成为国民政府不得不关注的内容。

德王作为当时内蒙古的一个实力派人物，对政治极为热衷，并在内蒙古地区日益受到人们的信赖，依附他的人也越来越多，成为当时蒙古民族中一个举足轻重的人物。为了加强对内蒙古的管理，中央政府对德王自然极为重视，但德王与南京国民政府之间的关系经历了曲折发展的变化过程。这一变化，与日本方面的作用是分不开的。日本就像一种“催化剂”，时刻影响着两者关系的变化。但日本所起作用的大小，也与德王和南京国民政府的政治取向紧密相关，并不是一开始，日本就在他们之间发挥了很大的作用。“其他被日本人挑选出来的‘傀儡’没有一个像溥仪那样地顺从。首先，他们都是一些一贯追求权利和权威的人，在如何去得到权力方面受过良好的训练。有时，他们为了得到他们的个人利益或小集团的利益而进行讨价还价；有时他们进行讨价还价时脑子里也还想到过广泛的国家利益。也许更常见的情况是，他们夹杂着包括所有这些因素在内的动机来进行讨价还价的。要精确地指出某人的动机是困难的。不过……无论如何只有能确立以下的论点才是重要的：即日本人并不是总能任意操纵他们的合作者的。”① 也许这段话能很好地说明当时德王的实际情况，日本并不能随心所欲地操纵德王，德王当时也根据他自己的需求来选择对待中央政府与日本之间的关系。正如李文海在《历史并不遥远》一书中所说的：“我很赞同这样的说法：世界上没有人‘天生就是个喜欢卖国的坏蛋’。汪精卫是个公认的大汉奸，但他确实曾经是一个热心的爱国者。从爱国者到大汉奸，中间自然有一个复杂的发展过程。”② 因此对德王的评价，我们应该持公允的态度，应该按照历史唯物主义的原则，从他本人所参与的历史事件和从事的历史活动去评价他的所作所为。

对于德王与南京国民政府关系的发展变化来看，百灵庙自治运动的发生可说是两者关系发生变化的一个转折点。在此之前，德王作为一个蒙古族的上层王公，在面对内忧外患的情况下，的确有为蒙古民族寻找出路的打算，但这一目标最终并未实现，并且随着国内外形势的发展，他的政治态度也发生了明显的变化，不再把全部希望寄托在南京国民政府身上，而希望通过另一条道路来实现他的愿望。德王的这一做法也恰好满足了日本侵略者的意图，使他们不费吹灰之力就找到了他们的中介人，进而把德王作为侵略内蒙古、进而霸占华北的跳板。对于侵略者来说，从来都是把他们自己的国家利益放在第一位来考虑的，根本不可能提

---

① ［美］约翰·亨特·博伊尔：《中日战争时期的通敌内幕》（1937—1945）（上册），陈体芳、乐刻等译，商务印书馆，1978年，第18页。

② 李文海：《历史并不遥远》，中国人民大学出版社，2004年，第301页。

供真正的帮助，德王最终也成为历史的牺牲品，不能不说是一件可悲的事情。德王后来之所以采取借助日本达到他的政治目的，与国民政府所采取的对蒙古民族的政策不适当有很大的关系。作为一个根基不甚稳固的政权，为了取得统治上的合法性，只能把主要精力放在应付他的主要对手——中国共产党身上，当然也就无暇顾及远在大漠的内蒙古地区，因而对蒙古民族也就不可能从根本上关注他们各方面的发展，由于在他们的心目中始终不肯承认少数民族的存在，而只承认他们的宗族地位，因此也就不可能制定与蒙古民族相适应的政策、纲领，也就不可能让所有蒙古民族忠心地对待这样一个政权。

善于总结历史的经验教训，才能使我们少走弯路，才能让我们更清楚地认识到形势的发展变化，才能制定出符合实际的方针、政策。因此，从对 1931—1937 年德王与南京国民政府关系的简要分析，我们应该吸取如下的经验教训：

第一，民族地方及个人应该以国家大局为重，从国家利益出发，如果只是为了自身利益，做出损害国家利益、民族利益的行为，一定会受到相应的惩罚，成为历史的淘汰者。德王作为当时内蒙古地区显赫的政治人物，也曾经辉煌过，最终之所以走上没落的道路，与他的错误的历史选择有很大的关系。为了实现个人的抱负，德王可是下了一番功夫，尤其在争取国民政府的支持方面；他只是想实现他的“大蒙古国”理想，国民政府没有满足他的要求，他就转而把希望寄托在日本侵略者身上，他根本没有意识到他的这一做法究竟会为蒙古民众带来什么。由于侵略者是借他的手以达到侵略的目的，所以他又间接地使蒙古民众走向了万丈深渊，他的这种做法远远超出了他个人的利益，而是严重地损害了国家、民族的利益，最终要为他的这一做法付出严重的代价！所以，只有中华民族获得了独立，民族地方才能得到发展。

第二，统治者应从少数民族的利益出发，制定、实施合理的、切实可行的民族政策，应该竭力避免大汉族主义或狭隘民族主义思想，只有这样才能赢得少数民族人民的支持，才能维护国家的统一。南京国民政府对蒙古民族政策的失败，说明只有中国共产党顺应形势发展实行的民族区域自治政策才符合我国的实际，才是真正从少数民族本身的利益着想，真正地扶植他们发展、繁荣，才会赢得他们的支持，才能维护国家的安定、统一。

作者简介：胡海杰，1980 年生，河南遂平人，汉族，硕士，上海市松江区佘山学校。

十一、滇西干崖土司与盈江设治局之关系（1932—1950）研究

宋　诚

前　言

本文依据云南省档案、德宏州档案、盈江县档案等一手档案资料及相关文献，全面梳理分析了盈江设治局成立（1932）至撤销（1950）28年间与干崖土司之关系及其背景、成因与特点。主要内容如下：

第一，自1932年盈江设治局成立到1942年的10年间，双方关系渐趋紧张，是矛盾斗争的10年。先是干崖土司对设治局成立的强烈抗议，接着是云南省政府及滇西地方当局试图打压土司势力，最后盈江事变爆发，设治局局长被杀，云南当局亦积极酝酿撤销土司制度。

第二，1942年至1944年滇西抗战期间，在外敌入侵的危局之下，蒋介石致电滇西号召各土司抗战，云南省政府也对设治局局长被杀之事低调处理，干崖土司、云南省政府、国民政府件关系迅速和缓。

随着日军的进犯，盈江等高黎贡山以西地区相继被占领。日军的占领，使盈江设治局工作停止。在干崖土司家族存亡攸

关之际，老土司刀保图带领设治局局长及下署军队撤离敌占区，组织抗日游击队，协助远征军作战；刀保图三弟刀保固则留在干崖，与日军合作，组织维持会，协助日军征粮、维持干崖社会秩序，同时，也为刀保图游击队、中国远征军提供粮食、情报。

第三，1944 年，滇西反攻取得胜利，土流关系再次紧张，撤销土司的议题再次浮上台面。1945 年，云南省政府重建设治局，进一步对设治局的各项制度、规章做了规范和强调。此一时期，滇西各土司之间联合进一步紧密，并出现设立“联合行政区”的提议，引起国民政府及云南省政府的关注。然而，“昆明事变”的发生、云南政局的变动使得云南省政府撤销土司的态度逐渐软化。最终，干崖土司刀承钺先后兼任设治局副局长、局长，“设治局”撤销土司、设立县治的目的宣告失败。1950 年，盈江和平解放，盈江设治局被撤销。1956 年，完成土地改革后，干崖土司宣告撤销。

总之，设治局作为代表云南省政府的流官机构，与干崖土司存在很大的矛盾冲突，但干崖土司却始终掌握着盈江地区的主要权力。在民国时期，云南地方政府虽然屡次试图撤销土司，其态度不断因时局的左右而变化，土流关系、民族关系也因之呈现出不同的状态。

（一）盈江设治局的成立与十年冲突（1932—1942）

1931 年，南京国民政府颁布《设治局组织条例》；翌年，云南省政府开始在云南成立设治局，滇西的干崖地区亦在“干崖行政委员公署”的基础上成立了“盈江设治局”。然而，盈江设治局一经成立，马上遭到了土司及地方民众的反对。之后的 10 年间云南省地方当局多次试图削弱、撤销干崖土司，而干崖土司不断地抵制反抗，双方关系日趋紧张。1942 年，盈江设治局被围攻，局长李竹溪在一场冲突中身亡，设治局与土司的争斗趋于白热化。这一特点，与当时国内外政治形势变化联系在一起，对于当地社会政治及民族关系影响极大。

1. 设治局成立前的土流关系

干崖自永乐元年（1403）设立干崖长官司（傣族），正统九年（1444），升为宣抚司。清雍正年间在西南施行大规模的“改土归流”，干崖土司未有涉及。民国初年，云南省政府试图改流，先设立弹压委员，后改为干崖行政委员。民国二年（1913），刀安仁逝世于北京，刀京版袭职；同年，改弹压委员为行政委员，流官机构得到充实，并陆续设立了警察事务所、劝学所、实业所、电报局、邮局、邮政代办所厘金特税机关。由此形成土流并存的局面，双方矛盾时断时续，但总体而言是比较和缓。“民国十三年的兵灾”和民国十七年的“劝学款案”应该算是土流关系冲突的两个个案。①

在民国十三年兵灾中，干崖行政委员董绍文与干崖土司刀保图虽未直接出面，但腾越镇守使派兵平乱与刀保图三弟刀保固率兵与之对抗，实际是代表了土司势力和流官势力的斗争；此事件因土司与地主的经济纠纷而起，看似事出偶然，其背后是土司与

① “清末，干崖土司刀安仁几次带人出国，资助同盟会革命经费，筹办实业等耗资巨大，加之司署生活奢侈，费用增加，入不敷出，只得抵押官租，借债维持……民国十三年（1924）春，干崖土司之三弟刀保固因婚事到线家借钱……线子昌要刀帮工 3 年为条件，极大地刺激了刀保固，固遂决心消灭线子昌为首的地主势力，收回抵押出的全部官租。”见《盈江县志》，第 527 页。另“干崖劝学款案”见《德宏州史志资料・第六集》。

新兴地主长期经济矛盾积累的爆发，并动用政治、军事力量以暴力手段消除以往债务的行动，造成“全长55公里的干崖坝共被烧毁傣族村寨70多寨”①。关于学款纠纷的史料中未见土司的呈文，但双方文辞针锋相对，矛头直指土司与行政委员。

2. 设治局的成立及干崖土司的抗议

1932年，云南省政府开始在各地推行设治局，滇西的干崖地区亦在“干崖行政委员公署”的基础上成立了“盈江设治局”。设治局一经成立，马上遭到了土司及地方民众的反对。

(1)“呈为恳乞改立议案以顺民习而安边务事”的再发现

“干崖土司上书反对设治局”这一事件最早被佘贻泽（后名“杨公素”）编著的《中国土司制度》（正中书局，1944年）所注意到，其中谈道：“云南各设治局俱负有改进土司筹备县治之责。沿边各土司对于设治局之成立，有反对者。如干崖土司并请求将各司划一特别区域，一切政事由各土司完全负责。”② 关于这则材料的注释中提到“见民国二十一年六月，干崖土司呈文，云南省档案馆”③。

笔者在云南省档案馆查阅档案的过程中，发现了杨公素先生所提到的这份“上书”原件及云南省政府对此事件的批复。④

这份上书名为“呈为恳乞改立议案以顺民习而安边务事”，

---

① 赵启国：《记二十年代干崖的一次大兵灾》，载《德宏史志资料》第七集，德宏民族出版社，1986年，第168—171页。

② 佘贻泽（杨公素）：《中国土司制度》，正中书局，1944年，第171页。

③ 佘贻泽（杨公素）：《中国土司制度》，正中书局，1944年，第177页

④ 云南省民政厅档案：《为干崖司署众乡民呈为恳乞改立议案以顺民习而安边务训令干崖设治》，档案号：1011—008—00038—001，云南省档案馆藏。

落款为“干崖司署众甿民[1]哏垣轰、冯垣慧、岳波保英、刀波保福、冯波顺、况波翁保、克世禄、孔波哏闷波丙”，落款的日期为“民国二十一年六月二日”。全文用毛笔竖排正楷书写，字迹端庄秀丽，结构清整大方。

同卷之中，还有一信封为竖排书写“呈云南省政府主席龙大人钧启自干崖跪申”。

“干崖司署众甿民”所“恳乞改立”的“议案”，就是民国二十一年五月十三日传达到干崖司署的“云南省政府训令第七九四号”，其核心是成立设治局，“查本省各行政区地方昨经本府提会议决，一律自三月一日改组为设治局，并责成甿民等遵办颁布设治局章程，领表前往各甿乡村宣传调查门户各等因一案”。

此外，杨公素先生在论述中有些许笔误，这则档案中确实是反对设治局的成立，但并没有提到“干崖土司并请求将各司划一特别区域，一切政事由各土司完全负责”，在此后的相关史料和档案中，确实存在土司请求建立特别区域，由土司自行管理的相关内容，杨公素先生应是将此类材料误记为这份“上书”中的内容。

（2）谁的“上书”

这份上书落款虽为“众甿民”，但依据其他的材料来看，应该如杨公素所说，实际应该是土司衙署的上书。首先，甿是土司对傣族民众的一种管理方式，江应樑先生这样描述“傣族居住的村寨……合数寨为一甿……设甿头、副甿头管理”，所以“众甿

① 甿（kěng），是德宏傣族地区仅次于土司的一个管理层级，“傣族所居村寨，可大致分为三类：村——人口有数十家或百余家不等；寨——较大村落或合数村而成一寨；甿——合数寨而成一集团，称为甿……每甿设一甿头，总揽全甿各村寨的行政及经济大权”。江应樑：《傣族史》，四川民族出版社，1983年，第446页。

民”应主要是傣族民众。傣族地区深受南传佛教影响，传统的文化教育多为男孩入寺院接受教育，掌握基本的傣文读写。盈江县档案馆所藏的许多民国时期的买卖、借贷契约都是傣文书写，由此来看当时干崖地区傣族民众对汉语的掌握程度应该不高，这样字迹工整，又文辞如此熟练的“上书”肯定不是出自“众畹民”的手笔。

其次，德宏地区现在还没有通铁路，当时的干崖地区尚未通公路，没有正式的邮递系统，交通、信息极其闭塞。而上书中能数列“蒙、藏、伊犁、新疆、青海以及边疆各省”之事，并谈及英国在缅境内的殖民和发展，恐不是当时的“众畹民”所能为。

再次，这份上书落款为“干崖司署众畹民：哏垣轰、冯垣慧、岳波保英、刀波保福、冯波顺、况波翁保、克世禄、孔波哏、闷波丙”，而民国二十年干崖土司刀承钺承袭土司时所呈交云南省政府的一份“保结”落款为“况金廷、冯波顺、克世禄、哏坦轰、岳波保殷、冯坦彗、刀波保福、孔波哏、孟波丙”。除“刀波保福”“哏垣轰”“冯垣慧”同名外，“闷波丙”与“孟波丙”“岳波保英”“岳波保殷”为同一傣语名的汉文音译，应属同一人；“况波翁保”与“况金廷”是否同一人暂不确定，但据前推测，有很大的可能性。

再看文中对“畹民”的几处表述：“责成畹民等遵办颁布设治局章程，领表前往各畹乡村宣传调查门户”；“畹民等奉命之次各归宣传，民众一闻均皆骇异”；“纵多方解慰卒难安民众心理，畹民等实无全策以善诱而就范”；“土司刀保图与畹民等奉令调兵干”。能够与土司一并调兵，并负责调查、宣传的，而文中与“民众”相对应，“民众”是“畹民”所安抚、善诱的对象，自然应该是各畹头及当地的民族上层，而不是普通民众。

最后，文中有“土司刀保图与畹民等”“土司及畹民”这样的表达，说明行文当中土司与“畹民”是处在同一立场的；这份上书的内容是反对成立设治局而保持原有的土司统治格局，反映的是土司为代表的当地民族上层的利益。且多处以“滇边各司”“滇边”自喻，其背后所代表的利益又不只是干崖一地，而是滇西边区各土司及民族上层。

（3）表达抗议的主要内容

这份上书即题为“呈为恳乞改立议案以顺民习而安边务事”，核心自然是表达干崖方面对成立设治局的反对和抗议，表达抗议的行文路径上确实精细构思，不仅有所选择和取舍，而且从一定程度上反映出干崖土司及民族上层对自身的认识和定位，对政府的态度和立场，对中国边疆民族问题的认识及对英属缅甸的了解。

其一，不断地强调干崖地区相比于中国内地的特殊性与反抗的可能。文中开篇即谈“窃以沿边各土司毗连缅属，民多异类，语言复杂，自古俗不入化，习以性成，知识阶梯与内地人民隔天壤，故难于同等法律制度并驾齐驱”，“苟反其所好，强以所不知，迫以所不能，极激则虽禽兽尚且难屈伏而柔之，况于人乎？”在论述了英国对缅甸统治之后，又提到“况我滇沿边各司夷民其种类之复杂亦不亚于缅属，而风俗习尚顽强不化迨倍胜于彼，语言文字之不同，随事殊难实澈”。

其二，承认自清及民国中央政府对干崖地方的管理，表达干崖地方对国家和政府的拥护。文中用较大的篇幅论述了干崖刀盈廷、刀安仁、刀保图三任土司的事迹。先是刀盈廷率军抗击英人入侵，“光绪二十三年，有英人哈精弄厅，率兵侵入干崖边境攫夺，先土司刀盈廷闻报，率民壮数百前往结营于頡哄罕等处，相据拒争四月有余”；而后是刀安仁“出兵捐款，皆系赞成民国”，直至“为国牺牲”；然后是“民国十五年股匪张樑宗、金荣流犯腾城，土司刀保图与旷民等奉令调兵千余，合各司助剿，及至平竣，二月之久”。以期强调“土司及旷民等徒为国致劳，一诚拥护，未尝受政府粮饷供给，实非旷民等妄饰，敢自空谈，冒陈邀誉而徒苟免也，想别省之人民未必如斯之拥护国家也”，“人民仍低首下心，对于政府毫无二意”。其中所提尽是土司在军事上的活动，一来自表土司军功，再者通过“率民壮数百”“调兵千余”这样的书写也意在展示干崖所拥有的武力。

其三，表达了自清以降，政府守土无能、治民无方及所委任官员的劣迹与干崖民众的不满。当刀盈廷抗击英军时，竟然是“孤军无援，死伤数十，败绩退却，修文陈禀，官吏仍无长策，不发一兵一卒共争国土，遂使英人长驱直入”。而后又“延至次年，清廷委任总兵刘万圣率兵与英人划地，分滇缅界务，刘固庸懦畏死媚外，竟将洗帕河以内至姑里卡百余里之地划入英人版图，既不能据理以争，反威抑土司‘若与外人开衅、生事，则罪不容诛’等”。而且“时犹有贪委污吏，假政府之权威，无端剥夺苛索、横征交替，卷括脂膏，蹂躏刻虐，脆腹充囊，犹如外府争来渔取而去者”。“民国十三年干属全境罹兵祸之惨，皆由于数辈委吏贪名好利”，而且“政府委员布政临场不免面面相觑、词不达意而事每有舛误，政令难以畅行，人民多屈冤灾苦”。民国十三年兵灾，演变至干崖土司署刀保固打出“兴夷灭汉大将军”① 旗号，与腾越副镇守使李秉阳进行武装对抗。这实是再明

① 《盈江县志》，云南民族出版社，1997年，第527页。

显不过的暗示：若政府行为不当，干崖地方有武装反抗的可能。

其四，从中国边疆民族问题角度来讨论干崖地方。文中谈道："窃以沿边各土司毗连缅属，民多异类，语言复杂，自古俗不入化，习以性成，知识阶梯与内地人民隔天壤，故难于同等法律制度并驾齐驱。查我国疆宽地迤，民类之多，如满、蒙、伊犁、青海、西藏皆然，岂特滇边土司区区一隅，有是情焉。""窃以为较诸蒙、藏、伊犁、新疆、青海以及边疆各省，边氓安分自守，不劳政府内顾踌躇，殆必有胜于彼者，焉令我政府议决组变法。"

其五，将英国殖民缅甸与干崖相比较。其中有几层含义：（1）将国民政府对干崖地区的管理与英国对缅甸的管理相比较，"犹如外府争来渔取而去者"，暗示其政权的外来性；（2）谈及英国在缅甸"顺民之意，维持弱小民族之生存"，并促进了缅甸的发展"故三十余年来，政策变易，遍示宽惠"，"不数年间沃土千里"，意在凸显治理的失败，民众"意谋侨迁"外附英国的可能及国民政府应仿效英国对缅甸的治理"不剥夺其权利，不犯其自由，不凌其无知，不恃威权"；（3）强调滇西边区与缅甸类似的特殊性"滇边各司夷民其种类之复杂亦不亚于缅属，而风俗习尚顽强不化迨倍胜于彼，语言文字之不同，随事殊难实澈"。

同时对地理及文化上更接近的英属缅甸也有所认识，对满、蒙、新疆、西藏的讨论，以及英国对曾经是土司的缅甸、木邦的统治，可以看出土司及民族上层深知政府最不希望出现的问题：政局动荡及版图萎缩。这样的表达即存在这样的暗示：如果国民政府对滇西强行改制，也许会出现满、蒙、新疆、西藏之类的问题，也许会如缅甸、木邦一样，变为英属干崖、英属滇西。

从这份上书的行文路径及言辞来看，干崖方面表达的是对设治局的强烈反对，因为设治局的成立直接涉及他们自身的利益。然而，干崖方面这份措辞强硬的抗议，对于龙云、云南省政府及云南省民政厅而言，区区干崖地方，只是一个很小的事件，对于干崖土司及民族上层的抗争只做了清淡的回应，置之不理。

3. 设治局建立后土流关系之变化

（1）省政府对刀承钺承袭土司及刀保图代办猛卯的处理态度

1931 年 8 月，南京国民政府通过‘明令撤销土司一案’，然而云南省对土司承袭的问题，却有着自己的规定：“唯并无升降级之规定，服务无重大过失者，照例世代以嫡子承袭罔替，如违法肇乱，情节匪轻，则除依法办理外，将其土司革职示惩。”①

时猛卯土司②衎（kàn）国藩病故，内部又发生争袭。干崖土司刀保图之妻为猛卯衎氏土司家族，所以刀保图前往猛卯任代办，支持其外甥衎景泰，并借此扩张权势；并呈请由其子刀承钺承袭干崖宣抚使司职务。1931 年 11 月 26 日，第一殖边督办李曰垓对刀承钺承袭一事表示支持，“呈请迅予颁发干崖承袭土司刀承钺委状”，认为干崖土司“所呈各节系属实情”，而且“现届冬防期间盗匪易于潜生土属无人负责不唯一切功令难以行政诚恐发生他虞影响治安非浅理合”，所以认为“具文呈请钧府俯赐查核迅予颁给委状”③。

---

① 龙云：《云南行政纪实》第二十册《边务・土司制度》，1943 年。

② 大概区域为今瑞丽市。元代隶属麓川，明代设设麓川平缅军民宣慰司，“三征麓川”后撤销麓川平缅宣慰司，改置陇川宣抚司，万历初年，猛卯脱离陇川而别立土司。

③ 云南省民政厅档案：《为第一殖边督办呈复刀承钺承袭干崖土司请准予发表及颁发委任状》，档案号：1011—008—00038—002，云南省档案馆藏。

然而，云南省政府方面的态度却有所不同。1932 年 12 月 12 日，云南省政府秘书处所拟写的意见中称“督办转请……本应照准”，但是更倾向于取消刀保图代办职务“仍归干崖办理土司事务”，所以令第一殖边督办李曰垓“该刀承钺是否仍须承袭仰请该督办迅即查明具覆”①。云南省政府的意图倾向于控制土司的承袭与权势。

其后，李曰垓在给云南省政府的复文中表示了对撤销刀保图代办一事暂时放下，将“亲到猛卯即查看情形再行定夺”，而坚持刀承钺承袭一事“请准予发表无碍也，奉令前因理合具文呈复，请祈核准施行”②。

随后，云南省政府秘书处将此事呈递龙云处，称“拟将原件交发民厅核办，当否？请核示”。龙云对此的批复是“如拟”。至此，已是民国二十二年（1933）的三月八日，三天以后，云南省政府方面下发了“列衔指令”和“列衔任命状”，同意李曰垓所请，任命刀承钺承袭干崖宣抚使司。③

从干崖土司上交相关材料呈请承袭算起，到云南省政府正式任命刀承钺承袭干崖宣抚使司，历时一年又三个月之久。从其往来公文可以看出，云南省政府对土司承袭是比较重视的，云南省秘书处、民政厅对于土司的承袭的态度比较消极，更倾向于控制土司承袭，并限制其权势，龙云对此事件批复较少，但从最终批

① 云南省民政厅档案：《为第一殖边督办呈复刀承钺承袭干崖土司请准予发表及颁发委任状》，档案号：1011—008—00038—002，云南省档案馆藏。

② 云南省民政厅档案：《为第一殖边督办呈复刀承钺承袭干崖土司请准予发表及颁发委任状》，档案号：1011—008—00038—002，云南省档案馆藏。

③ 云南省民政厅档案：《为第一殖边督办呈复刀承钺承袭干崖土司请准予发表及颁发委任状》，档案号：1011—008—00038—002，云南省档案馆藏。

准其承袭来看，至少是不反对的。

上文提到，第一殖边督办李曰垓对刀承钺承袭一案的坚决支持，其实并非是对干崖土司的支持。他认为“至根本弥乱之方，自以因其无合法承袭之人，撤销代办，收归设治局长直接管理为上策”，但是，因“兔死狐悲，恐引起各司之惊疑，枝节横生，不能不先有充分之准备。猛卯气候恶劣，历任行政委员，一入夏季，即迁驻腊撒，相距数程，不易管理，故上策实为现时情势所不许”；所以“唯有迁就事实，因邻封之疑忌，勒令刀保图辞去代办，变通成例，准衎盈丰之未成年嫡子袭职，而以衎国藩之妻放氏、衎盈丰之妻刀氏共同代理职务，如此，则他方面可望相安”；但是，李曰垓担心“刀保图不免怨望，以其性质乖张，又有猛卯、干崖两方面之关系……或恐发生意外”。又因“督办所辖部队不多，枪械又极窳旧，无威可畏”①。

从李曰垓的呈文来看，他是支持强化设治局权力，而削弱、甚至撤销土司的。因为实际力量的不足，所以希望利用滇西各土司之间的矛盾，撤销刀保图代办的职务，平衡各土司之间的势力。然而，瑞丽设治局及殖边督办没有能力控制猛卯乱局，此外也需要依赖刀保图以维持对猛卯的控制。瑞丽设治局局长在给殖边督办公署、省政府的呈文中称：“此事如不扩大，刀之能力自可暂时维持，设不幸酿出意外，必须上峰镇定之。时则设治局毫无实力。”② 可见，将刀保图去职之事，虽然无法立即实施，但云南省政府及滇西地区所派流官一直在努力。

① 李曰垓：《李曰垓呈省府解决衎氏争袭处理办法的报告（1932 年 7 月 31 日）》，《德宏州史志资料》第七集，第 189—190 页。

② 李曰垓：《李曰垓向省府报告衎氏双方近况（1932 年 8 月 16 日）》，《德宏州史志资料》第七集，第 190 页。

（2）关于对干崖土司的几份控诉及各级政府对其态度

笔者在查阅相关档案的过程中，发现了几份控诉干崖土司的案件，这几个案件的处理中，云南省政府及滇西地方当局都试图借此打击、削弱土司，以加强政府对土司的控制，但实际操作上又缺乏实力，即使是对于土司的“违规”“越轨”行为也只能默认，以求地方稳定。

第一，线永命恳请追还血产案（民国二十二年六月二十八日）

因刀安仁时期出卖官租及其后干崖土司的一系列借款纠纷，民国十三年，干崖土司刀保图三弟刀保固率兵抄袭借款地主线子昌（线卫印）家，废除了所欠债务，收回已抵押的官租。线家状诉干崖土司刀保图，“恳请追还民国十三年血产”所指就是这一事件中线家所受的损失。

1933年6月28日，第一殖边督办李曰垓上呈云南省政府，呈文中称民国十三年兵灾发生后，地方积累了大量受害者的控诉，却一直“辗转拖延，莫能了结”，虽然亲自向盈江设治局局长询问、商议，然而因为盈江设治局“力有未逮”，所以一直未能解决。究其原因，李曰垓认为是“民十三年以来，一味姑息、积重难返”，所以希望云南省政府“毅力主持，绳之以法，慑之以威，庶足以安边民而了悬案，且使土司知所畏惮，以后边官办事，始有着手处也”①。

此时，距李曰垓呈请任命刀承钺承袭干崖宣抚使被批复（1933年3月11日）不到三个月，距李曰垓呈报云南省政府“勒令刀保图辞去代办”以解决猛卯争端（1932年7月31日）

① 云南省民政厅档案：《为第一殖边督办呈复刀承钺承袭干崖土司请准予发表及颁发委任状》，档案号：1011-008-00038-002，云南省档案馆藏。

不到一年。

半个月后，云南省政府方面对此事件做出批复："呈悉。查所呈办理此案，久未能决，情形当属实在。应亟令饬盈江设治局长早日到腾，询（问）情形，妥拟处置办法，呈候核夺；仰即遵照，仍将办理情形继续拟核。"①

云南省政府对于李曰垓提出的将刀保图"绳之以法，慑之以威"没有做出批复，只是同意"饬盈江设治局长早日到腾"，并且没有授权李曰垓对此事做出决定，而是令其"拟处置办法呈候核夺"，并"仍将办理情形继续拟核"。云南省政府的意图在于维持现状。

第二，徐李氏控干崖土司包庇凶犯案（民国二十七年十月十二日）

民国二十七年，云南省民政厅又接到了徐李氏与儿媳徐何氏状诉干崖土司刀保图包庇凶犯的诉状：

> 具禀民妇徐李氏同媳何氏住东街，为正凶逃逸、延不交案，恳请勒令干崖土司交凶惩办，以伸法纪，而慰幽魂事情。氏子徐嘉祥在腾越海关充当巡丁，于民国二十五年冬月，奉泳往蛮允分关巡缉，在中山路及遇奸商偷运货驮，上前阻止，以致横遭惨杀，碎尸毙命。当即禀呈海关监督暨税务司转呈。
>
> 上峰优恤，并饬盈江、莲山两设治局长督属缉凶后，蒙海关派汪师爷等协同将凶手缉获，转解来腾。行

① 云南省民政厅档案：《为第一殖边督办呈复刀承钺承袭干崖土司请准予发表及颁发委任状》，档案号：1011-008-00038-002，云南省档案馆藏。

至干崖，被前土司刀保图令名刀万松拦截作保，将凶首纵逸，致无从交案，延悬至今，二载有余。当时氏已探得，凶手乃该土司之支系亲属也，故尔大胆包庇纵放使成悬案，无奈伊何。今幸。

恩星莅腾，政治清明，万民感恩，恳请勒令今干崖土司，饬该刀万松交凶惩办，以伸法纪而慰幽魂。否则即唯该刀万松是问，非拿办不可，庶氏子二载之冤为之一雪，氏夫生前奔走呼喊之苦，为之稍舒，于地下则不胜感激之至矣。①

云南省民政厅对其做出的批复是：

呈悉：所呈杀毙该氏子徐嘉祥之凶犯，缉获后被干崖土司刀保图拦截纵逸等情，是否属实，该土司刀保图实属不法，词出片面，殊难悬揣，应饬该土司交案惩办之，仰□饬盈江设治局长查明办理可也，此批。②

对于设治局无力统治土司的情况，云南省民政厅应是再清楚不过了，“饬盈江设治局长查明办理可也”，无异于又将此事退回盈江设治局，结果必定是无法查办。

① 云南省民政厅档案：《据腾卫县东街民妇徐李氏呈为正凶犯逃逸不交案恳请勒令干崖土司交凶惩办以申法纪由令设治局查明办理》，档案号：1011-009-00021-007，云南省档案馆藏。

② 云南省民政厅档案：《据腾卫县东街民妇徐李氏呈为正凶犯逃逸不交案恳请勒令干崖土司交凶惩办以申法纪由令设治局查明办理》，档案号：1011-009-00021-007，云南省档案馆藏。

第三，莲山设治局局长李竹溪控诉刀承钺擅自越界案（民国二十八年）

莲山即盏达，位于干崖以西，明中叶以前为干崖领地；明朝为削弱土司势力，于天顺二年（1458）封干崖土司刀怕便别子刀思忠为干崖宣抚司副使，分治盏达。[①] 民国初年，设立盏达弹压委员，后改行政委员，1932 年在盏达设立莲山设治局。[②]

盏达土司本系干崖土司同族，其地为干崖所辖一部分，后被封为“盏达副宣抚使”[③]。民国二年，因与行政委员发生及管带武装冲突被革职，遂流窜缅甸十余年，民国十九年复上书云南省民政厅、省政府请求回国复职，云南省政府“许其回国复职”，并将盏达官租的十分之四拨作其赡仰费用，“呈请恢复土职”一事则“碍难照准”[④]。

民国二十八年，在盈江设治局与莲山设治局的辖区交界处（即干崖司与原盏达司交界处），发生了刀承钺“进兵莲山”“霸去滚塘寨”一案，莲山设治局局长李竹溪于民国二十八年（1939）四月二十六日呈报云南省民政厅[⑤]，称“干崖土司昨藉界务为名，命其属目带兵进占滚塘等寨”，并认为“该司本蓄吞并各司之阴谋，处心积虑，已非一朝”[⑥]；腾龙边区监督龙绳武

① 《盈江县志》，云南民族出版社，1997 年，第 593—594 页。

② 《盈江县志》，云南民族出版社，1997 年，第 450—451 页。

③ 《〈新纂云南通志〉德宏各土司考》，载《德宏州史志资料》第一集，第 114 页。

④ 《盏达思鸿升要求复土司职的报告（之二）》，《德宏州史志资料》第五集，第 35 页。

⑤ 云南省民政厅档案：《就干崖土司刀承钺派士兵进驻新寨绝民水源遍插界桩将向归莲山管辖之滚塘寨霸去等情一案指令莲山设治局训令盈江设治局遵照并呈请省政府鉴核》，档案号：1011—009—00103—003，云南省档案馆藏。

⑥ 《李竹溪呈报莲山情况》，载《德宏州史志资料》第五集，第 160 页。

曾“令饬腾冲知县王恳查明据实呈复”，然而“该县长复托保卫第二十五营刘营长绍尧往查”，得到的结果是“迄未呈复”①。

时任云南省民政厅厅长的李培天就此提出了处理意见，并将其呈报省政府主席龙云，称：“查该土司刀承钺胆敢派遣土兵越界横行，实属不发已极，当径职厅核明令饬盈江设治局长迅即严予制止，勿使事态扩大，为该土司敢于违抗命令一意孤行准即(厅)呈来厅从严议处不贷并速定期咨会莲山设治局长亲往与争多地会同查勘明白，绘具详图，呈报核办。”在征得龙云同意后，分别向盈江、莲山两设治局下发指令，令莲山设治局局长李竹溪“仰俟令饬盈江设治局长迅即严予制止为敢抗命不符即行从严究办”。在给盈江设治局局长的指令中称：“对于该土司不法行动迅即严行制止，勿使事态扩大，为该土司敢于违抗命令、一意孤行准，即究呈□云从严议处不贷，并速定期咨会莲山设治局，亲往与争各地，切实勘明，妥为办理，勿（得）违延干议！切遵！”②

云南省政府对此事件的处理，用意在平抚莲山设治局局长李竹溪情绪，而由主管干崖土司的盈江设治局来主办此事，核心在于“勿使事态扩大”，对于设治局根本无力对土司“严行制止”的事实，云南省政府方面不可能不清楚，这样的处理办法无非是希望平稳局势。然而，时任莲山设治局局长的李竹溪在两年之后调任盈江设治局局长，即将面对一场更大的冲突。

---

① 云南省民政厅档案：《就干崖土司刀承钺电呈免职以猛卯代办刀保图充办理经过情形电令腾龙监督署查复核办》，档案号：1011-009-00103-009，云南省档案馆藏。

② 云南省民政厅档案：《就干崖土司刀承钺派士兵进驻新寨绝民水源遍插界桩将向归莲山管辖之滚塘寨霸去等情一案指令莲山设治局训令盈江设治局遵照并呈请省政府鉴核》，档案号：1011-009-00103-003，云南省档案馆藏。

4. “寓禁于征”下的盈江事变：设治局局长李竹溪重伤身亡

滇省自唐继尧后，征收名为“烟亩罚金”的烟税，施行“寓禁于征”政策。[1] 龙云统治云南初，继续此项政策，之后虽然有出台相关禁烟的政策，但大多流于其表，被当作征收罚金、税款的幌子，并继续由政府低于市场的价格购大烟，称为“公烟”，再按市场价格统一运销，以从中谋利，以增加财政收入。

就在龙云执政云南的 19 世纪 30 年代末 40 年代初，在滇西的梁河、盈江、莲山、潞西、瑞丽[2]等设治局先后出现了多起地方民众抗交官烟并武力反抗的事件。其中，以盈江和莲山两设治局的冲突最为激烈，导致设治局局长被杀，干崖土司与盈江设治局、云南省政府的关系空前紧张。

(1) 民众武力反抗，李竹溪重伤身亡

民国三十年（1941）四月，莲山设治局局长李竹溪调任盈江设治局局长，大量收缴“公卖烟”，提高征收数额，压低征收价格；种烟民众要求减低征收数额，提高价格，未获同意。[3] 当时干崖老土司刀保图在猛卯担任代办，而新任土司刀承钺在现属缅甸境内的南坎养病[4]，干崖种烟民众抗交强派的官烟，围攻设治局，攻击李竹溪。事件发生，李竹溪于四月二十五日被送到腾冲医治，当夜不治身亡。

在盈江设治局遭到围攻，设治局长被杀后不久，梁河设治局、

① 《云南近代史》，云南人民出版社，1993 年，第 187—191 页。

② 梁河设治局辖区大体为今梁河县，瑞丽设治局辖区大体为今瑞丽市，潞西设治局辖区大体为今芒市市，盈江、莲山设治局辖区大体为今盈江县。

③ 《盈江县志》，云南民族出版社，1997 年，第 16 页。

④ 《腾龙边区特派视察员关于盈江事件等情况的报告》，载《德宏州史志资料》第五集，第 176 页。

莲山设治局也发生了民众围攻设治局，设治局长被杀事件。梁河发生围攻设治局事件后“唯护路营派队出击后，即行溃退，匪首康徐周，亦被南甸司派兵击毙”①。事发时莲山设治局长方敏中曾致电腾龙边区行政监督龙绳武，请求支援。然而，方敏中连续发出三封求援电报后，并没有得到及时支援，随后在冲突中身亡。

面对滇西各土司地区的武力反抗，对于是否继续征缴公烟，云南地方官员中出现了不同的意见。一派认为应该减少、推迟征收，以安抚、稳定滇西局势；另一派认为应该以强力继续征收，确保公烟的如数缴纳。李竹溪被杀之后，又复委任杨之翰为盈江设治局局长。杨之翰认为，此次盈江事变的一个重要原因在于“李前局长竹溪初则不实地踏勘……次则不召开人民公开取具认结，贸然以十七万两之数分配干崖司担负八成、户撒司担负二成……司官及首人见此相悬太远，逃避不归……该点即一大原因也”②。而龙绳武却认为是杨之翰与土司相互勾结，在给省财政厅厅长陆崇仁的报告中称盈江“而至今，烟即不交，款亦不退，其玩视功令至此而极，杨局长与土司勾结为奸，至为明显，若不严于惩处，以后边事益难治理矣”③。并再一次提起将刀承钺免职的建议。

（2）将刀保图、刀承钺免职的议题再起

龙绳武在盈江事发之初的电文中即中提到“务求政府重视此

① 《赵清澄关于莲山事件并请求任职的报告》，载《德宏州史志资料》第五集，第 161 页。

② 《盈江设治局长关于盈江的考察报告》，载《德宏州史志资料》第五集，第 63 页。

③ 《李竹溪事件及收买公烟的两件呈文》，载《德宏州史志资料》第五集，第 176 页。

次事件，从严处理。将干崖司、南甸司革职，其他未犯者，予以保留……且乘此期间，可望多数汉人移住该地”①。随后，免去刀保图猛卯代办、刀承钺干崖土司的职务，发布训令称“查干崖地处极边，夷多汉少，现虽设治，而机构尚未健全，故干崖宣抚司一职，至为重要！该员以年少承袭，能力薄弱，殊难胜任，应将宣抚司职务，暂为免去，以猛卯代办刀保图调充，除分令外；合行令仰遵照！此令”。并“委任方克胜前往代办”②。

民国三十年（1941）九月二十六日，刀承钺一面呈请复职的同时，又将头一年发生的“油松岭事件”再次提起，并将离职原因归咎于刘绍尧，称是为了“暂作避匿其锋”。并详细陈述了刘绍尧在干崖如何“大施淫威”，称刘绍尧驻兵盈江期间不仅要求干崖土司供应给养，而且为“勒索钜金，无所不用其极”，将刀保固捆绑至松油岭“滥用飞刑”“吊拷毒打”“几已立即毙命”③。

早在民国二十八年（1939），时任莲山设治局局长的李竹溪控诉干崖土司刀承钺擅自越界，在处理这个案件的过程中，腾龙边区监督龙绳武曾“令饬腾冲知县王恳查明据实呈复”，然而，“该县长复托保卫第二十五营刘营长绍尧往查”④。正是在此过程中，民国二十九年（1940），发生了干崖土司衙署护理⑤、刀保

① 《梁盈事件的有关电文》，载《德宏州史志资料》第五集，第198—199页。

② 云南省民政厅档案：《就干崖土司刀承钺电呈免职以猛卯代办刀保图充办理经过情形电令腾龙监督署查复核办》，档案号：1011-009-00103-009，云南省档案馆藏。

③ 云南省民政厅档案：《就干崖土司刀承钺电呈免职以猛卯代办刀保图充办理经过情形电令腾龙监督署查复核办》，档案号：1011-009-00103-009，云南省档案馆藏。

④ 云南省民政厅档案：《就干崖土司刀承钺电呈免职以猛卯代办刀保图充办理经过情形电令腾龙监督署查复核办》，档案号：1011-009-00103-009，云南省档案馆藏。

⑤ 负责土司衙署的军队及管理辖区内治安。

图的三弟刀保固与驻腾冲的保卫营营长刘绍尧之间的冲突。

刀承钺单方面的说辞固然值得商榷，其中细节不尽如其所言。然而，再参看受龙绳武指派处理盈江事变官员赵清澄①的一个呈文中，亦称“同日义奉钧厅两电：一电饬刘营长绍尧带队前往协助；一电令刘营长暂代盈江局务。职当即转知刘营，令其驰赴盈江维持地方。唯据刘营长报告：彼去岁与干崖纠纷至今尚未解决，现若暂代局务，与地方万难合作，不唯无补于实际，恐反激起他变，影响全局”②。此则电文中谈到刘绍尧“与干崖纠纷”，即证实了刀承钺呈文中所提到的刘绍尧与干崖司署、与刀保固的冲突确实存在。刘绍尧对于代理盈江设治局局长职务的命令，自知“不唯无补于实际，恐反激起他变”而采取回避态度，并不作多言，据笔者推测多少应如刀承钺所说，刘绍尧确实有不当甚至过分的行为。

刀承钺敢于在爆发事变后上书指斥刘绍尧“人面兽心”“大施淫威”，将刀保固捆至油松岭，欲“无非制人死地消灭供证”，一来是想转移盈江事变、设治局局长被杀之事的关注，指斥流官的不法行为；再者，以此事来作为内容，则干崖方面至少须站得住理，方能达到博取同情并指斥流官，在事发后面临的是否继续征收烟款的问题上，增加筹码。

此时，国民党八莫分部发电“恳请挽留该代办刀保图各等

① 曾任潞西设治局局长，盈江事变时任科长，具体供职机构史料中未有记载，据笔者估计其当时应为殖边督办公署人员，理由有：负责收发省民政厅处理盈江事变的电文，并下发刘营长，似不太可能是潞西设治局长的职权范围；其电文中称“十日下午，季科长亦自龙陵返腾，此后一切署务，仍由季科长负责处理”这以来表明他处理的是“署务”，再者，其当时所办公地点应为腾冲。

② 《关于盈江事件之处理意见》，《德宏州史志资料》第五集，第174页。

情”“猛卯全奉人员电请免调该代办刀保图”，云南省民政厅认为“复查该土司等被控各节，其平素顽固骄横不服政令已不概见”，意在留任刀保图为猛卯代办。然而，因为龙绳武作为龙云长子的身份①，云南省民政厅在前述文字每处均加旁批“先电龙监督询问亦可等”，每份文件末尾也都加上“拟请并案仍先电龙监督询问经过详情，再凭核办”或“先电龙监督询问”等字样，仍以龙绳武意见为主。

在龙绳武坚持刀保图无法继续留任猛卯代办后，猛卯司也以“全体汉夷野人民”的名义，向云南省政府发电，称“刀代办再造之德，人民誓不相负，虽不蒙俯准留任，愿挽留供奉终身，以报数年血战之劳”，表示对刀保图执政猛卯数年的认可。云南省民政厅厅长李培天提出了不同的意见，认为“不合迳委方克胜代办……方克胜与猛卯既无历史关系，亦无监护承袭之权，并亦勿庸代理”，而应该“乘此时机，将该猛卯土司一并予以撤销，令施行改土归流”②。李培天的意见没有被采纳，猛卯司依然由方克胜接替刀保图担任代办。

时任云南省财政厅厅长的陆崇仁则支持龙绳武的意见，认为“该监督所请撤职惩办，不无理由，拟请将该土司刀承钺暂行撤职，责令指出主动之人，清还损失之款，解清领价未缴之烟，再予核定”，而新任盈江设治局局长的杨之翰，被认为是“勾串土

① 云南省民政厅与“腾龙边区行政监督”属上下级关系，无论与前后主管滇西边区的“第一殖边督办”或后来的“第六区行政督察专员”“第十二区行政督察专员”来往行文中，均不见这样的尊重。

② 云南省民政厅档案：《就干崖土司刀承钺电呈免职以猛卯代办刀保图充办理经过情形电令腾龙监督署查复核办》，档案号：1011-009-00103-009，云南省档案馆藏。

司，朋比为奸，请先予以记过一次处分”。龙云对陆崇仁所提出的处理意见也完全支持，批示“应准如呈照办”①。

就在干崖土司、腾龙边区行政监督、云南省民政厅就此事相互争执之际，云南省政府与南京蒋介石国民政府之间存在的种种矛盾也逐渐升级。1941 年 12 月太平洋战争爆发，日军攻陷缅甸，进犯滇西。深处抗战大后方的云南一变而成抗战前线，抗日守土成为干崖、滇西、云南省乃至整个中国所关注的主要问题，于是一度白热化的土流关系也随之和缓。

（二）滇西抗战时期土流关系之和缓（1942—1945）

滇西抗战的爆发后，国民政府、云南省政府与土司之间关系得以重新调整。国民政府、云南省政府及各界人士纷纷号召滇西各土司积极抗战，滇西各土司也积极协助国军队抵抗日军。盈江被日军占领，干崖土司家族表面上出现了分化。老土司刀保图随中国军队撤离，组织抗日游击队；刀保图的三弟刀保固则与日军合作组织维持会，同时暗中为刀保图的游击队提供粮食、经费，并协助中国远征军征粮。兄弟二人看似不同的选择却有着共同的目的，即保证干崖土司家族权益。

1. 抗战时期土流关系之和缓

泰国批汶政府一直宣称“大泰族主义”“谓居住中国云南、广西、贵州、四川之泰族有一千九百五十万人”，要“合并一切泰族”②。1941 年 12 月 21 日，泰国与日本签订结盟条约。鉴于

---

① 云南省民政厅档案：《就省民政厅呈请将干崖土司刀承钺暂行撤职盈江设治局长杨之瀚记过一次各情准予照办一案训令该厅遵照知照》，档案号：1011-009-00103-011，云南省档案馆藏。

② 方国瑜：《抗日战争滇西战事篇》，云南大学出版社，1994 年，第 18 页。

滇西民族关系复杂，滇西的主要民族傣族与泰国主体民族泰族有深厚历史渊源，他们更进一步扩大“大东亚共荣”和“泛泰族主义”的宣传，妄图挑拨滇西民族关系，制造民族分裂，使原已充满矛盾的滇西民族关系，面临十分严峻的考验。[①]

滇西抗战爆发前蒋介石与龙云之间、中央与地方之间各怀私心、尔虞我诈，给抗战造成了极为严重的损失，中央军、地方部队未能有效配合，是滇西迅速沦陷的重要原因。日军的进犯，使蒋介石不得不将解决龙云的计划搁置起来，对其进行多方安抚，龙云也意识到了事态的严重，全力支持中央军在滇西的军事行动。[②]

同盟会及云南辛亥革命元老李根源[③]呼吁抗战，国民政府任命其为云贵监察使，回云南号召抗战。1942 年 5 月 1 日，李根源以“里人”的身份，公开发表《告滇西父老书》，号召“一千七百余万云南民众，立刻要发挥保省即是卫国的牺牲精神，尤其我们滇西的广大民众，更应当强化保乡即是保省的战斗意志”“戮力同心，协助作战”[④]。

云南省政府，对于盈江设治局局长被杀一案，也没有继续追究，刀承钺也只是被“暂行撤职”[⑤]，而仍然继续行使土司职权。

---

① 王文成：《滇西抗战中的边疆民族关系》，《云南学术探索》1995 年第 5 期。

② 潘先林：《滇西抗战中的龙云与蒋介石》，《思想战线》1995 年第 4 期。

③ 李根源早年留学日本东京振武学校、陆军士官学校，积极参与组建并参加同盟会，归国后任云南陆军讲武学堂教官、总办，与蔡锷、唐继尧等发动了云南的辛亥革命，成立云南军政府，并率军赴滇西，处理故干崖土司刀安仁与腾冲士绅张文光早于昆明发动起义并建立的滇西军政府问题，在滇西一带素有声望。

④ 尹明德：《滇西军民抗战概况》，载《德宏史志资料》第二集，第 118—121 页。

⑤ 云南省民政厅档案：《就省民政厅呈请将干崖土司刀承钺暂行撤职盈江设治局长杨之瀚记过一次各情准予照办一案训令该厅遵照知照》，档案号：1011-009-00103-011，云南省档案馆藏。

龙云“以省政府的名义号召全省人民和各级地方政府支持滇西抗战，要求沦陷区各级政府开展游击战，组织民众自卫部队，协助远征军打击敌人，随时向驻军长官请示机宜”[①]。1942年5月8日，电告保山军政官员称“现保山已成军事区域，军民务须同心协力，一致合作，在此时期，凡在保山部队、地方团警及民众，一律听宋总司令希濂指挥，精诚团结……切勿各行其是，步调分歧”[②]。

一度主张废除土司的国民政府，鉴于形势，也不得不承认并笼络滇西各土司。1942年8月7日，蒋介石致电滇西各土司，由第十一集团军总司令宋希濂转送，电文中称：

> 倭寇不道，侵略中国，祸结兵连，时逾五载，近复兴张脉偾兴，大举南进，袭据缅甸，窥我滇西，逞其征服世界之野心，甘为国际主义之公敌。我同盟国家军事设备今已日臻完善，正图东西合力，歼此恶魔，安定全局。中国为东战场主力所在，兵以义动，计不后时。各司官世受国恩，深明大义，当能一心一德，与国家共休戚，与疆土共存亡，协助国军，努力抗战。本委员长翘首南天，良深廑念。兹派外交部专员尹明德为代表，前往滇边各地剀切宣慰，加意抚绥，深盼各司官共体斯意，益加奋发，统率边民，偕行杀敌，保世守之封疆，驱压境之强寇，共集大勋，副余厚望。蒋中正[③]

① 1945年5月20日云南省民政厅的通电，第22页。转引自潘先林：《滇西抗战中的龙云与蒋介石》，《思想战线》1995年第4期。

② 《龙云致宋希濂等电》，载《德宏史志资料》第十四集，第160页。

③ 《报告抚慰滇西土司情形书》，载《德宏史志资料》第二集，第110页。

滇西抗战爆发伊始，干崖、盏达、户撒等滇西各土司积极动员滇西各族群众，以大量人力、物力、财力投入滇缅公路、输油管道、雷允飞机修造厂的建设之中。①

在李根源发出《告滇西父老书》后，滇西各土司纷纷复书致诚，刀保图以晚辈身份回复李根源称："图世受国恩，虽肝脑涂地，分所当然，唯有鞠躬尽瘁，死而后已耳。"② 随后，又以"滇西边区自卫军第一路司令"的名义，与"干崖宣抚司刀承钺、腊撒司盖秉全、户撒司赖奉先、盏达司思鸿升"联名致书李根源"保图等唯有矢忠效命，努力杀敌"③。

日军进犯后，宋希濂任总司令的第十一集团军下属第 36 师、预二师先后在敌后游击 18 个月。④ 滇西各族民众，在土司、山官及地方士绅的组织下纷纷成立了抗日武装。在滇西沦陷之前，刀保图即随杜聿明入缅作战，被委派为少将参谋⑤，卸任猛卯代办后，被杜聿明任命为警卫团长，负责保卫当地的飞机修配制造厂⑥。日军进犯滇西之际，刀保图在原有土司武装的基础上组织"滇西边区自卫军"并配合预二师在敌后的作战。

① 《盈江县志》，云南民族出版社，1997 年，第 617 页。

② 《干崖土司刀保图函》，载《德宏史志资料》第二集，第 113 页。

③ 李根源：《干崖土司刀保图等来电》，载《德宏史志资料》第二集，第 114 页。

④ 《告滇西父老书》，载《德宏史志资料》第二集，第 106—107 页。

⑤ 《保山专员李国清关于沦陷区的情况报告及指示》（保密字第 1016 号代电），载《德宏史志资料》第八集，第 28 页；刀安禄：《盈江沦陷后的刀京版》，载《德宏史志资料》第二集，第 174 页。

⑥ 刀安禄整理：《刀京版由猛卯撤回盈江》，载《德宏史志资料》第二集，第 173 页。

2. 日军占领下的盈江局势

随着日军在滇西的推进和深入，干崖—盈江地区也被占领。以傣族为主及其他各民族杂居的滇西地方，国民政府、云南省政府就一直未能完全控制。初来乍到的日军更是无法掌控局面，需要扶植当地力量予以辅助并掠取资源。日军占领盈江后，干崖土司家族出现了不同的选择。新旧两任干崖土司刀保图、刀承钺撤离干崖，组织抗日武装；刀保图三弟干崖土司署护印刀保固却留在干崖，协助日军组织了维持会。

（1）刀保图起兵抗日

1941年，刀保图还任猛卯代办之时即开始组织队伍。1942年，缅北失陷，刀保图卸职即将队伍带回干崖，一面将腾冲至八莫的道路及电线破坏以阻止敌军畅行，一面分拨壮丁择要扼守。[①] 1942年5月，腾冲沦陷，刀保图在原有土司武装的基础上，沿路收留第五军败退官兵[②]，组织干崖、盏达境内各族民众成立滇西边区自卫军，协助预二师作战[③]。1943年2月，军委会正式核准刀保图组织的游击队，编制在中国远征军序列：“主官刀保图，根据地梁河，活动区域弄璋、兴平、陇川、瑞丽一带，人员586人，步枪、轻机枪142支，马16匹。三十二年奉军委会午寝令二月代电核准。”[④]

刀保图组织的抗日武装有四个支队：“第一支队是青年自愿队，由刀良生指挥；第二支队是土司的常备队，即抢手田队，由

---

① 《盈江县志》云南民族出版社，1997年，第617页。

② 刀安禄：《盈江沦陷后的刀京版》，载《德宏史志资料》第二集，第174页。

③ 《干崖宣抚司报告抗日情况》，载《德宏史志资料》第八集，第91—92页。

④ 《卫立煌致龙云电（1944年5月17日）》，载《德宏史志资料》第八集，第31页。

线永茂指挥；第三支队是第五军留下来的官兵，由黄福臣指挥；第四支队是地方土兵，此队人数较多，如果全部调齐，约有四五百人，由刀完松亲自指挥。在沦陷期间，这一支人马多在兴龙、傣龙。芒康几个寨子潜伏着，以便保卫刀安仁夫人。"①

1942 年 9 月，日军进逼干崖，刀保图率游击队配合预二师在浑水沟伏击日军，一度将日军包围，致使“敌人死伤不少，物资损失很多”②。1943 年 3 月，日军进入游击队驻地太平街、芒满寨等地，与游击队发生战斗，被击毙一名大尉军官③，至此时“坝区方告沦陷”；刀保图将司令部撤往西山，率所部自卫军“上山游击”，第一、第二支队“常奉令到缅甸敌后骚扰袭击”；1944 年 3 月日军进攻昔马，刀保图所属“第一独立大队长张奋东阵亡，全部死伤十之七八”；5 月，中国远征军开始从东西两侧向日军反攻，刀保图等“奉命发动民众，由昔马下山，与陇川第二支队多永安部互取联络，逼敌退回腾冲”，收复干崖、盏达坝区。④

李根源的《腾冲战役纪事诗》中曾有诗作肯定刀保图在滇西抗战中的贡献：“印章匿萝卜，京版遁西山，用心已良苦，志节见一般。”⑤

（2）刀保固与“维持会”的两面性

1943 年春正月二十日，干崖宣抚使刀承钺（即刀威伯）结

① 《抗日游击队在昔马》，载《德宏史志资料》第二集，第 171 页。

② 《浑水沟伏击战》，载《德宏史志资料》第二集，第 168 页。

③ 《日寇火烧太平街》，载《德宏史志资料》第二集，第 166 页。

④ 《干崖宣抚司报告抗日情况》（1945 年 1 月 13 日），载《德宏史志资料》第八集，第 92 页。

⑤ 李根源：《腾冲战役纪事诗（十六首）》，载《德宏史志资料》第二集，第 144 页。

婚，刀保图（即刀京版）正为长子举办婚宴，时逢日军两个大队向干崖新城推进，刀保图带人仓皇逃走，将抗日自卫军司令部迁往五台山、杨家寨一带。[1]

日军随即进占土司衙署，扣押未随刀保图撤离的衙署人员，并组织了干崖维持会，由刀保固任会长[2]，并在南甸、干崖、盏达三土司辖地维持会的基础上成立监察厅，由南甸土司龚绶的族弟龚月泉担任第一任厅长[3]，后由刀保固担任厅长[4]。刀京版族叔刀安禄访问整理的《盈江抗战文史资料选辑》[5] 中《盈江维持会及日寇罪行》中较详细地记述了这段历史。现盈江县还保存有一枚日伪政权的"亚细亚"印章。

（作者拍摄于盈江县档案馆）

① 刀安禄：《盈江维持会及日寇罪行》，载《德宏史志资料》第二集，第 160 页。

② 刀安禄：《盈江维持会及日寇罪行》，载《德宏史志资料》第二集，第 161 页。

③ 刘岱山、文必显：《南、干、盏三司监督厅成立前后》，载《德宏史志资料》第二集，第 190 页。

④ 《盈江县志》，云南民族出版社，1997 年，第 756 页。

⑤ 《盈江抗战文史资料选辑》，载《德宏史志资料》第二集，第 160—177 页。

日军扶植维持会，一方面，意在扶植本土政权，以便控制地方，更重要的是“把干崖当作粮食供应基地”[1]，通过维持会向滇西民众征派军粮，仅在盈江每年就要向民众征派军粮五万包[2]。

另一方面，盈江设治局、干崖司署随中国军队撤走后，在盈江地区留下权力真空，社会混乱，维持会的成立一定程度上起到了稳定地方秩序的作用：“一是初步安定了惶惶不可终日的民心。二是初步堵住了日寇奸污妇女等野兽行为及窜房入户抓鸡打鸭，乱杀牲畜肥猪的抢劫行为。三是恢复了集市赶街的正常贸易。活动四是制止了日寇乱打乱杀‘嫌疑人员’的暴行。五是……制止了日寇（在街道上赤裸身体）极不礼貌的行为。”[3]

刀保固一面替日军征粮，一面也替刀保图及中国军队征购粮食，并直接支持刀保图的抗日武装，指派干崖百姓向驻扎西山的刀京版队伍偷送粮食[4]。“为了支持自己的亲哥哥在山上渡过战争岁月，他除安排给芒胆畹顶官租，偷送粮食、肉类到山上给刀京版外，还陆续接济部分经费开支。”[5]

1943 年 10 月 29 日（此时日军已进占盈江，维持会已成立），中国远征军司令卫立煌还曾致电代理盈江设治局局长的许本和，要其参加征购军粮，提到“此次采购军粮，总额暂定为四万大包，以南甸、干崖、盏达三土司购买为主”“各地区配购数

① 刀安禄：《盈江沦陷后的刀京版》，《德宏史志资料》第二集，第 175 页。

② 刀安禄：《盈江维持会及日寇罪行》，载《德宏史志资料》第二集，第 163 页。此数据有可能将供应远征军及刀保图抗日武装的军粮亦算在内。

③ 刀安禄：《盈江维持会及日寇罪行》，载《德宏史志资料》第二集，第 161 页。

④ 刀安禄：《盈江维持会及日寇罪行》，载《德宏史志资料》第二集，第 162 页。

⑤ 刀安禄：《盈江沦陷后的刀京版》，载《德宏史志资料》第二集，第 175 页。

量及交粮期限，由购粮委员会召集腾冲县长，梁河、盈江、莲山三设治局长及南甸、干崖、盏达三土司开会决定之”[①]。抗战胜利后，前干崖司署秘书徐秉文状告干崖土司的不法行为时称：

> 卅三年十二月至卅四年二月间，远征军长官部征粮委员会向干崖土司购买军粮二万大包，盏达土司八十大包，每包价二千三百元，而刀保固、思鸿升领得价款后，悉入私囊，征购边民粮食，并不发给价款，然土司除每年征收地租谷租及其他税收外，婚丧费用亦无不取之于边民。[②]

刀保固、思鸿升是否中饱私囊且不作讨论，但从控诉干崖土司的材料中谈到刀保固协助远征军长官部征粮“二万大包”，可以证实刀保固的维持会协助远征军征粮的事实。

改革开放后，刀安禄访问亲历其事的管洪茂、刀一中二位老人，谈及刀保图组织的抗日武装时称：“第四支队是地方土兵，此队人数较多，如果全部调齐，约有四五百人，由刀完松亲自指挥。在沦陷期间，这一支人马多在兴龙、傣龙。芒康几个寨子潜伏着，以便保卫刀安仁夫人。”[③] 刀完松即刀保固，或许受访者年岁已高，又或因个人立场的不同有所偏颇，而在此处将刀保固的武装称作是刀保图抗日武装的一部分，可以肯定一个事实，刀保图的抗日武装与刀保固所组织维持会的武装力量在干崖地区并

① 《远征军长官司令部购粮办法》，载《德宏史志资料》第八集，第102页。

② 云南省民政厅档案：《为滇西干崖等土司不法行为情形证明材料》，档案号：1011-009-00485-008，云南省档案馆藏。

③ 《抗日游击队在昔马》，载《德宏史志资料》第二集，第171页。

未产生对立或者对抗。甚至可以推断，刀保固的维持会武装有可能同时具有远征军游击队的番号。

此外，刀保固利用维持会与日本人的联系，日军“派队伍到西山扫荡”时，“暗中递送消息给司令部迅速回避”，以保护刀保图。[①]

（3）盈江设治局基本停止工作

随着滇西战起，腾冲沦陷，上级机关腾龙边区行政监督公署从腾冲撤走后，滇西各县及设治局一度失去联络。1942 年 5 月 20 日，云南省民政厅致电“保、腾、龙县长及各设治局”，称“该属战后情形何以迄无只字报告”，并命令其“一切应妥慎相机处理，随时向驻军长官请示机宜”[②]。基本未掌握过实际权力的设治局在沦陷后由各游击队长兼任。[③] 沦陷区各县及设治局工作基本停止，中国远征军所部从缅甸撤退路径干崖新城、旧城时，时任盈江设治局局长的曹庆安竟“无力招待”，随后日军侵入盈江，盈江设治局长将相关文案、物件“封箱寄存村寨，被敌发现，全劫去”，曹庆安“空身与刀保图疏散山中，贫病交加，病死新城……由刀保图出资葬之”[④]。曹庆安逝世后，由蛮允游击队大队长许本和兼任设治局长[⑤]，并将设治局机构设于盏达西

---

① 刀安禄：《盈江维持会及日寇罪行》，《德宏史志资料》第二集，第 162 页。

② 《民政厅致保、腾、龙县长及各设治局电（1942 年 5 月 20 日）》，载《德宏史志资料》第十四集，第 162 页。

③ 如：滇西自卫军龙潞支队司令朱嘉锡兼任龙陵县县长，龙潞区游击队副司令常绍群任潞西设治局局长。《李国清转报龙潞支队战况及敌情电》，载《德宏史志资料·第十四集》，第 180 页。

④ 《保山专员李国清关于沦陷区的情况报告及指示·保密字第 1011 号代电》，载《德宏史志资料》第八集，第 26 页。

⑤ 《芒允围击战》，载《德宏史志资料》第二集，第 172 页。

部的芒允镇[①]。

许本和发给刀保图的公函中称“查盈江政务已停滞二载，现值大举反攻推进之际，一切政务已待推行”[②]，直接说明近两年时间里，盈江设治局停止工作。

1942年10月，昆明行营成立腾龙区守备指挥部，“以指挥所属腾龙及梁盈等六设治局，分为三个军事区，其区分如下：A. 第一军事区为腾冲、龙陵。B. 第二军事区为梁河、盈江、莲山。C. 第三军事区为瑞丽、潞西、陇川”。其中，“第二军事区支队长，盈江设治局长兼”[③]。其职能为组织民众在情报、担架、运输等方面支援抗战。

当然，即使在战前，代表云南省政府力量的盈江设治局也是有名无实，从未掌握过实际的权力，也无力控制盈江社会。盈江沦陷后，盈江设治局不仅要面对无处可治的处境，设治局局长曹庆安在干崖土司的庇护之下才能保障生存，更无法对盈江社会发挥作用。笔者在档案馆、地方史志、资料汇编中都没有发现沦陷时期盈江设治局所形成的档案、文件，据此推测，当时的盈江设治局只是名义上存在，而不再具有行政职能，主要扮演游击队长的角色。在所发现的其他设治局所形成的公文中，均以敌后游击、情报传递为主。

（三）抗战胜利后各种矛盾的再爆发（1945—1950）

滇西抗战胜利后，一度缓和的土流矛盾再度爆发。云南省政

---

① 《盈江县志》，云南民族出版社，1997年，第615页。

② 《盈江设治局公函》，载《德宏史志资料》第十集，第69页。

③ 《腾龙区守备指挥部工作计划（1942年10月）》，载《德宏史志资料》第八集，第29页。

府着手重建设治局，再次试图撤销土司；滇西十土司在陇川集会中，明确提出了自治要求。曾任干崖土司署秘书的徐秉文向国民政府状告干崖土司，提到干崖土司等试图自治，并与英国人建立联系，此事引起了国民政府、云南省政府的重视。试图借此进一步打击土司势力的云南省政府，却因为蒋介石武力改组而一直政局不稳，接替龙云执政云南的卢汉也不得不重新调整与土司的关系。1947 年的国大代表、立法委员选举，以及盈江参议会的开设首次将宪政制度推广到滇西傣族地区，解决了权力合法性的问题，成功地刺激了干崖土司的政治参与，将以干崖土司为代表的土司势力纳入了国家的制度框架之内。1949 年，干崖土司刀承钺兼任盈江设治局副局长，后为局长，土司衙署与设治局合署办公，“土流合一”。随着盈江和平解放与盈江设治局被撤销。1956 年完成土地改革后，干崖土司机构被撤销，统治滇西傣族地区五百多年的土司制度遂告终结。

1. 1944 年滇西反攻后矛盾再起

1943 年 10 月，中国远征军驻印部队从印缅边境向缅北反攻。1944 年 5 月，驻滇远征军从滇西发起反攻。1945 年 1 月，滇西沦陷地区全部收复。中国远征军的顺利推进，使日军对滇西乃至整个中国战场的威胁逐渐减小，一度被搁置的国内矛盾逐渐浮上台面。国共关系、云南省政府与南京国民政府关系逐渐紧张，滇西地区一度因抗战而和缓的土流关系也再度紧张起来。

一方面，抗日战争的胜利使战前和战时积累的国共矛盾浮出水面，并开始爆发冲突，蒋介石开始积极部署军队，中国共产党方面也做好武力准备[①]；另一方面，蒋介石武力解决龙云的计划得以实施。日本宣布投降当天，蒋介石便下令杜聿明立即开始准备撤换龙云后需要解决的问题，10 月 2 日至 3 日由杜聿明率第五军发动昆明事变，武力解除了龙云职务。[②] 而此时的盈江，早已处在冲突之中，之前被搁置的土流矛盾，再次变得严峻起来。

1944 年，滇西反攻进展顺利之际，云南省民政厅边疆设计委员会的《腾龙边区开发方案》提出要乘滇西收复的时机"废除土司"，指出"土司制度之存在，不仅破坏行政制度之统一，且使县政机构不能健全建立，过去因虑事态牵连，故未即实行废除，现值各土司地，均沦于敌人，变动极大，在驱走敌人收复失地时，正乃事权更张之良好机会"，并拟定从政治、经济、心理三个方面着手废除土司的工作。[③]

1944 年年底，干崖土司家族即与远征军下辖其他部队发生冲突。1944 年 12 月，原"金沧两江调查组第四纵队王铠部……拨归第二十集团军霍总司令指挥整训"[④]，后王凯被任命为"滇西挺进军军长"，"率队到干崖、盏达一带，危及土司势力，刀保固组织武装力量歼灭了王凯部队，活捉王凯，并将其杀害"[⑤]。战时代理盈江设治局局长的许本和，因"与刀金板（原文有误，

① 汪朝光：《中国命运的决战（1945—1949）》，张海鹏主编：《中国近代通史》第 10 卷，江苏人民出版社，2005 年，第 1—4 页。

② 汪朝光：《蒋介石与 1945 年昆明事变》，《近代史研究》2009 年第 3 期。

③ 《腾龙边区开发方案》，载《德宏史志资料》第三集，第 172 页。

④ 《卫立煌致龙云电（1944 年 12 月 10 日耻字 2581 号）》，载《德宏史志资料》第八集，第 32 页。

⑤ 《盈江县志》，云南民族出版社，1997 年，第 756 页。

应为刀京版）私仇甚深，现仍居莲山家中，无法下盈江行使职权"[①]。昔马[②]附近，由一个叫周文光的人率领的一支游击武装，在抗战胜利后，即向刀保固发动进攻，随后被刀保固与刀保图赶出干崖。[③]

抗战胜利后，全国各地开始惩办汉奸，国民政府内政部也提出了惩治抗战时期依附日本的土司。云南省因"边疆未靖"，提出"拟暂缓办理"，内政部认为"似属可行"，但仍提出"斟酌取消土司制度"[④]。

2. *云南省政府试图重建设治局*

1944 年，国民政府的注意力再次投注在设治局问题上，7 月 19 日国民政府公布《（修正）设治局组织条例》，并下发云南省政府；云南省民政厅随即重新拟定了《云南省设治局组织规程》上报龙云。[⑤] 1945 年 6 月 20 日，"呈报国民政府备案"通过，随后出台《云南省设治局办事细则》《云南省设治局局务会议规则》，并公布了《云南省各设治局卅四年度人员员额及薪公标准表》[⑥]《云南省各设治局等级一览表》[⑦]。1945 年 10 月 20 日，云

---

① 《保山专署致李国清电（1944 年 12 月 18 日）》，载《德宏史志资料》第八集，第 95 页。

② 现盈江县昔马镇一带，位于干崖西部。

③ 刀安禄：《盈江沦陷后的刀京版》，载《德宏史志资料》第二集，第 176 页。

④ 《内政部致云南省民政厅训令（1947 年 2 月 20 日）》，载《德宏史志资料》第八集，第 228 页。

⑤ 云南省民政厅档案：《为拟定云南省设治局组织规程一案给云南省政府的呈》，档案号：1011-012-00362-037，云南省档案馆藏。

⑥ 云南省民政厅档案：《抄发云南省设治局组织规程训令云南省民政厅遵照》，档案号：1011-011-00016-001，云南省档案馆藏。

⑦ 云南省民政厅档案：《为拟定云南省设治局组织规程一案给云南省政府的呈》，档案号：1011-012-00362-037，云南省档案馆藏。

南省政府将上述文件正式备案[①]。

1945年8月，战时代理盈江设治局局长的许本和卸任，开始由陈本昌担任盈江设治局局长。[②] 10月，盈江设治局已迁回旧城，陈本昌开始在旧城办公，拟定了《盈江设治局警察局编制表》，任命管有仁为警察局长。[③]

1945年9月，主管滇西行政的第六区行政督察专员李国清，向云南省政府呈报《李国清关于废除土司制度意见书》，罗列“土司制度应即废除的十大理由”，认为“土司制度实系国家之毒瘤”，希望云南省政府“当机立断，以一团之众进驻腾龙边区，解除土司武装，实行设立县治”[④]。随后，云南省民政厅在《省民政厅关于废除土司制度的批复给省政府的报告》中提到“查土司制度，在现行法令中，已不复存在，即应渐次废除，以符现制”[⑤]，这份报告虽形成于1946年12月以后，主要内容是关于办理其他各土司承袭案，不是针对李国清所呈意见书，但从中能看出云南省民政厅对废除土司问题的态度。

① 云南省民政厅档案：《抄发云南省设治局组织规程训令云南省民政厅遵照》，档案号：1011-011-00016-001，云南省档案馆藏。

② 《盈江县志》，云南民族出版社，1997年，453页。

③ 盈江设治局档案：《盈江设治局警察局编制表》，全卷宗5—目录号1—卷宗号3，盈江县档案馆藏。

④ 《李国清关于废除土司制度意见书》，载《德宏史志资料》第五集，第46—47页。

⑤ 《省民政厅关于废除土司制度的批复给省政府的报告》，载《德宏史志资料》第五集，第47—48页。

1948年，云南省民政厅编写《云南各设治局改县方案》[①]，提到“至土司制度亦为法制所不许，本应令饬一律废除，唯现值剿匪戡乱时间，地方尚未安定，拟仍采取逐渐改废办法，俟土司出缺，不再准其承袭。现任之土司，饬由各该地方官随时晓以大义，于必要时予以办理自治之名义，使知扶植自治之重要，乐于服从政府之命令以为废除土司制度之先导”，试图将“梁河盈江两局合并设为一县”[②]。

3. 滇西土司的联合会议及自治诉求

1946年2月，干崖土司遭遇了重大挑战，“前干崖司署秘书”徐秉文向国民政府状告干崖土司，因此“奉层转国府发下徐秉文情报”[③]，内政部电告云南省政府“据报滇缅边境各土司拟将所属地区设特别行政自治区，如中央不允，拟向英泰宣告独立请注意，并密行查明见复”[④]。因所涉及的边境问题，外交问题和滇西诸土司试图成立自治区或者独立的问题，引起了云南省政府及国民政府的警觉。

（1）徐秉文状告干崖土司“不法行为”

“前干崖司署秘书”徐秉文状告干崖土司称：

“查滇西干崖土司非但不推行中央政令，且在抗战期间，通

① 材料中未注明成文时间，然文中有“本省各设治局，自民国二十四年起，先后设置，迄今十有余年”，则断定必然在民国三十五年（1946）以后，后文又提到“今值宪政开始”，1947年1月1日国民政府公布《中华民国宪法》和《宪法实施之准备程序》，一般将1947年算作国民政府实施宪政的开始。此文形成于1947年1月以后。文中又有“唯现值剿匪戡乱时间”“戡乱”国共内战时期，国民政府于1948年颁布《动员戡乱时期临时条款》，故推测本文行程于1948年。

② 《云南各设治局改县方案》，载《德宏史志资料》第五集，第40—43页。

③ 《省政府秘书处的办案意见》，载《德宏史志资料》第五集》，第113页。

④ 《云南省政府指令及代电》，载《德宏史志资料》第五集，第114页。

敌叛国，栽种烟苗，剥削边民，杀害中央工作人员，近复变本加厉，受英人伯伦司上校之策动，企图自治，并拟擅移界牌，以冀脱离版图而独立，兹将详情胪陈为次”。并列举了干崖土司与盏达土司“甲乙丙丁”四大罪状：“甲、抗战期间各土司通敌情形”；“乙、剥削边民栽种鸦片情形”；“丙、杀害政府工作人员情形”；“丁、各土司受英人策动图谋叛离情形”。[①]

徐秉文自称“前干崖司署秘书”。1945 年 1 月 19 日，刀保图组织的“滇西自卫军”发布司令部命令，“委徐秉文为本部秘书室少校外文秘书”[②]。徐秉文作为秘书，对干崖土司各种事务必定有深入了解，然而自称“前干崖司署秘书”，说明 1946 年时已经去职，他的去职应该与状告干崖土司这一事件的发生有很大的关系。

按照徐秉文的说法，他在离职后遭刀承钺派人谋杀，他在一封书信中称“弟等自本月间由干崖滇西边区自卫军司令部离职后，因承缅甸侨友田忠兄之约，乃于是月二十日由干起程赴八莫，二十四日行抵干崖司署地芒线附近三板桥处，突然发现叛徒六人，各持枪械随后跟踪追来，似有劫杀弟等之模样”。并附上描述干崖土司派人谋杀他的内容的两份书信，信中内容是徐秉文的学生“刀承釪”和“印廷”得知徐秉文躲过干崖土司“谋杀”后的问候，其中详细叙述了干崖土司派人谋杀徐秉文的情形，作为证明其遭干崖土司派人谋杀的“证明材料”[③]。

---

① 云南省民政厅档案：《为滇西干崖等土司不法行为情形证明材料》，档案号：1011-009-00485-008，云南省档案馆藏。

② 《滇西自卫军司令部命令（京明字 101 号）（1945 年 1 月 19 日于司令部）》，载《德宏史志资料》第八集，第 93—94 页。

③ 《德宏史志资料》第五集，第 106 页。

云南省民政厅整理了“滇西土司违法各情”，将芒市土司方克光、猛卯土司方克胜、南甸土司龚统政、遮放土司多英培的“违法”及“通敌”的相关材料，除徐秉文的检举和证明外，还汇集了“岳钰甫报告一件，陈本昌班廷立举发刀等不法情形一件，许本和证明一件，刀承钺亲函二件，刀承钺亲拟区务院组织系统一件，徐秉文陆鸿翥致中央人员函一件，刀承钺印廷函二件，抄件一件”①。陈本昌与许本和都曾任盈江设治局局长，可见干崖土司与盈江设治局之间的矛盾，似乎并未因官员的更替而改变。

（2）小陇川会议

1945 年 8 月，滇西十土司在小陇川进行集会，被称为“小陇川会议”。小陇川会议后，各土司“即云集昆明，甚至有要求参加政治协商会议之企图”②，并“请求将所属地区设特别行政自治区”，并传言“如中央不允，拟向英泰宣告独立”③。

1945 年 11 月 3 日，前任盈江设治局局长许本和以“芒允全体民众代表”的身份提供的“证明材料”称：“查干崖刀保图，盏达思鸿升，户撒赖奉先，腊撒盖炳铨，南甸龚绶等土司，于去年九月底在高理与英人伯伦司上校在腊撒坝尾开会，据悉其内容为（一）统一各司币制，使用缅币；（二）充实边区势力，必要时由英供给武器；（三）缅甸发生战事助缅军粮；（四）仿英殖民地政制组织特别行政区；（五）移植界桩；（六）组织谍报机

---

① 云南省民政厅档案：《为滇西干崖等土司不法行为情形给云南省民政厅的训令》，档案号：1011-009-00485-007，云南省档案馆藏。

② 《李国清向卢汉呈报小陇川会议详情》，载《德宏史志资料》第五集，第 109 页。

③ 《省政府秘书处的办案意见》，载《德宏史志资料》第五集，第 112 页。

关于边区，现刀已赴缅活动，以上所述是实，特此证明为据。”①

徐秉文的指控及证明材料中，有三处提及“小陇川会议”：

1946年2月10日，徐秉文在“查干崖土司刀保图刀承钺之罪行节累录云”中称：“三十三年九月刀保图亲赴腊撒坝尾之高理地方，与英人（BYLNER）上校会议决定：（一）组织特别行政区；（二）在缅币系统之下统一币制；（三）充实边区武力；（四）缅甸发生战事助缅军粮。”

“三十四年八月间在（BYLNER）上校策动之下召开小陇川会议，至主要内容即（一）成立滇西边区政务委员院下设教育财政农业工商交通建设卫生秘书等处；（二）保护土司制度，并根据建国大纲第四条民族自决之规定，划为特别行政区，最后决定，在未开会前曾经在刀应生家与秉文等数度商讨，并拟邀参加开会，唯自会议召开之始，秉文即已准备离干崖司署，会议情形，即实探悉，最近刀保图赴缅活动，及购买枪支车辆（亦）曾与秉文谈及。”②

1946年2月14日，徐秉文又在“为滇西干崖等土司不法行为情形证明材料”中称：“卅四年八月间英人伯伦司又策动召开小陇川会议，内容如下：（1）由各土司根据总理所著建国大纲第四条民族自决之规定，并仿照缅甸土司区之联邦制，以求独立，或成立滇西边区特别行政区，并入缅甸；（2）成立滇西边区联合委员会，由刀保图充主任，龚绶副之，并组织区务院（即

---

① 云南省民政厅档案：《查干崖运动场保图、刀承钺等之罪行呈云南省政府》，档案号：1011-009-00485-009，档案号：1011-009-00485-009，云南省档案馆藏。

② 云南省民政厅档案：《查干崖运动场保图、刀承钺等之罪行呈云南省政府》，档案号：1011-009-00485-009，档案号：1011-009-00485-009，云南省档案馆藏。

行政公署与边务督办公署）为今后行政之基本组织。①

1946年3月14日，云南省政府主席卢汉发给云南省民政厅的训令中提到："英伯伦斯上校，在理召集各土司会议：此案前唯军令部电已与外交部提出质问"，云南省政府所能做的仅仅是"饬六区李专员对英方措施妥筹对策"②。卢汉虽未发出实质性的指令，但仍然关注滇西情势，1946年6月14日致电李国清称："边区土司在小陇川秘密集会及英人参加情形，究竟如何，尚未据报，仰查迅复为要。"③

李国清除1946年4月20日致电卢汉称"查边区各土司去年在小陇川秘密集会，作种种企图，并有英国人参加是实"外，又于1946年7月13日向卢汉报告了"小陇川会议详情"及"会议记录"。李国清的报告基本来自于徐秉文提供的材料，认为"查上项情报人徐秉文，追随干崖老土司刀保图前后六年，亲与机密，所报当属实在"；"会议记录"则详细地记载了"小陇川会议"的开会时间、地点、参会人员与会议内容……④

会后，芒市安抚使代办方克胜作为代表，赴昆明"代表边区各土司请求划特别行政区"，遭到卢汉"面予驳斥不准"⑤。

1946年7月25日，国民政府外交部专门就此致电云南省政府及李国清，称"具报腾龙边区土司刀保图等联合媚外，图谋不

① 云南省民政厅档案：《为滇西干崖等土司不法行为情形证明材料》，档案号：1011-009-00485-008，云南省档案馆藏。

② 云南省民政厅档案：《为滇西干崖等土司不法行为情形给云南省民政厅的训令》，档案号：1011-009-00485-007，云南省档案馆藏。

③ 《卢汉催报边区土司秘密集会的电文》，载《德宏史志资料》第五集，第107页。

④ 《滇西十土司小陇川会议资料选辑》，载《德宏史志资料》第五集，第107—111页。

⑤ 《呈报方应龙婚礼土司并无异谋》，载《德宏史志资料》第五集，第112页。

轨，并有英人操纵指使，究竟真相如何，敬希详查见示”①。

1946年8月，除第六区行政专员李国清外，卢汉还令“第四、五两区行政督察专员密切注意，随时探查各该土司之动态”②。

4. 将土司纳入制度框架的尝试

卢汉虽然得以接任云南省政府主席及保安司令部司令，并借助“一·二一”运动而成功迫使李宗黄、关征麟离滇，但因散失滇军主力而实力大不如前。同时，中国共产党在云南的工作逐渐取得进展，在各地建立根据地、发展游击武装，至1948年年底，游击队发展到一万多人。③ 实力与时局的变化，直接导致了卢汉及云南省政府对滇西土司态度的变化。

（1）云南地方政府态度的软化

对于滇西土司问题，卢汉认为“窃查滇西土司情形复杂，欲期彻底解决，非划定国界，改土归流不为功。而权衡二者，又当划界为急务，缘国界确定之后，自可免除国际纠纷，内部问题不难解决”“并饬各属对土司边民，妥为安抚，对英人措施，加意防范”④。可以看出，卢汉对于徐秉文、许本和、陈本昌的控诉，第六区行政专员李国清及云南省民政厅提出“废除土司制度”的意见并未采纳，而认为对滇西土司土民均应以安抚为主。

对于李国清此前提出“以一团之众进驻腾龙边区，解除土司武装”的进军镇压建议，卢汉并未采纳。1946年时任卢汉秘书

① 《南京外交部给云南省政府的电文》，载《德宏史志资料》第五集，第107页。

② 《云南省政府指令及代电》，载《德宏史志资料》第五集，第113页。

③ 云南近代史编写组：《云南近代史》，第576—579页。

④ 云南省民政厅档案：《为滇西干崖等土司不法行为情形给云南省民政厅的训令》，档案号：1011-009-00485-007，云南省档案馆藏。

的丁懋德[①]“至盈江视察情况”后称，驻军镇压一事“拟请准有该厅所拟代电警备司令部查核办理见复”，但是提出“人民当兵纳税，已尽有义务，对于驻军，自不应再有任何负担”[②]，实际态度即是反对驻军盈江。

1948年8月20日，时任第十二区行政督察专员的杨茂实向云南省政府提交了《关于暂不废除土司制度的建议报告》，开篇即谈到“土司制度在戡乱时期不宜废除”，认为“当此严重之戡乱时期，尤宜以怀柔政策，争取内向团结”[③]。

1949年8月，余建勋提出《余建勋关于土司政治改革纲要草案》，此案提出“为适应边地特殊情形，司官制度，仍旧保存，唯继承法统，应予改善，凡司官出缺，有子女成年，其能力可以继任者，仍由其子及仍，否则由改革委员会公选亲近同族中贤能者代办之……即代办至其子长成能办事时交还之”，“在军事剿匪上，县局长有统一指挥之权”；提出由土司“延揽当地贤明人士，联合组织土司政治改革委员会”，并设立“调解委员会，调处人民纠纷”，改革各项“恶俗陋习”，促进“生产建设”和“教育文化”；而且还提出了“减租减息事项”[④]。

余建勋生长于保山施甸，曾任第七区（思普）行政督察专

① 丁懋德，字中江（1917—2004），云南宾川人，曾任云南省代理秘书长，史学家和政治人物，其父丁石僧先生追随孙中山先生，为同盟会早期会员。《丁中江其人其事》，载《海内与海外》2012年第9期。

② 《以小陇川会议为由报请驻军的几份材料》，载《德宏史志资料》第五集，第114页。

③ 《云南省第十二区行政督察专员关于暂不废除土司制度的建议报告》，载《德宏史志资料》第五集，第54页。

④ 《余建勋关于土司政治改革纲要草案》，载《德宏史志资料》第五集，第43—45页。

员兼区保安司令，时任保安第二旅旅长驻大理，并兼滇西剿匪指挥部指挥官[①]、第六行政区行政督察专员[②]，对边疆民族地区的实际情形有更全面的了解。他提出的这一系列主张，在如何处理县、设治局权限及土司问题的看法上比较务实，且具有前瞻性。

（2）盈江参议会的设立和国大代表选举

抗战时期，县参议会开始筹建。抗战胜利后，县临时或正式参议会普遍建立，到 1947 年，县参议会已经遍及全国 3/5 以上省份的县级政权。[③]

1947 年下半年，全国各地展开国大代表、立法委员、监察委员和各地方参议会的选举，为“行宪”做准备。12 月 25 日，《中华民国宪法》正式实行。[④] 国民政府的宪政制度，首次推广到滇西土司地区，更是首次将以干崖土司为代表的地方、民族精英纳入国家层面的制度框架内，在制度上首次实现与“一体化”。以干崖土司为首的滇西傣族精英也以积极地态度投入“立法委员”“国大代表”及“参议会”的建立和选举之中。

1947 年盈江参议会成立，刀京版当选议长，户撒土司赖思琳当选副议长。[⑤] 同年，刀威伯高票当选国大代表。[⑥]

1947 年，国民政府公布《修正国大代表与立法委员选举罢

① http://baike. baidu. com/view/3914838. htm。

② 《民国职官年表》下编，第 843 页。

③ 周玉玲：《20 世纪 40 年代南京国民政府县参议会的行为实践》，《学术界》2010 年 12 月。

④ 汪朝光：《中国近代通史》第十卷，第 290、第 201 页。

⑤ 《盈江县志》，云南民族出版社，1997 年，第 451、第 452 页。

⑥ 《盈江选举事务所列衔代电（民国三十六年十二月五日）》，载《德宏史志资料》第五集，第 51 页。

免办法》，其中规定有边疆地方代表名额 34 人。[①] 1948 年，中国边疆学会云南分会、滇西诸土司及各界人士保举刀保图参选“云南省边疆民族立法委员”[②]。

（3）干崖土司兼任设治局长

1947 年后，刀威伯对干崖司署的机构作了改革和加强。1948 年，设治局将主要的行政科室改设于土司署内，干崖土司机构进行了改革和充实。司署总设办公厅和总务处，下设秘书室、人事科、财政科、警察局、保路局、军事科。军事科内设副官室，警察局下设监狱，各分支机构由司署办公厅和总务处秉承土司旨意统筹管理。[③]

1949 年 7 月，刀威伯出任盈江设治局副局长，同时期盈江设治局的公文中与局长王本唐同时署名。[④] 同年十一月，王本唐离任，刀威伯任设治局局长。[⑤] 土司署与设治局正式合署办公，名义与实际上都掌握了干崖地区的最高权力。

干崖土司通过改革土司衙署行政架构以加强其行政能力，并通过与设治局合署办公，兼任设治局副局长、局长。一方面，确保了干崖土司个人的权力，云南省政府设立设治局，以期撤销土司、剥夺土司权力的尝试宣告失败。另一方面，土司兼任设治局局长，也使设治局具备了前所未有的实际权力，得以在盈江行“设治”之实。自民国初创，云南省政府在滇西土司地区迭次推

① 汪朝光：《中国近代通史》第十卷，第 293 页。

② 《中国边疆学会云南分会致李国清函》《全省边胞选举刀保图为云南省边疆民族立法委员》，载《德宏史志资料》第十集，第 52—53 页。

③ 《盈江县志》云南民族出版社，1997 年，第 599—600 页。

④ 盈江档案：“全宗号 5—目录号 1—卷宗号 18”。

⑤ 《盈江县志》，云南民族出版社，1997 年，第 453 页。

行“弹压委员”“行政委员”“设治局”，试图达到改土归流的目标。而干崖土司刀承钺兼任局长的设治局，实际上是土流合一，以土代流。表面上看这是多么富有戏剧性转变的历史结果，而其中蕴含的因果关系至今仍值得深思和总结。

5. 盈江和平解放，“设治局”走向终结

1949 年，解放战争的基本形势已经确定。4 月 11 日，龙云在香港寓所举行记者招待会，申明其政治态度，“公开向中共输诚”①；4 月 21 日，解放军发起渡江战役，23 日占领南京；10 月 1 日，中华人民共和国宣告成立。

1949 年 12 月 9 日，卢汉宣布起义。1950 年 3 月 10 日，云南省人民政府宣告成立。解放军 4 兵团 14 军 41 师进驻保山专区②，负责滇西防务。41 师政委郑刚与龚绶、刀京版、思鸿升等土司举行谈判，说明党的政策，各土司同意部队进驻。③ 1950 年 5 月 15 日，解放军进驻盈江、莲山，两地宣告解放。④ 1950 年 6 月，盈江成立各民族行政委员会⑤，作为主管盈江行政事务的行政机构正式取代盈江设治局的职能。至此，盈江设治局正式成为历史。

作者简介：宋诚，1988 年生，云南昆明人，彝族，硕士，云南省博物馆。

① 杨维真：《从合作到决裂——论龙云与中央的关系（1927—1949）》，第 285—286 页。

② 当时德宏州尚未成立，保山专区包括盈江、梁河、芒市等地。

③ 郑刚：《难忘的历程》，载《云南文史资料选辑》第 44 辑，云南人民出版社，1993 年，第 66 页。

④ 《盈江县志》，云南民族出版社，1997 年，第 530 页。

⑤ 《盈江县志》，云南民族出版社，1997 年，第 86 页。

十二、吴忠信与民国藏事

鲍丽达

吴忠信1936—1944年担任南京国民政府蒙藏委员会委员长，主持蒙藏事务达8年之久。他不仅是民国史上重要的人物之一，同时也是民国民族关系史上值得认真分析研究的历史人物之一。尤其是他在任期间，先后处理十四世达赖喇嘛认定、坐床及九世班禅返藏等一系列重大西藏事务，是影响民国藏事之核心关键人物。目前，学术界相关研究成果虽然不少，但专门关于吴忠信与民国藏事问题研究较少。[①] 本文在参阅前人研究成果的基础上，拟对这一问题做一简要探讨。

① 目前学术界相关论文如张子新、喜饶尼玛：《南京国民政府蒙藏委员会治藏措施评述》，《云南民族大学学报》（哲学社会科学版）2010年第4期；国庆：《清朝及民国时期中央政府管理西藏地方的职官机构及其职掌职权》，《西藏民族学院学报》（社会科学版）1993年第2期；张皓：《热振与达赖喇嘛转世灵童的寻访、遴选及坐床》，《山西大学学报》（哲学社会科学版）2012年第6期；扎洛：《第十三世达赖喇嘛转世灵童候选拉木登珠1938—1939年间滞留西宁问题探析》，《西藏民族学院学报》（哲学社会科学版）2004年第2期；桑丁才仁：《九世班禅返藏受阻玉树期间的若干问题》，《青海社会科学》2001年第4期；刘国武：《论吴忠信使藏》，《衡阳师范学院学报》（社会科学）2002年第4期；崔巍：《国民政府对九世班禅后事的处理》，《民国档案》2001年第2期等。

（一）解决十三世达赖转世灵童寻访及其入藏问题

1. 主政蒙藏事务

吴忠信，字礼卿，一字守坚，别号恕庵，安徽合肥人，1884年3月15日生于合肥北乡吴家店。早年追随孙中山，参加反清组织同盟会，资历深厚，为国民党元老重臣之一。[①] 1936年8月8日，南京国民政府特任吴忠信为蒙藏委员会委员长，吴忠信于同月18日就职。由吴忠信出掌蒙藏委员会，一方面表明当时边疆民族问题亟待解决，另一方面表明南京国民政府对蒙藏时局的关注与重视。

当时，外蒙古在苏俄的影响下早已成为"特殊状态"，内蒙古各盟旗之东北及热河部分已为日本势力所笼罩，西部绥、察两省境内各盟旗形势也岌岌可危；西藏地方政府虽有代表驻京并设立办事处，但与蒙藏委员会关系极不协调，甚少往来，彼此隔阂较深。吴忠信对蒙藏的重要性有充分的认识，在其就任当日向全体蒙藏委员会人员训话："要知蒙藏现在所处之地位甚为重要，而本会所负职责更属重要。"[②] 鉴于当时蒙藏之状况，吴忠信认为：对内蒙古各盟旗应加强联系与疏导，以坚定其向内之心；对于西藏，则应先从消除隔阂着手。此后以实际行动积极设法开展了一系列工作，加强中央与蒙藏地方的关系。其一，吴忠信亲自督促协调蒙藏委员会内部工作关系，经常召集各单位主管、简任秘书曾少鲁、周昆田等就有关蒙藏边疆的地理、历史、政治、经济及民族状况等问题进行反复探讨；特别是研究西藏政教上达赖

① 刁抱石编：《民国吴礼卿先生忠信年谱》，台湾商务印书馆股份有限公司，1988年

② 《西北导报》1936年第2卷第2期，第10页。

与班禅的关系，洞察其中症结所在，决心排除一切障碍以改善中央与达赖的关系。其二，吴忠信深知蒙藏地方领袖在地方的社会地位和影响力，积极召集蒙藏地方领袖到南京报告边情，同时对于前来内地宣扬佛法的西藏大师极其重视。对他们进行隆重宴请并安排他们觐见述职，如 1937 年 3 月 24 日接见西藏大格西喜饶嘉措与之沟通西藏近况和文化等。[①] 同年 4 月 9 日宴请边区要员，包括沙王（内蒙古伊克昭盟盟长沙克都尔扎布）、康王（内蒙古达拉特旗扎萨克康达多尔济）、鄂王（沙王之子鄂其尔呼雅克图）、安钦呼图克图（西藏宗教领袖，扎什伦布寺密宗扎仓堪布，丹增吉美旺秋大师）、圣露呼图克图（普济寺四世活佛世都登僧旺波，简称圣露，纳西族）及葛拉僧义喜呼图克图（青海玉树格鲁派巴干寺热腾系活佛第十三世义喜群培）等[②]，借宴请的平台促使中央边政工作人员与蒙藏高僧及札萨克王公等相互熟识，促进彼此沟通[③]，以便日后开展工作。

2. 处理灵童寻访及滞留青海问题

1933 年 12 月，十三世达赖喇嘛圆寂后，中央曾派专使黄慕松入藏致祭，一方面加强了中央对西藏社会的了解与联系，另一方面也了解到英国侵略西藏的意图以及西藏上层亲英派势力活动等诸多情况。随后，热振呼图克图被选举为西藏摄政王。热振上台后，西藏政教社会最为关注的就是十三世达赖喇嘛的转世灵童问题，以确立第十四辈达赖喇嘛。当然，达赖转世坐床事关西藏政教大权的继承及中央在藏主权的维持，至关重要。南京国民政府及其主管西藏地方事务的蒙藏委员会、西藏地方的噶厦都明白

① 《康藏前锋》1937 年第 4 卷第 8/9 期，第 72 页。
② 《申报》1937 年 4 月 9 日，第 3 版。
③ 《康藏前锋》1937 年第 4 卷第 8/9 期，第 75—76 页。

掌控达赖喇嘛转世灵童寻访事宜，以及十四世达赖坐床大典的重要政治意义。吴忠信主持蒙藏事务，如何处理这一问题便是其工作的重中之重。

西藏政教上层早便派出寻访队去各藏区寻找转世灵童，1938—1939 年，他们认为最有可能是第十三世达赖喇嘛转世灵童的候选人是拉木登珠。寻访队由于受到当时主政青海的马步芳控制，致使拉木登珠滞留西宁。灵童在青海滞留时间之久的原因曲折复杂。1938 年 3 月 31 日，吴忠信接到蒋鼎文的密报①，得知转世灵童寻访队找到转世灵童的候选人，却未向其报告，寻访队打算秘密将灵童携带进藏。根据《喇嘛王国的覆灭》中叙述，早在 1937 年 8 月热振派出的安多寻访队就已在青海找到了 14 名灵异的男童，经过测试后拉萨方面认为当采的拉木登珠就是十三世达赖喇嘛的转世灵童。但是，害怕中央政府和青海省主席马步芳得知，一是不想让中央政府得知灵童已找到后干预灵童转世的政治事件发生，二是怕马步芳得知该童就是转世灵童后对其勒索或阻碍其入藏，而此消息还是不胫而走。② 此事关系重大，吴忠信接到蒋鼎文之消息后立即秘密发电给青海省主席马步芳，令马步芳让寻访人员将寻访情况呈报中央，并严密掌握灵童及寻访队行踪，严防秘密入藏。

灵童寻访队一方面对马步芳解释此候选人还不能确定就是转世灵童，另一方面对灵童寻访情况未及时报明也向中央政府做出

① 中国藏学研究中心、中国第二历史档案馆合编：《十三世达赖圆寂致祭和十四世达赖转世坐床档案选编》，中国藏学出版社，1991 年，第 134 页。

② ［美］梅·戈尔斯坦：《喇嘛王国的覆灭》，时事出版社，1994 年，第 321 页。

了解释。[①] 那么，究竟是否真如其所称不是故意不报呢？先不追究此事，重要的是，之后中央开始密切关注西藏噶厦的一举一动。

1938 年 9 月初，蒙藏委员会接到西藏驻京办事处代电称："蒙藏委员会吴委员长钧鉴：本月养日奉西藏政府结造、司伦、噶厦等联合来电略开，关于达赖佛转世一事，经僧民代表在各地详细访寻之结果，在西藏内部所寻选者有灵异幼童二人，在西宁塔尔寺方面所寻选者有灵异幼童一人。依照西藏宗教仪式，所寻选之幼童应聚集西藏，降鸾掣签，认定真正达赖之转世，既多灵异后，复经庄严之金本巴瓶内典礼拈定。现典礼期将近，关于西宁塔尔寺地方各寻选者，请中央政府俯允该主持人员，迅将寻选幼童送至西藏参加典礼，并恳发给执照以利行程。如何之处，希速转呈中央请示电复。等情。据此，相应电陈钧座鉴核示遵。西藏代表阿旺桑丹、格敦恪典、图丹结桑。漾。印"[②]

吴忠信在接到上述电文后，认为达赖喇嘛转世问题关系重大，而在民国以后又属创举；西藏与中央的关系，近 30 年来均甚疏隔，亟应乘机予以调整，对于这个问题，必须审慎处理。

他首先考察历代达赖转世历史。自清乾隆以来设立金本巴瓶掣签制度，凡喇嘛转世之呼毕勒罕，如同时选得数人，应将其名入瓶中，掣签以定。关于掣签地点问题，如在北京举行，应由理藩部尚书监视；如在拉萨举行，则由驻藏大臣亲临监视，所以昭大信、定人心而统驭其政教，意义极为深远。民国以来，对于蒙

① 中国藏学研究中心、中国第二历史档案馆合编：《十三世达赖圆寂致祭和十四世达赖转世坐床档案选编》，中国藏学出版社，1991 年，第 137 页。

② 中国第二历史档案馆、中国藏学研究中心合编：《黄慕松、吴忠信、赵守钰、戴传贤奉使办理藏事报告》，中国藏学出版社，1993 年，第 134 页。

藏各项问题的处理，都依照旧制。民国初年，政府为管理喇嘛寺庙，曾订有《蒙古喇嘛寺庙监督条例》。至民国政府时期以此项条例仅限于蒙古地区，乃于1935年12月9日予以废止，同日公布《管理喇嘛寺庙条例》[①]并颁行全国。1936年，蒙藏委员会斟酌清代旧制，制定了《喇嘛转世办法》。[②]自《喇嘛转世办法》施行以后，蒙、青各呼图克图之转世，遵照办理者已有多起。因此，吴忠信向行政院提出：关于此次达赖喇嘛转世的手续，自应依照法举行掣签手续，确定呼毕勒罕属谁。[③]

而此次达赖转世也面临着以下两个问题：一是关于掣签地点问题。原定为北京雍和宫和拉萨大昭寺两处，而当时金本巴瓶在拉萨，且报告中称“在西藏内部寻选有灵异幼童二人”，占灵童总数的2/3，掣签时也须西藏官僧民众出席，当众拈定，所以应当遵照旧例在拉萨举行；二是关于会同掣签的人员问题。由于中央驻藏长官久未设立，而班禅额尔德尼已于前一年十二月圆寂，自须中央另派大员与热振呼图克图共同办理。至于应派何人前往？或由蒙藏委员会委员长前往？万一不能前往可否由所派大员指定代表就近办理？均费周章。蒙藏委员会根据：中央对藏固有之权决不放弃；中央与西藏间尚待解决之政治问题，此时暂缓进行；调整近年来各项悬案，消除疑虑，解释误会，以期融洽感情，增进合作之三项原则，提出了以下三种方案：一是国民政府特派大员前往拉萨，会同热振呼图克图主持第十四辈达赖喇嘛掣

① 《交通公报》第726号，总务法规，1935年。

② 《蒙藏月报》1936年第4卷第5期，第54—56页。

③ 《蒙藏委员会为达赖喇嘛灵童应依法掣签手续事致行政院呈》转引自赵学毅等编：《清代以来中央政府对西藏的治理与活佛转世制度史料汇编》，华文出版社，1996年，第72页。

签事宜。二是国民政府特派大员会同热振呼图克图主持第十四辈达赖喇嘛掣签事宜，并得由该员指派代表就近办理之。三是国民政府特派蒙藏委员会委员长会同热振呼图克图，主持达赖喇嘛掣签事宜，并得由该委员长指派代表就近办理之。

蒙藏委员会将上述三种方案呈交给行政院请其定夺，而行政院也觉得此事极为重要，不能轻易决定，又将此问题抛给蒙藏委员会让其先与藏方商洽好再核定。

此时，西藏噶厦更为关注的是青海的灵童尚未入藏，三番五次的请求中央将青海的灵童送藏参加掣签仪式。西藏驻京代表于1938年11月8日致电吴忠信称："目前为早达到认定大恩无涯之真正达赖转世计，恳请中央电知西宁主席俯允该主持人员速将幼童带至西藏参加典礼，勿再逗留。"①

吴忠信此刻意识到，中央所面临的处境是如果将青海的灵童放行先入藏，那么西藏政府就有可能在中央大员未赶到西藏前举行掣签仪式，这是关系到中央对西藏主权的大事。当时，中央派驻拉萨的藏事处处长张威白负责直接与西藏噶厦就此事进行交涉，他最为了解噶厦的意图，也深知中央参加掣签典礼的重要意义，于是，一方面及时向吴忠信报告与噶厦交涉的情况，另一方面提出一些自己对该问题的见解，为吴忠信决策提出了很多宝贵意见。经过与张威白的几次通电，吴忠信令张威白稳定西藏噶厦的情绪，令其转告知青海灵童入藏理所应当，毫无问题。同时，吴忠信秘密致电青海省主席马步芳令其将寻访情况及时呈报给中央，并严防秘密入藏。等中央派员办法商量妥当后，接到行政院

① 中国藏学研究中心、中国第二历史档案馆合编：《十三世达赖圆寂致祭和十四世达赖转世坐床档案选编》，中国藏学出版社，1991年，第152页。

的命令后再将灵童放行，但在表面上要口头应付，先让纪仓活佛等人准备着，以此来拖延时间，以待中央决定派员入藏事宜。①

对青海省主席马步芳来说，他不得不按照吴忠信的意见去执行国府的命令，同时也另有所图，希望能够借此机会扩大自己对西藏上层的影响。于是，马步芳开始筹划一项遵循第七世达赖喇嘛旧例，派兵护送达赖喇嘛转世灵童进藏的计划②，甚至企图在灵童入藏前让青海的蒙藏王公贵族等先行在塔尔寺对此灵童进行膜拜，以此来认定青海灵童的地位。他将这一想法以试探的口气电报吴忠信："芳以蒙藏信仰所关，礼拜似属可行。"③ 吴忠信对其亦早有防备，之前蒋鼎文也就此曾提醒过"青马对藏久怀不测，亦宜注意及之"④。吴忠信没有理睬马步芳的要求，令其对灵童一行"设法挽留，荩筹至佩。何时可令赴藏，应俟院令遵行，仍请我兄特予注意为荷"⑤。1938 年 12 月 3 日，吴忠信再次致电马步芳请其待掣签典礼商妥并接到行政院命令后再准许灵童启程。吴忠信的应对策略，在当时特殊的历史状态下，维护了国家的主权，打破了英国及西藏少数亲英派分子借达赖转世分裂西藏于中央的企图。而究竟派何人入藏主持典礼？第十四世达赖转

① 中国藏学研究中心、中国第二历史档案馆合编：《十三世达赖圆寂致祭和十四世达赖转世坐床档案选编》，中国藏学出版社，1991 年，第 157 页。

② 扎洛：《第十三世达赖喇嘛转世灵童候选拉木登珠 1938—1939 年间滞留西宁问题探析》，《西藏民族学院学报》（哲学社会科学版）第 25 卷第 2 期，2004 年 3 月。

③ 中国藏学研究中心、中国第二历史档案馆合编：《十三世达赖圆寂致祭和十四世达赖转世坐床档案选编》，中国藏学出版社，1991 年，第 149 页。

④ 中国藏学研究中心、中国第二历史档案馆合编：《十三世达赖圆寂致祭和十四世达赖转世坐床档案选编》，中国藏学出版社，1991 年，第 134 页。

⑤ 中国藏学研究中心、中国第二历史档案馆合编：《十三世达赖圆寂致祭和十四世达赖转世坐床档案选编》，中国藏学出版社，1991 年，第 151 页。

世为调整中央与西藏地方关系之最好时机，所派人员关系重大。蒙藏委员会与行政院经过几次商承，最后决定由蒙藏委员会委员长吴忠信亲自入藏主持十四世达赖转世坐床典礼。

青海灵童迟迟不能入藏，热振和噶厦不得不对中央提出的关于达赖转世掣签的办法重新考虑，最终接受中央派蒙藏委员会委员长吴忠信会同热振主持达赖转世事宜。这样，吴忠信认为利用拖延灵童入藏日期来牵制西藏噶厦的目的已达到，便电令马步芳对寻访人员及灵童放行，并请他派员护送。[①] 马步芳也正打着自己的如意算盘，虽表面上答应即将派人护送灵童入藏，但却以派员护送经费等问题为借口，一再拖延，迟迟不肯确定灵童起程时间。西藏噶厦及热振一方心急如焚，希望吴忠信能取道青海将灵童带到拉萨。吴忠信意识到马步芳在故意拖延，于是，决定派与马步芳关系较好的赵守钰前往青海督促。面对中央政府的多次催令，且支付了他所要求的经费，马步芳意识到如再拖延已无理由，且得罪中央政府，不得不告知吴忠信灵童首途日期。1939年7月15日，马步芳派部下马元海等20余人护送灵童起程入藏。这样，灵童滞留青海将近一年的问题在吴忠信的不懈努力下得以解决。

（二）十四世达赖喇嘛的认定及主持达赖喇嘛坐床典礼

1. 达赖转世之呼毕勒罕的认定

西藏地方政府最初在1938年9月呈报中央时说，在青海选得灵儿一人，在西藏选得灵儿两人，共计三人，拟齐聚拉萨，降

---

① 中国藏学研究中心、中国第二历史档案馆合编：《十三世达赖圆寂致祭和十四世达赖转世坐床档案选编》，中国藏学出版社，1991年，第164页。

鸾掣签，决定其中一人为呼毕勒罕。① 此举符合达赖喇嘛转世办法第四条规定。而事实上，藏方经过对三个灵童的测试早已认为青海当采的灵童拉木登珠是达赖转世的可能性最大。1939 年 8 月 23 日，噶厦政府与西藏“民众大会扩大会议”便宣布当采这个灵童为十四世达赖喇嘛。吴忠信对此也有所闻，灵童之事，如此重要，怎能不极为关注？其实，早在 1938 年 11 月 13 日吴忠信就曾接到张威白的电报，称：“窃查十四辈达赖化身，根据佛典身、心、性之谒谛，应选灵异儿童三人。曾经热振选出三人，其中西藏两人、青海一人，而三个化身到达拉萨后，分别驻锡于附近寺庙，然后三者之中掣签定一人而坐床执政。然而，探热振等口，似有如果灵异可征，由乃琼降神指定，即可援九辈、十三辈不就金瓶掣签之例，并有偏重降生青海化身之态度。热振等偏重青海灵童化身并拟援例免予掣签。”②

1939 年 8 月 16 日，张威白又致电吴忠信阐述十四世达赖金瓶掣签之利弊，称此度十四辈达赖青海灵儿，在热振认为千真万确，不欲掣签，但嫉视热振者不无闲言。他认为热振认定青海灵儿，诚为亲汉表示，本可以按照九辈、十三辈之例而从之。且考虑到如果进行金瓶掣签，青海灵儿万一落选，则今后藏政而入另一势力范围之掌握；但是，如果不掣签而定，又是中央自行放弃金瓶掣签的权力，因此很矛盾。③

① 中国第二历史档案馆、中国藏学研究中心合编：《黄慕松、吴忠信、赵守钰、戴传贤奉使办理藏事报告》，中国藏学出版社，1993 年，第 134 页。

② 中国藏学研究中心、中国第二历史档案馆合编：《十三世达赖圆寂致祭和十四世达赖转世坐床档案选编》，中国藏学出版社，1991 年，第 153 页。

③ 中国藏学研究中心、中国第二历史档案馆合编：《十三世达赖圆寂致祭和十四世达赖转世坐床档案选编》，中国藏学出版社，1991 年，第 231 页。

1939 年 8 月 28 日，张威白又将西藏当局连日会议商讨认定青海灵童的事情报告给吴忠信，电文中所说的西藏当局连日会议事实上也就是梅·戈尔斯坦在《喇嘛王国的覆灭》中所谓的西藏“民众大会扩大会议”①。

根据以上材料，可以肯定的是吴忠信早已对西藏政府的行为有所耳闻，却未对此加以过多追问。吴忠信抵藏后于 1940 年 1 月 26 日，接到热振佛送来公函，大致叙述灵儿种种灵异，应请免予掣签，并择定 2 月 22 日为坐床日期，请求一并转报中央。吴忠信在其日记中记述：“此事，余抵藏以来，即派张咨议威白与热振接洽，一方面勉循其既成事实，一方面仍望其具备应有程式。乃此项公函迟迟始经送到，已属可异，而函中无头无尾，形式弗具。余阅之大诧，当严词告来使云，似此毫无诚意，显系侮辱本人，余可襆被即行，万难迁就。复由张咨议携去补具公函首尾，并盖热振佛印章，不一小时送还。藏人办事草率，余本可不必苛求，但事关大典，何等郑重，当不应疏漏如此。”② 可见，吴忠信对于体现西藏对中央态度的具体细节十分敏感和重视。当晚，吴忠信将此情况拟具电文，于 1 月 28 日由赵丕廉致电中央请求对拉木登珠免予掣签，并颁发坐床经费。2 月 3 日，吴忠信亲自会见了灵童，认为此灵童年纪虽小，但悟性极深，确实与众不同。会晤灵童后，吴忠信即电国民政府行政院，内称：“……忠信复查所述灵异各节，均属确实，拟请转呈国民政府颁布明令，特准以该灵童拉木登珠继任第十四辈达赖喇嘛，并发给坐床

① ［美］梅·戈尔斯坦：《喇嘛王国的覆灭》，时事出版社，1994 年，第 329 页。

② 中国第二历史档案馆、中国藏学研究中心合编：《黄慕松、吴忠信、赵守钰、戴传贤奉使办理藏事报告》，中国藏学出版社，1993 年，第 247 页。

大典经费四十万元，以示优异。”① 2月5日，国民政府正式颁发命令〔府字第898号〕：“青海灵童拉木登珠，慧性湛深，灵异特著，查系第十三辈达赖喇嘛转世，应即免予抽签，特准继任为第十四辈达赖喇嘛。此令。拉木登珠业经明令继任为第十四辈达赖喇嘛，其坐床大典所需经费，着由行政院转饬财政部拨发四十万元，以示优异，此令。”②

这是中国中央政府对十三世达赖喇嘛转世免予抽签和正式批准青海灵童拉木登珠为转世的第十四世达赖喇嘛的铁证。自有清以来，历辈达赖和班禅转世未经中央认定其地位是无效的，也不会得到全体僧民认可。吴忠信一方面无意改变藏方已经认定的灵童，另一方面维护了中央对藏固有之权，在承认既成事实的同时强调在过程中依照应有的程式，以体现中央对藏之权威。

2. 主持坐床典礼

第十四世达赖喇嘛的呼毕勒罕，经中央明令认定后，吴忠信通知热振并同意他所拟的坐床典礼日期。典礼定于2月22日上午5时半，在拉萨布达拉宫举行。达赖坐床典礼是全藏最大的政治事件和宗教仪式，中央政府所派大员的座位及礼仪显示出中央政府对坐床仪式的监督、主持、照料的作用。因此，吴忠信的座位问题就成为中央政府对西藏地方主权的重大问题。起初，西藏政府打算将吴忠信安排与司伦或热振相向对坐，吴忠信义正严词拒绝后，噶厦不得不遵照旧例让吴忠信与达赖并坐，但提出座垫要比达赖低。吴忠信依然没有妥协，要求一切要按旧制办理，严

---

① 中国藏学研究中心、中国第二历史档案馆合编：《十三世达赖圆寂致祭和十四世达赖转世坐床档案选编》，中国藏学出版社，1991年，第290页。

② 中国藏学研究中心、中国第二历史档案馆合编：《十三世达赖圆寂致祭和十四世达赖转世坐床档案选编》，中国藏学出版社，1991年，第290页。

词称“此来余系代表国府主席，如不能得适当座位，对中央万难交待，届时唯有请假缺席而已”[①]，并派贡觉仲尼与噶厦交涉，最后藏方同意完全按旧制办理。典礼当天，一切按照历辈达赖坐床典礼的旧制及宗教仪式举行，座次安排如下：

（1）达赖及忠信坐北面南。

（2）中央官吏坐东面西。

（3）热振率司伦及僧官等坐西面东。

（4）噶伦及各世家公子坐南面北。

（5）尼泊尔、不丹代表坐东面席，位中央官吏之下。

吴忠信主持坐床典礼获得圆满成功。热振和西藏噶厦均致电中央，感谢中央派遣蒙藏委员会委员长吴忠信亲临主持坐床典礼。

然而，英国人古德在其《关于十四世达赖喇嘛的寻访、认定与坐床的报告中》叙述，吴忠信的座位位置在比其他外国代表稍前一点的地方，座位也要高一些，也像达赖喇嘛及其家人一样面向南而不是向西。并且还让吴忠信排在达赖喇嘛的法座之前紧接着西藏活佛之后致贺，这种规格比平时西藏接待外族人的方式有所提升。但是，除了上述这些特权之外，吴忠信在典礼中并没有起到特殊作用。[②] 很显然，古德这么说无疑是企图否认中国对西藏的主权，在坐床典礼前，他企图获得与吴忠信同样的位置，没有得逞，因此，当天没有参加达赖的坐床典礼，而是在第二天会见达赖并赠予礼品。他又说西藏方面给他的解释是座位的安排并

① 中国第二历史档案馆、中国藏学研究中心合编：《黄慕松、吴忠信、赵守钰、戴传贤奉使办理藏事报告》，中国藏学出版社，1993 年，第 265 页。

② 转引自［美］梅·戈尔斯坦：《喇嘛王国的覆灭》，时事出版社，1994 年，第 332 页。

不是如此重要，因此他对英国政府方面尽量贬低座次的重要性。

梅·戈尔斯坦在《喇嘛王国的覆灭》中认为，从当时的汉藏关系来看，吴忠信关于中国在坐床典礼上的作用的说法是难以置信的。谁都不能否认，西藏上层政教对各种仪式各方面礼仪的重视，达赖喇嘛坐床典礼是西藏政教社会中最重大的政治宗教事件，在这种大典上，按照尊卑主次座位安排无疑是一件大事。怎么可能轻易安排座次？吴忠信作为中央政府主管蒙藏事务的蒙藏委员会委员长来主持达赖坐床，相当于清朝驻藏大臣。座位按旧例排定，即含有主持、照料、监督坐床的含义。

阿拉斯塔·兰姆也指出，不管西藏人可能对古德说什么，给世界其他地方所造成的印象——例如加尔各答的《政治家》和伦敦《泰晤士报》都及时做了报道，都是中国人在承认达赖喇嘛的合法性上设法起到了至关重要的作用。加尔各答的《政治家》宣称："据详细但不十分确切的报道，吴先生已经把达赖喇嘛送上了宝座并宣读了一份声明，而达赖喇嘛已经向北京表达了敬意。"①

（三）处理九世班禅返藏前后事宜

1923 年，九世班禅与十三世达赖失和，远走内地。九世班禅得到南京国民政府的大力支持，在内地宣传五族共和以及宣扬佛法，对维护国家统一做出了巨大贡献。然而，班禅大师的夙愿就是重返西藏，国民政府也希望班禅返回西藏，宣化西陲，以解决西藏地方与中央的隔阂。1933 年，十三世达赖喇嘛圆寂后，

① ［英］阿拉斯塔·兰姆著，刘敬师译：《古德使团于十四世达赖喇嘛的转世坐床》，选自《国外藏学研究译文集》第十辑，西藏人民出版社，1993 年，第 113 页。

班禅认为这是一次促成返藏的好时机，遂向中央政府提出由国民政府派出卫队送其回藏。班禅这一请求得到国民政府的支持，班禅返藏准备工作即将展开。但是，噶厦却以不得携带蒙汉官兵卫队护送为理由，拒阻班禅回藏。于是，九世班禅返藏问题一拖再拖，悬而未决。

在班禅回藏的问题上，西藏地方政府不敢违背民意公然拒绝，但多方寻找口实加以阻挠。先是在班禅返藏的途径上发难，继而同意中央大员护送班禅到藏后即行离开，后反悔拒绝中央派员入藏，并继续积极部署军队，侵犯青海边境，企图武力阻止。西藏噶厦三番五次的改变态度，言而无信，主要原因有两点：

一是由于英国政府的蛊惑与支持。19 世纪以来，英国就一直觊觎西藏，扶植西藏上层少数贵族为亲英势力，并单方面制造出分裂西藏的《西姆拉条约》，之后又企图从各个方面制止中国中央政府与西藏地方的联系。二是西藏地方上层的一部分贵族，唯恐班禅大师回藏后，深得民心，控制西藏，使他们失去已有的政治权力。尤其是在十三世达赖圆寂后，西藏政教界内部权力斗争十分复杂，而班禅入藏后必是政教上最高的领袖，这些人很担心班禅返藏后会因亲汉派势力的壮大而影响他们的前途。

面对西藏噶厦与英国的双重阻挠，国民政府蒙藏委员会态度坚决，坚持国民政府之对藏主权。1936 年 7 月以前，一直是黄慕松主持班禅返藏事宜。黄慕松因不堪重荷，未能解决班禅回藏问题即遗憾去世。吴忠信接任不久，就草拟了《护送班禅回藏专使训令》，后经国民政府正式颁布。这个训令在法律上再次重申了中央对西藏的主权，成为中央处理西藏问题的基本准则。

班禅返藏启程不久，发生了“七七”事变，全面抗战爆发。吴忠信及时关注事态变化，周密布置。在藏方企图武力抵抗中央护送班禅入藏时，他提早对西北的马步芳做出部署，让其加强防范藏兵，严密保护班禅的安全。[①] 吴忠信综合各方面报告，依据实际情形，向行政院提出处理此事的办法：①班禅暂驻青康安全地带。由中央密令班禅，嘱其在青康择一安全地带暂住，并令青康两省军队妥为保护。②军事上予以适当布署。藏军此次无故渡江，得寸进尺，德格、白玉相继失守，殊逐增高其东侵气焰。宜令青、康军队严守现驻地区，可能即积极将藏军驱回原防。否则，亦应相机收复金沙江东岸德格、白玉等失地。如饷糈械弹不敷时，应由中央酌予补助。③对噶厦之交涉，由中央严词密电噶厦，嘱其速将东进藏军撤回原防，并令其速派负责人员来京，商洽中央与西藏地方间一切问题。吾国对日外交现在日趋紧张之际，康藏边地，诚不宜再起纠纷，与英关系，尤应保持友善之态度。

由于全面抗战爆发，南京国民政府对英国干涉西藏问题的态度转趋温和。英国方面态度因而更加嚣张，12 月 10 日提出“希望在中藏边界上，择一相宜地点，使中国护送仪仗队由班禅本人之随从人员代替之；中国护送专使之任务，则交与西藏政府之代表”的建议。吴忠信认为，英国此举“虽见关切之善意，但此事应如何审慎商洽处理及如何谋永久解决中藏间纠纷办法，究系中国政府与西藏地方政府间内政问题，自毋庸英国政府之代为建议”[②]，建议外交部以此旨答复英使，“以免英人借此干涉藏事”。

随后，吴忠信又于 12 月 31 日向行政院提出护送班禅仪仗队入藏的三项办法：第一，仪仗队无论如何，依照原定计划，护送

① 中国藏学研究中心、中国第二历史档案馆合编：《九世班禅内地活动及返藏受阻档案选编》，中国藏学出版社，1992 年，第 355 页。

② 中国藏学研究中心、中国第二历史档案馆合编：《九世班禅内地活动及返藏受阻档案选编》，中国藏学出版社，1992 年，第 367 页。

班禅入藏，藏若反对，即以武力殿之，期能彻底解决中央、西藏地方问题。但此须先做军事上之准备。第二，仪仗队护送班禅入藏，驻至半年或一年，由政府调回，在此驻扎期中，相机与西藏政府商洽中央、西藏地方问题。第三，即照班禅来电所述西藏代表意见，仪仗队于护送班禅到达拉萨后，即行撤回。他认为，在三项办法中，第二项办法较为妥当，可以借在西藏驻扎之机解决以往中央和西藏地方之间的隔阂。然而，行政院在第 296 次会议上最终决定实行第三项办法即仪仗队护送班禅到达拉萨后，即行撤回。虽然国民政府没有放弃派仪仗队入藏的立场，然而这个“即行撤回”的转变无疑是国民政府在西藏噶厦反对和英国干涉的双重压力下的一种让步表现。无疑国民政府是想通过这个转变，减少西藏噶厦不必要的担忧（班禅仪仗队入藏后控制西藏政教）以及英国政府的担忧（仪仗队入藏后国民政府对西藏主权加强）。然而，后面发生的大量事实表明，西藏噶厦的根本意图在于阻挠九世班禅回藏，拒绝仪仗队入藏只不过是他们阻挠班禅回藏的一个借口而已，仪仗队人数不过 300 人，且国民政府下令仪仗队护送到达即行撤回的命令后，噶厦仍不同意。国民政府的缓和态度，让英国更加有恃无恐地在西藏事务上指手画脚。1937 年 7 月 23 日，英国公然挑明“仪仗队果入藏，无论藏方意见如何，乃为英方之所不能同意”。国民政府最终完全接受了英国所提出的要求，仪仗队只到西藏边境。吴忠信不得不接受国民政府行政院的指令，告知赵守钰暂缓入藏。班禅喇嘛顾全大局，对中央政府表示他“决不舍中央护送官兵与仪仗队而入藏，尤不愿入藏后受拉萨政府限制而与中央疏远，现决遵令缓行”。国民政府指令康定为班禅喇嘛的驻锡地，以待时机。返藏受挫，班禅喇嘛隐忧成疾，1937 年 12 月 1 日在青海玉树行辕甲拉颇章寺内圆寂。

至此，国民政府护送九世班禅喇嘛返藏失败，班禅喇嘛返回西藏的夙愿最终没有实现。

（四）办理九世班禅圆寂善后

1. 提出办理九世班禅圆寂善后办法

九世班禅圆寂后，西陲宣化使公署和护送专使赵守钰迅速电告行政院蒙藏委员会。蒙藏委员会作为主管机关，对班禅圆寂的善后处理极为慎重。吴忠信参照历史上处理类似事情的先例，斟酌时宜，于1937年12月15日向行政院递交了一份褒恤班禅大师的建议书，提出五项办法。行政院在接到吴忠信的建议书后很快做出了决定。12月24日，文官处发布了褒恤班禅大师办法五项："（1）呈请钧府明令褒扬；（2）追赠'护国宣化广慧圆觉大师'封号；（3）发给治丧费1万元；（4）特派考试院长戴传贤前往康定致祭；（5）在重庆择期追荐。"① 同时，批准在札萨喇嘛罗桑坚赞到达之前，将西陲宣化使印信及官章交丁杰佛代管。其正式公布的追赠班禅封号令曰："国民政府委员、西陲宣化使、护国宣化广慧大师班禅额尔德尼，觉性圆明，志行精卓。早岁翊赞统一，懋著功勋。比年阐教西陲，勤宣德化，边氓感戴，称颂翕然。方期兼程回藏，振导祥和，永资矜式。乃以忧国积劳，遽尔圆寂。眷怀勋勤，震悼弥深，应予特令褒扬，追赠护国宣化广慧圆觉大师封号，并著给治丧费1万元，特派考试院长戴传贤前往康定致祭，用示国家笃念殊勋之至意，此令。"②

---

① 中国藏学研究中心、中国第二历史档案馆合编：《九世班禅圆寂致祭和十世班禅转世坐床档案选编》，中国藏学出版社，1991年，第15页。

② 中国藏学研究中心、中国第二历史档案馆合编：《九世班禅圆寂致祭和十世班禅转世坐床档案选编》，中国藏学出版社，1991年，第16页。

2. 提出班禅灵榇回藏办法及交涉过程

在筹备班禅大师追荐会之时，吴忠信就开始积极地准备班禅灵榇回藏。他深知班禅灵榇停在康区只是权宜之计，班禅大师生前夙愿是能够返回西藏，而这一愿望在生前由于抗战和各方面的原因未能达成，对班禅大师及西藏民众是一件憾事。鉴于此，吴忠信向行政院提出护送班禅灵榇回藏办法，他认为护送班禅灵榇回藏有两种办法：一种是由政府护送，另一种就是负责人员自行接洽。自抗战以来，西藏地方态度变得十分强硬，以致班禅生前回藏愿望未能实现。中央政府如果在此时与西藏地方接洽，时机不到。如果派重兵护送，正值艰难之时，也不合适。各堪布又因为班禅的遗言，坚持 4 月之前送班禅灵榇回藏，综合考虑各种因素，吴忠信建议行政院让班禅堪布厅自行设法护送班禅回藏，准其与西藏地方直接商洽以免延误。同时，随时向中央汇报交涉情况，一旦时机成熟，政府就电告西藏地方迎接灵榇，中央官兵仅护送到西藏境为止。1939 年 12 月 3 日，吴忠信令蒙藏委员会驻藏办事处处长孔庆宗，表达了中央政府对班灵返藏终将负责到底的决心，并要求班禅行辕继续与噶厦当局交涉。班禅行辕则希望在他们与西藏地方交涉的同时，中央政府应明令噶厦迎灵回藏。1939 年，吴忠信筹备入藏主持第十四世达赖喇嘛坐床典礼。经吴忠信在拉萨与热振及噶厦当局几经交涉，并经中央政府施加强大压力之后，西藏地方终于同意班灵回藏奉安，但只答应中央政府派人护送至青藏边境，再由西藏地方继续护送回札什伦布寺。国民政府认为此事应该尽早了结，令赵守钰赴青海与马步芳商讨班灵回藏的具体护送方案。而赵守钰和马步芳却质疑仅护送到边境于中央威望、边民观感诸多不宜。其实，吴忠信也考虑过这一点，只是迫于正值抗战期间国民政府艰难的情势，并且已经答应了藏方，若再改变主意，他则会使中央失信于人。于是，他坚持原议，即护送专使与护送部队仅送至青藏边境。几经周折，班禅灵榇最终于1941年2月4日抵达扎什伦布寺。

3. 调整班禅行辕及建造班禅纪念塔

班禅圆寂后另一个重要问题就是班禅系统组织结构的调整。当时需要调整的组织机构有两类：一类是班禅属下的行政系列，计有西陲宣化使公署，班禅行辕，班禅卫队，班禅驻南京、北平、成都、重庆、西康、青海和绥远办事处及驻上海、印度的通信处，班禅驻南京办事处附设补习学校等。另一类是中央政府护送班禅回藏所设机构，主要是护送专使行署和护送仪仗队。吴忠信认为班灵既已回藏，行辕在组织上、理论上及事实上均无存在的必要，并就裁撤手续与善后事宜请赵守钰就近体察实际情形，详拟办法，并叮嘱"总以不生枝节为妥善"。行政院在经过斟酌之后于1941年5月5日正式做出决定："班禅行辕及其驻外各办事处一律裁撤，唯驻京办事处暂予保留。该辕所有人员予以遣散或设法安置，其具体办法即照赵专使折呈所称，由前拨之班灵回藏费30万元内樽节动用，实报实销。"① 虽然，班禅驻京办事处再次请求行政院收回成命，但未获准。班禅行辕和驻各地办事处的裁撤，一方面，因为班灵回藏任务完成之后，行辕的使命也已完成，无存在的必要；另一方面，也是国民政府在抗战期间节省开支的需要。国民政府根据事态的发展变化适时做出了不同决策，始终掌握主动权，使这一问题按中央政府的意图得以解决。

班禅圆寂后需要建立班禅纪念塔，以往历代达赖、班禅建塔

① 中国藏学研究中心、中国第二历史档案馆合编：《九世班禅圆寂致祭和十世班禅转世坐床档案选编》，中国藏学出版社，1991年，第18页。

事宜都是由国家办理。因此，罗桑坚赞写信请求吴忠信转呈中央予以补助建塔费用。吴忠信接到罗桑坚赞的电文后随即向中央请示补助建塔之事，不久中央准发建塔经费 20 万元。建塔费用浩繁巨大，又值抗战期间，国家经费紧张，仅靠国家的补助难以完成。吴忠信想出另一办法筹集建塔费用，他亲自致电各界请求各界募捐建塔费用。

九世班禅后事的全部处理过程都发生在抗战期间。这时抵抗日本的侵略是全国的中心任务，稳定西藏局势成为国民政府对藏政策的宗旨。更由于在那个特定的历史条件下西藏问题涉及对中国抗战十分重要的中英关系，加之民国以来西藏与中央的关系出现了一定程度上的松弛。种种政治、军事、外交方面的条件，都迫使国民政府在处理与西藏有关的事务时不得不慎之又慎，当时的国内外形势迫使它采取了怀柔政策，“用兵在外交上顾虑甚大”，正所谓“除此全面抗战之际，中央无暇西顾”。处理九世班禅后事的过程，实质上也是中央政府与西藏地方分离势力做斗争的过程。由于国民政府的政策基本正确，措施得当，而赵守钰、吴忠信、戴传贤等办事人员也干练得力，使全案处理比较圆满，基本上起到了在抗战期间维护中央政府对藏主权和遏制地方分离势力的作用。

（五）密切关注西藏政局与涉外活动

1. 设立驻藏办事处

为了加强中央与西藏地方的联系，吴忠信利用主持十四世达赖坐床大典的时机，开始筹办设立驻藏办事机关以随时掌握西藏地区的动态。清代在藏即设有驻藏办事大臣，其地位与达赖班禅平行，凡西藏军政上之重要事务及管理人员任免等，均由驻藏大臣转报给朝廷核办。民国成立后，改驻藏大臣为驻藏办事长官，1913 年以钟颖为继驻藏办事大臣联豫之后为办事长官，不久钟颖为藏人所逐，中央改派陆兴祺为护理驻藏办事长官。因陆在印度无法入藏，而奉命在加尔各答组成办事公署，其对维系中央与西藏关系也没有产生大的作用，中央驻藏办事机构遂告中断。至 1934 年，祭第十三辈达赖之专使黄慕松返京，留专使行署参议刘朴忱、蒋致余驻藏，接洽未了事宜，于是中央继续有人在藏，但是尚未正式设立机构。不久，刘朴忱病故，蒋致余于 1938 年夏返回重庆，只有交通部无线电台台长张威白由蒙藏委员会为咨议，在藏维系。[①] 吴忠信入藏主持了第十四世达赖的转世坐床，中央与西藏地方关系日臻密切，有待洽商之事日渐增加，吴忠信为适应此一时机与需要，在入藏主持达赖喇嘛坐床仪式之前，就打算筹备一个驻藏办事处先行办理接洽事宜，并将此意见禀呈中央，说明在藏设立办事处的重大意义。但是，名称却颇费研究，最初打算于“蒙藏委员会驻藏行辕”或“蒙藏委员会驻藏办事处”两者择一而行，吴忠信呈请于行政院核示，得行政院复电，认为前者不合体制，后者地位嫌低，应恢复中央设立中央驻藏办事处长官公署，嘱吴忠信与藏方商洽。1940 年 3 月 13 日，吴忠信派顾问奚伦往晤热振提出商讨。热振为避免英人或西藏部分人士从中阻挠，反有碍于双方之情感，建议吴委员长可先行返渝复命，俟将来时机许可时再请中央在藏设立办事机构。吴忠信于 3 月 15 日致电行政院，并请示办法。同月 23 日接奉行政院复电，准照去电所拟设置机构之名称择一为之。吴忠信既获授权，即决

① 参见刁抱石编:《民国吴礼卿先生忠信年谱》，台湾商务印书馆股份有限公司出版，1988 年。

定设立蒙藏委员会驻藏办事处，对于西藏地方政府并采取通知方式，而不再与之商洽，于3月25日上午发表原任蒙藏委员会藏事处处长、现兼行辕第一组组长孔庆宗为首任驻藏办事处处长，咨议张威白为副处长，于4月1日在拉萨成立①。同时，分函热振及噶厦知照，并分别派员面告其设立蒙藏委员会驻藏办事处之意义，随于3月30日电呈行政院报告经过。该处成立后，国民政府对西藏地方的情况能够及时了解以便掌控，对西藏社会各方面起到了重要的监督作用。

2. 遏制亲英派分子企图在西藏设立“外交局”。

1942年6月7日，根据驻藏办事处处长孔庆宗的报告，西藏噶厦在英人的唆使下企图建立外交机构，独立于中央主权之外，并要用此机构同中央政府发生关系。如果承认此外交机构的设立并与之发生关系，无疑是等于承认西藏是独立在中国以外的一个国家，中国政府坚决抵制，并不与其发生关系，且和西藏噶厦进行多次的严肃交谈，命令其撤除此机构，吴忠信在这个问题上也态度鲜明，并多次向中央禀呈自己的意见和态度。1942年7月31日，吴忠信致电孔庆宗，告知中央对西藏擅自设立外交局的处理办法，由蒙藏委员会径电西藏当局，告以西藏地方为处理地方涉外事务而有设置机构之必要，应注意遵守如下两事：甲、有关国家利益问题必须秉承中央旨意处理；乙、中央与西藏一切往还接洽方式仍应照旧，不得经向上述外务机构办理。中央与西藏间一切接洽，如西藏地方经由上述外务机构承办，即令蒙藏委员会驻藏办事处暂停对藏一切接洽，该处孔处长仍留藏办理情报事务所有中央与西藏间一切接洽，改由蒙藏委员会与噶厦及西藏驻

---

① 陈锡璋：《西藏从政纪略》，《西藏文史资料选辑》第3辑。

渝代表办理。至运输事务，由外交部驻印沈专员秉承交通部意旨组织商运公司办理。[①] 之后，国民政府行政院又开会审议通过了上述处理西藏私设外交局一案的办法。

面对西藏地方政府一次又一次猖狂的行为，蒋介石忍无可忍，对西藏地方政府的态度开始强硬起来。1943 年 5 月 13 日，周昆田致孔庆宗电中说，总裁昨日召见阿旺坚赞等，弟陪往，首由阿旺坚赞请求制止军事行动之意。总裁答调动军事，乃一方防止日寇勾结西藏，一方保护修筑中印公路及驿运，言辞与态度均至严厉，并提出下列五事，电西藏遵办：①协助修筑中印公路；②协助办理驿运；③驻藏办事处向藏洽办事件必与噶厦径洽，不经外交局；④中央人员入藏，凡持有蒙藏委员会护照者，即须照应乌拉；⑤在印华侨必要时须经藏内撤。如西藏能对此五项者遵照办到，并愿对修路驿运负保护之责，中央军队当不前往，否则，中央只有自派军队完成之。其中，并有中央绝对尊重西藏宗教，信任西藏政府，爱护西藏同胞，但西藏必须服从中央命令。如发现西藏有勾结日本情事，当视同日本，立派机飞藏轰炸。中央现对打札噶厦等来电暂不作覆，须俟其对上列五事能切实办到时再覆等语。[②] 而据青海马步芳电称，西藏地方现在青海及康藏交界地方，仍积极部署军事，并有进犯模样，综括以上，西藏地方现拟取一方拖延，一方备战之姿态。

由上述史料不难看出，这一时期，西藏作为抗日战争大后方的战略地位已经凸显出来，国民政府此时亟需西藏地方的配合，

① 张羽新、张双志编纂：《民国藏事史料汇编》（七），学苑出版社，2006 年，第 159 页。

② 张羽新、张双志编纂：《民国藏事史料汇编》（八），学苑出版社，2006 年，第 214 页。

比以往更加重视西藏方面，而英国政府也更加有恃无恐地干涉中国内政，极力拉拢西藏上层分子对抗中央，西藏地方政府在英国的支持下也变得更加张狂，甚至公然与驻藏办事处发生冲突。在修筑中印公路问题上以及西藏成立“外交局”的事件上，以吴忠信为代表的蒙藏委员会并没有解决实际问题，说服噶厦服从中央的旨意，因为，此时在强大的亲英派势力笼罩的西藏噶厦面前，蒙藏委员会说话的分量已明显不足。然而，在内忧外患的局势下，蒙藏委员会在西藏所设置的驻藏办事处能够及时将西藏的政治外交情况反映给国民政府，对国民政府及时做出决策具有一定的贡献。

结　语

综观吴忠信任职南京国民政府蒙藏委员会的 8 年时间，从主持十四世达赖喇嘛坐床典礼到筹办交涉九世班禅返藏及灵榇回藏等，这些重大事件都在他的亲自筹划主持下得以顺利完成。他为国家和平统一，边疆稳定、民族团结，特别对西藏事务做了大量工作。吴忠信以他卓越的才能和深远的见识，不仅为国民政府在治边方略上提供了大量可参考的建议，而且亲力亲为主管边疆政务。在十四世达赖喇嘛坐床、九世班禅返藏、修筑中印公路等西藏的几件大事上，国民政府一直没有放弃对西藏的主权的行使，在西藏涉外的关键问题上，态度也很坚决、明确，这与吴忠信主持的蒙藏委员会的积极应对和努力是分不开的。然而，通过对当时史料的解读我们不难发现，无论蒙藏委员会和国民政府做出怎样的努力来维护中央与西藏地方的关系，总是有一种力量在试图向外拉扯着西藏，企图使其脱离中央政府的管理，而西藏地方政府由于这种力量的牵制，对中央的态度总是在摇摆不定，实际上这是中央政府与西方分裂势力两种力量的抗衡。由于英国对西藏一直采取干预和控制政策，将西藏作为遏制俄国南下、保护其印度殖民地的“缓冲区”①，以承认中国在西藏的宗主权来否定中国对西藏拥有完全的主权。这就决定了中央解决对藏主权的关键时刻英国必然会从中进行干涉。西方力量的支持，纵容了西藏地方上层亲英派的野心。在这样复杂的国际背景和抗日战争的大局下，国民政府虽然做了很大的努力来缓和中央与西藏地方的紧张关系，但又不能彻底和暗中支持西藏地方政府与中央对立的英国撕破脸皮，也没有力量彻底地遏制住亲英派势力的活动。吴忠信在这样的大背景下，面对国际局势的风云突变，西藏当局的反复无常，辗转于内地与边疆民族地区，致力于边疆民族事业。他基本上做到了从容应对，在重要问题上始终立场坚定、举措得当，维护了中央对西藏的主权。

总而言之，吴忠信是民国西藏事务的主要决策者与主持人，占据举足轻重的地位。应当说，虽然他与南京国民政府一样存在大汉族主义的时代局限，但他对民国西藏事务做出了较大的历史贡献。

作者简介：鲍丽达，1982 年生，内蒙古通辽人，蒙古族，南开大学、日本爱知大学 2014 级博士研究生。

① 徐中林、王希隆：《吴忠信与西藏》，《兰州大学学报》（社会科学版）2005 年第 33 卷第 5 期。

十三、试析 1945—1949 年的包尔汉

王光鑫

作为新疆送别旧时代的最后一个省主席，也是迎来新中国的第一个省主席，包尔汉是 1945—1949 年间民国新疆史的重要人物之一。他担任最后一任民国新疆省主席，厉行改革，但依然无法解决新疆乱局，最终与陶峙岳密切合作，使新疆走上了和平解放的正确道路，改变了新疆的历史走向，把新疆带入了一个崭新的历史发展阶段。如何看待包尔汉及其历史影响与作用，不仅是民国新疆民族史上的重要课题，也是民国民族关系史研究应有之义，具有重要的学术价值与现实意义。目前，学术界关于包尔汉研究相对不足，本文拟就 1945—1949 年包尔汉的历史活动及其影响与作用问题做一粗略的分析研究。

（一）初入新疆政坛

包尔汉·沙赫德拉（Burhan al-Shahidi）[①]，祖籍新疆阿克苏县依列克村[②]。1894 年 10 月 3 日出生于俄国喀山省特铁什县境内的阿克苏地区。1912 年，他因工作缘故被送到新疆迪化[③]商行——天兴洋行做店员、会计，并于 1914 年恢复了中国国籍。

---

① 以下简称包尔汉。

② 包尔汉：《我的自传》，《包尔汉选集》，民族出版社，1989 年，第 193 页。

③ 迪化，即今乌鲁木齐市。

1920 年 5 月 27 日，苏联和新疆在伊犁伊宁城达成协议，签订了“临时局部通商条件”，三款十条。根据双方协议，新疆当局在伊犁设置了税关，后又在塔城设立税关。设立税关伊始，需要通晓汉、维吾尔、俄三种语言文字的干部，在俄华道胜银行做翻译的朋友潘祖焕推荐包尔汉担任关税稽查委员，之后，包尔汉在 1922 年完全离开天兴行，成为全职的政府工作人员，从商界正式进入政界，这成为他一生的一个重要转折。

进入新疆政坛之后，凭借精通汉、维吾尔、俄等多种语言，包尔汉先后担任管理马厂的委员、汽车公司委员等职务。又因与外国人往来需要，作为翻译的他参与了杨增新时期的许多重要会谈，使得他对新疆政局现状和杨增新统治下的新疆社会有了较为深刻的了解。在这一时期，就包尔汉自身而言，产生了革命思想萌芽。1922 年 8 月，包尔汉同几个维吾尔族青年成立了一个秘密组织。受当时的认识局限，他们的思想还限于民族民主革命范畴，当时他们的思想主张是“在新疆联合各族人民，反对民族压迫，反对官僚政治，铲除贪污，发展文化，普及教育，整理财政，进行建设”①。作为一种自发的进步组织，他们的秘密组织缺乏科学理论指导，虽然其主张比较直接简单，但是在当时的社会背景下，无疑具有一定的进步意义。当然，由于认识不足，在成立初期该组织内部还存在一定的极端独立思想②。包尔汉虽然没有受过科学的理论教育，但从自身的经历和感受出发，也懂得“凡是鼓吹新疆脱离中国的，都是想奴役新疆人民、掠夺新疆财

① 包尔汉：《新疆五十年》，中国文史出版社，2013 年，第 144 页。

② 如小组成员鲁克沁人塔依尔别克曾主张在新疆进行“独立”运动，后经过教育及去喀什实地工作经历后，打消了“独立”的思想。见《新疆五十年》，中国文史出版社，2013 年，第 144 页。

富的人"，"如果反对祖国，那就会使新疆变成帝国主义的殖民地"①。这说明，包尔汉从一开始就具有较强的爱国主义精神，尤其在当时的社会背景下，这无疑是十分难得的。后来组织成员在学习马克思列宁主义有关民族问题的著作后，思想有了巨大的变化。

杨增新于1928年7月7日被樊耀南等人刺杀，之后新疆进入了金树仁统治时期。与杨增新时代的"羁縻"和"牵制"不同，金树仁开始整顿和扩充军队，改变杨增新的"弱军"政策。同时，"开办教育，疏通民智"，使得新疆社会有了一定的发展。但金树仁的能力远不及杨增新，在政治上任人唯亲。对于少数民族的官员金树仁也极不信任，包尔汉的政治命运由此也遭遇坎坷。金树仁将包尔汉以"采购压路机，同时调查国外的实业、教育，作为本省采取各项相关措施的参考"为名，将他派往德国，包尔汉认为这是将其"放逐"。

在这一时期，包尔汉对新疆政局的发展开始有了自己的见解，也希望能通过上层统治者的革新，使新疆的状况有所改观。但是，这种希望在旧的社会体制环境下是根本无法实现的。受思想认识的局限，包尔汉一时还无法认识到这些。比如，在德国采购了工业器械和武器后，包尔汉向金树仁提交了一份调查报告书，报告书中指出："新疆的居民主要是维吾尔、蒙古、哈萨克人，他们文化落后……建议新疆省教育厅开办一所培养维、哈、蒙等族师资的师范学校，给少数民族造就教育人才……编译民族语言教科书……出版民族语教科书和有关书籍……"② 这个建

---

① 包尔汉：《新疆五十年》，中国文史出版社，2013年，第144页。
② 包尔汉：《新疆五十年》，中国文史出版社，2013年，第126页。

议，在当时具有进步意义。但作为新疆统治者的金树仁，根本看不到世界发展的潮流，只是竭力维护自己的专制统治，当然也不会采纳这些建议，并且借“有事情要做”，让包尔汉继续留在德国。虽然包尔汉对中国革命的路线、策略等不清楚，但是他的教育思想有一个基本的出发点，就是应该以“反封建、反帝国主义”为内容，同时不能错误地把反对汉人和脱离中国的思想揉进去。

1933 年 1 月，包尔汉回到了迪化。而这一时期，新疆早已处于战火纷飞之中，由“小堡事件”直接引发的“哈密事变”①，烽火越燃越旺，之后马仲英率军队进入新疆，南疆发生全面反金暴动。回到新疆的包尔汉，并没有获得金树仁的信任。由于迪化被围，省城处于危机之中。1933 年 3 月，在迪化初步解围之后，金树仁令包尔汉去德国。包尔汉离开新疆到达苏联后没几天，陈中、李笑天、陶明樾等人在迪化策划发动了“四·一二”政变，金树仁仓皇出逃。刘文龙在临时紧急会议上被推举为临时政府主席，后军事实权派盛世才经过角逐，消灭各方势力，登上了新疆的历史舞台。

金树仁政权垮台后，包尔汉在随后盛世才平定新疆过程中表现出了卓越的政治才能。包尔汉于 1933 年 6 月任阿山宣慰使，在阿山他联合沙里福汗、艾林、巴彦等人缓和民族矛盾，组织武

① 哈密事变，又称“哈密之变”“哈密农民起义”，事件起因为哈密小堡省军驻军排长张国琥不顾民族风俗习惯和伊斯兰教教规，强娶当地维吾尔族民女，“激起公愤，群谋反抗”。当地农民借举行婚礼之机，以设宴款待为名，将张国琥等 33 名官兵全部杀死，酿成小堡事件。事件发生后，当地东山、前山等 15 处农民响应，起义队伍发展到千人以上。后哈密王家族人员加入，起义演变成“恢复王制”的暴乱，并邀请驻扎在甘肃酒泉的马仲英入新增援，战乱最终引发了新疆“四·一二”政变，金树仁下台，盛世才经过群雄角逐，主政新疆。

装自卫力量，与马赫英部斗争。塔城、额敏的哈萨克族头目因先前支持过马赫英，担心政府军报复，率领牧民准备逃往镇西。包尔汉听闻后，立即率人赶赴塔城劝阻，写信请哈萨克族的唐古特总管、哈木扎千户长等人于10月15日到哈族人帕孜鲁的庄子商谈。在会谈中，包尔汉代表政府，“保证对你们（指哈萨克人）不咎既往”，并表示“假如你们的生命有危险，我便用自己的生命保护你们，我们活着在一个土台上睡，死了在一个土穴里埋，我绝不背弃你们”①，以此获得了哈萨克族人的信任，最终和平解决了哈萨克族人东逃问题。

塔城事件和平解决，再次表现了包尔汉的政治才能。当时，塔城的形势十分严峻，伊犁的张培元②经南京方面来新疆的国民党中央外交部部长兼司法行政部长罗文干撮合，与马仲英暗地合作，准备策动塔城一同出兵乌鲁木齐。当时“被张培元拉过去的塔城军政人物有驻塔城的部队总指挥姚华亨、团长关捷三、营长何某、塔城县长孙国华，行政长陈继善也在动摇”③，此时省城方面根本无暇顾及塔城。包尔汉与从省城派来处理塔城问题的姚雄、塔城关税专员赵德寿三人组成应变小组，姚雄为组长，采取紧急行动成功地通过归化军接管了塔城警卫，后抓捕了姚华亨，软禁了塔城行政长陈继善，圆满地解决了塔城问题，为在省城的盛世才方面大大减轻了防守压力，用包尔汉自己的话来说是“塔

① 包尔汉：《新疆五十年》，中国文史出版社，2013年，第205页。

② 张培元，字子亨，青海贵德人，生于清光绪二十年（1894），出身清贫，民国初年来新疆，因做生意欠债逃回关内，被新疆省府通缉。后再度来疆，任驻吉木乃连长，金树仁时期升任旅长兼督署军务处长，最后出任伊犁屯垦使。1932年，哈密事变时率军增援，解围后调返伊犁。新疆“四·一二”政变后他与马仲英联合反对盛世才，因苏联出兵支持盛世才，张培元兵败，于1934年1月自杀。

③ 包尔汉：《新疆五十年》，中国文史出版社，2013年，第210页。

城问题这样兵不血刃地解决，对盛政府是个莫大的贡献”①。

塔城问题解决后，包尔汉接到省、署两署的命令，任命为阿山宣慰使，再去阿山。1934 年 1 月，包尔汉到达阿山，召集当地的主要官员开会，商讨阿山善后问题，成立了宣慰使署、临时总指挥部。为了解决粮荒，包尔汉组织富商献粮，采购种子，恢复生产，同时向苏联赊购粮食，赈济灾民。包尔汉安排人员做好安抚工作，组织成立了阿山民众委员会，选举各族上层人士为主任、委员等，“向全区人民进行宣传，促进各族人民加强团结，开展春耕，恢复交通，解决因变乱而产生的各项问题，并召回逃亡的汉、回农民恢复生产，奖励商人运入各项生活必需品”②。通过这些措施，有效地稳定了阿山的社会秩序，恢复了生产，缓解了省城的压力。

1934 年夏，包尔汉从阿山经塔城返回乌鲁木齐，盛世才委任其为裕新土产公司③总经理、反帝会总会民众部副部长、设计委员会委员，其中裕新土产公司总经理一职是包尔汉的主要负责的工作，也就是从这一段时期开始，包尔汉受到了盛世才的重用。实际上，盛世才一方面对其委以重任，另一方面也对包尔汉时时猜忌。不过，由于其卓越的政治才能，盛世才对他还是笼络重用。1937 年，包尔汉离开新疆去苏联担任中国驻斋桑领事馆

---

① 包尔汉：《新疆五十年》，中国文史出版社，2013 年，第 211 页。

② 包尔汉：《新疆五十年》，中国文史出版社，2013 年，第 217 页。

③ 裕新土产公司，是为了推动新疆与苏联间的贸易和利用从苏联获取的物资而设立的贸易机构，于 1931 年成立，随着代表省政府与苏联签订两笔金卢布贷款合同，新苏间贸易迅速增长。1934 年 8 月，盛世才重建了土产公司，由包尔汉任总经理，省政府的股份份额占了绝大部分，公司实际上是省政府的营业机构。1945 年 1 月，吴忠信改组成立省贸易公司，重点转向对内地的贸易，1946 年，新疆省联合政府成立后改组成新疆省企业公司，但不到 5 个月后被撤销。

领事。由于之前与苏联方面的接触，包尔汉受到先进思想的引导，在曾经担任苏联驻乌鲁木齐总领事贝斯特洛夫和包国宁的帮助下，开始逐步走向了革命道路。1938 年 2 月，包尔汉接到盛世才电报，命他回国述职。包尔汉从斋桑到迪化时被捕，关押审讯长达两年之久，被诬加“帝国主义走狗”“里通外国”“依靠德国和日本的势力在新疆搞独立的回教国家”等罪名，包尔汉的家人也被流放到哈巴河。

在监狱中，包尔汉用火柴梗蘸墨写下了维文诗《崇高的敬意献给毛泽东》。在汉族狱友张凤仪的协助下，两人相互学习切磋，编纂了《维汉俄词典》。[①] 时任公安管理处科长的刘秉德[②]将包尔汉关押到第四监狱，利用包尔汉来翻译信札和资料，将孙中山的《三民主义》翻译成维文，刘秉德将其翻译的著作换成自己的名字来骗取稿酬。可能是由于其翻译才能，盛世才在临走前曾两次派人去杀害包尔汉，皆因为没有等到允许行动的电话而取消。

这次人生大跌落，使包尔汉彻底认清了盛世才的反动面目，也让他开始追寻探索为之奋斗的真理。狱中的诗《崇高的敬意献给毛泽东》[③] 中写道：

> 您开辟了通向真理、自由、劳动者解放和幸福的道路。
>
> 敌人在您面前发抖，而人民欢欣鼓舞。

---

① 黄晓天：《包尔汉与张凤仪在迪化狱中》，乌鲁木齐市政协学习文史委员会编：《民国旧事札记》，乌新疆人民出版社，2006 年。

② 刘秉德后任新疆省警务处副处长，“三区”革命时在伊犁被起义军打死。

③ 原诗为维文诗，该段摘自《新疆五十年》，中国文史出版社，2013 年，第 274 页。

我是一颗由您的光辉照亮的星，

用真诚的意志为您开辟的道路而奋斗。

无论狂风暴雨、山崩地裂，都扑不灭我心中对您无限热爱的火炬！

这也是有记载的最早的关于包尔汉对共产主义的认识，他的革命思想相比于之前的萌芽状态，已有了较大的进步，对共产主义有了更为深刻的认识，此时的包尔汉可以算得上一个初步的共产主义者。在新疆的政坛中，包尔汉表面上看是属于中间派人物，实际上他属于开明进步人士。

包尔汉被关押期间，国际国内局势都在发生变化。国际上，苏德战争中苏联处于不利的局面，盛世才逐渐改变了亲苏政策，开始转向国民党。1942 年 3 月，盛世才以其弟盛世骐被杀为借口，掀起了搜捕大潮，苏联驻迪化总领事巴库林、新疆督办公署苏联军事总顾问拉托夫、八路军驻新疆代表徐杰（陈潭秋）、新疆民政厅长周彬（毛泽民），一批地方行政首长被抓，同时有 300 多名涉嫌的苏联人员和中国共产党在新疆的人员被捕。这次大搜捕成为“盛苏矛盾公开爆发的起点”①。国民党重庆方面利用这次机会，让吴忠信出面，将驻于河西地区的马步青调任柴达木屯垦督办，同时，使马步芳主动让出河西走廊地区，为国民党军队进入新疆做好了准备。这时，盛世才也开始主动向国民党方面靠拢。1942 年 5 月，盛世才派其五弟盛世骥以商讨西北交通问题为名去重庆觐见蒋介石，双方表示“此时应设法沟通中央新

① 王建朗：《试论抗战后期的新疆内向：基于〈蒋介石日记〉的再探讨》，《晋阳学刊》2011 年第 1 期，第 96 页。

疆之关系，双方多来往”[①]；9 月，朱绍良与盛世才达成协定，新疆“纳入到中央统一的战区体系中”[②]。

在新疆内附的同时，新疆的社会矛盾也日趋激烈。由于与苏联的关系破裂，传统的新苏贸易中断，新疆失去了农牧产品的重要市场，进口的工业产品也急剧减少，经济趋于恶化。政治方面，进入新疆的国民党官员也与盛世才存在矛盾，盛的本意是依靠国民党势力，继续维持在新疆的独裁统治。然而，随着国民党新疆省党部的建立，双方的矛盾日益激化。1943 年 10 月，参加完国民党五届十一中全会的盛世才回到新疆，对国民党的态度有了变化。盛世才以“阴谋暴动”为名，将国民党新疆省党部的黄如今、林继庸等逮捕，诬陷其为共产党，阴谋推翻他在新疆的统治，制造了震惊一时的“黄林案”。盛世才将案情呈报斯大林和蒋介石，蒋介石对此根本不信，而斯大林则把报告转给了重庆。这样，盛世才的真实面目暴露无遗。1944 年 8 月，国民党政府明令发表改组新疆省政府的命令。9 月 11 日，盛世才离开新疆，赴重庆担任农林部长，吴忠信继任新疆省政府主席，未到任之前，由朱绍良代理主席之职。

新疆的局势也在发生变化。在盛世才的统治下，“只有政权的存在，而无人有思想的存在”[③]，整个新疆长期处于恐怖笼罩之下。1943 年，因省政府强令伊犁、塔城地区的牧民“献马”，引起当地百姓不满。1944 年 8 月，在尼勒克县爆发了武装暴动，

① 公安部档案馆编注：《在蒋介石身边八年——侍从室高级幕僚唐纵日记》，群众出版社，1991 年，第 279 页。

② 王建朗：《试论抗战后期的新疆内向：基于〈蒋介石日记〉的再探讨》，《晋阳学刊》2011 年第 1 期。

③ 张大军：《新疆风暴七十年》第 11 册，台北兰溪出版社，1980 年，第 6253 页。

11 月 12 日在伊宁宣布成立临时政府。朱绍良代理新疆省政府主席时，“外处于阿山、伊犁的暴乱烽火，内处于盛世才十年中的糜烂局面”①，宣布以“军民分治、保障合法人权，亲仁善邻，并选贤任能，寓考绩于升黜”等为施政方针。在这一方针的指导下，朱绍良请中央派清理新疆特种刑事审判团来新疆，处理各种冤案。之后，吴忠信在“边塞传警”中来到新疆就任。就任伊始，吴忠信就提出了“天理、国法、人情”的治新原则，以“互谅”“互让”“互助”为处世之道，亮出了治新三板斧，即“清理监狱”“宣抚地方”和“敦睦外交”。在这一政策的指导下，释放了盛世才统治时期关押的大量无辜人员且非共产党的“有声望人士”，特别是少数民族人士，包尔汉大体属于这种情况。② 从 1938 年被捕入狱，到 1944 年 11 月获释，包尔汉已经在监狱中被关押 6 年之久。根据民国三十四年（1945 年）2 月 28 日《新疆日报》报道：“省府合法保障人民权益，关于清理积案方面，经主管机关积极清查，逐案审核，已有二千余人先后恢复自由，其有工作能力，而志愿为国家效力者均委以适当工作。”③ 根据这一政策，包尔汉出狱后先是被委任为警务处翻译室副主任，随即又任民政厅副厅长，最后就任迪化专员。

从 1920 年包尔汉步入新疆政坛，到 1922 年完全脱离洋行，历经杨增新、金树仁、盛世才三个时期，再到国民党势力入主新疆，新疆政局风云变幻。也就是从包尔汉进入政坛的那一刻开始，他的个人命运已经与新疆政局紧紧地拴在了一起，每一次大变化，都能看到他的命运起伏。在这个过程中，包尔汉的革命思

① 张大军：《新疆风暴七十年》第 11 册，台北兰溪出版社，1980 年，第 6137 页。
② 包尔汉：《新疆五十年》，中国文史出版社，2013 年，第 277 页。
③ 张大军《新疆风暴七十年》第 11 册，台北兰溪出版社，1980 年，第 6142 页。

想也有了巨大进步。1922 年成立的青年秘密组织，尽管还缺乏科学的指导思想，但是其追求进步、追求自由、敢于斗争的精神无疑是值得肯定的。这也显示了新疆地方进步青年开始自发的萌生出革命思想，随着局势的变化，在革命实践中不断积累、发展、壮大，最终也成为新疆和平解放坚定的社会基础力量。巧合的是，包尔汉因为过人的语言才能而进入新疆政坛，在被盛世才关入监狱后，大量的进步人士被杀害，包尔汉却因为翻译信札材料、《三民主义》等书籍而存活了下来。负责看守包尔汉的刘秉德为了让他多翻译一些材料而故意一再延缓包尔汉的死刑，最终得以获释，这是一个巧合，也是一种幸运。

（二）担任新疆联合省政府副主席

早在包尔汉出狱之前，新疆的局势已经发生了翻天覆地的变化。1944 年 11 月，在伊犁爆发了以维吾尔、哈萨克族为主的旨在反对国民党政权统治的大规模的武装斗争，史称“三区革命”，起义军进军乌苏、精河，直抵玛纳斯河西岸，与国民党军隔河对峙。伴随着国内、国际局势的变化，国民党新疆当局和三区方面开始谈判。国民党政府与三区方面的和平谈判从 1945 年 10 月 17 日开始，到 1946 年 6 月 6 日双方达成协议，期间双方多次往返，长达半年之久，最终签订了和平条款和两个附文。① 也正是由于这次谈判的结果，包尔汉进入了新疆政局的权力中心。出狱后不久，包尔汉就在新成立的新疆省联合政府中担任了副主席的职务。

---

① 正文为《中央政府代表与新疆暴动区域人民代表之间以和平方式解决武装冲突之条款》，共十一条；附文（一）是关于正文第九条新疆省政府组织办法的补充方案；附文（二）是关于正文第十条关于部队改编的补充条款。

根据和平条款的有关规定，1946 年 6 月 18 日新疆省政府进行了改组，并于 7 月 1 日正式成立新的新疆省政府，即联合省政府。在改组的新疆省联合政府中，张治中担任省府委员兼省政府主席，阿合买提江和包尔汉担任省政府委员兼副主席。

1946 年 7 月 18 日，在联合省政府第二次会议上通过了《新疆省政府纲领》，在政治、民族、外交、经济、财政、交通、教育、文化和卫生等方面有了具体详细的规定。对于这个施政纲领的通过，张治中在随后的讲话中认为它奠定了“一切足以促进本省人民走向繁荣、自由、康乐、幸福之大道亦即三民主主义新新疆之建设的基础”[①]。包尔汉随后在致辞中高度肯定了政府的施政纲领，称“这个纲领，确确实实是对新疆历年所患病态而施的一种药剂，从此药到病除，新的命运，新的幸福，已显露在我们面前”[②]。而且施政纲领在当时，也被赞誉为“不仅有地域性，而且有世界性，新疆从此将进入世界领域，将结束他中世纪的传统而走世界性的民主政治，更成为中国政治发展史上前进的一步，在世界政治发展史上亦将成为前进的一步”[③]。这说明包尔汉对当时新疆的局势是比较乐观的，也希望通过共同的努力，能使新疆真正走上发展的道路，但后来的事实证明，这只能是一种美好的愿望。从表面上看，联合省政府的成立，新的施政纲领的通过，新疆的政局似乎沿着一条光明的道路走下去，但实际上这条道路并不顺畅。

① 张治中：《张治中回忆录》，华文出版社，2007 年，第 298 页，又见张大军：《新疆风暴七十年》第 12 册，台北兰溪出版社，1980 年，第 6951—6952 页。

② 张治中：《张治中回忆录》，第 299 页；又见张大军：《新疆风暴七十年》第 12 册，台北兰溪出版社，1980 年，第 6953 页。

③ 张大军：《新疆风暴七十年》第 12 册，台北兰溪出版社，1980 年，第 6962 页。

联合省政府的成立是近代新疆史上政治发展的一个里程碑式的事件，在当时具有重要意义。当时在这样一个边疆地区，经济上落后于内地省份，政权的组织形式和架构已经完全超越了其他地区，这无疑是一个巨大的进步和超前。但是，这个所谓的"进步"背后潜藏着危机。

包尔汉是作为新疆除事变三区外其他七区的代表担任新疆省政府副主席的，为什么会选择包尔汉作为其他七区的代表呢？总的来看，主要有以下几点：

一是包尔汉从政时间较长，具有一定的社会影响力。包尔汉从1920年新疆担任关税稽查员开始步入政坛，历经杨增新、金树仁、盛世才等时期，到新疆省联合政府成立时，已在新疆政坛上长达20多年，可谓是从政经验丰富，在新疆本地具有较强的影响力，且先后担任关税稽查员、翻译、驻外领事、宣慰使、裕新土产公司总经理等职，其优秀的工作能力受到历届主政者的肯定。

二是包尔汉为人比较开明，不带有明显的派系之争，因此，在各方力量博弈时成为彼此都中意的不二人选。根据和平条款第九条，"二十五名省政府委员，十名由中央直接派定，其余十五名，由各区人民的代表保荐中央任命之……由各区人民代表保荐中央任命之十五名委员中，包括副主席二人"，又附文（一）中规定"事变区内之三区，可保荐委员六人……包括副主席一人……其他七区共保荐委员九人，包括副主席一人"①。在联合省政府中，张治中任主席，阿合买提江和包尔汉任副主席。阿合

---

① 白振声、[日] 鲤渊信一主编：《新疆现代政治社会史略》，中国社会科学出版社，1992年，第422—427页。

买提江是三区方面的代表，显然包尔汉是作为七区的代表出现的。表面上看，包尔汉是新疆省联合政府中少数民族地方代表中的开明人士，实质上已经成为一个初步的革命者。

三是苏联影响的因素。谈到近代新疆史，就不能不考虑到苏联的因素。从辛亥革命到新疆和平解放，作为新疆的近邻苏联，新疆政局上的任何风吹草动，或多或少都能看到苏联的影子。而三区革命的爆发和发展，则是在苏联的直接援助下得以迅速进展的。① 据新中国成立前苏联驻迪化副领事对包尔汉的评价："包尔汉'确实是一个真正的进步分子，可以成为我们长期的同盟者，他在新疆各民族中都有很高威信，汉族人对他印象也很好。此人有丰富的生活经验，盛世才时曾被捕入狱。他完全没有狭隘的民族主义观点，很有能力，解决问题也恰当'。"② 从个人方面，包尔汉本人主张对苏友好，改善同苏联的关系，这对于一直力主"增进中苏亲善"的国民党方面代表张治中来说，是十分值得肯定的。同时，亲苏的态度也使得包尔汉赢得了三区方面的好感。因此，包尔汉的当选获得了国民党、三区和苏联三方的认可。

联合省政府成立之后，包尔汉很快就投入工作当中，当时首先摆在他面前的是各地的选举监督工作。民国三十五年（1946）

---

① 关于苏联对新疆三区革命的支持等在许多当事人的回忆录和相关研究中都可看到，如赛福鼎：《赛福鼎回忆录》，华夏出版社，1993 年；张治中：《张治中回忆录》，华文出版社，2007 年；新疆三区革命史编写组：《新疆三区革命史》，民族出版社，1998 年；厉声：《三区革命运动中的"二次革命"及其背景》，《石河子大学学报》（哲学社会科学版）2011 年第 2 期；杜翰、杜飞舟：《新疆三区革命史研究中的几个问题》，《西域研究》2009 年第 1 期。

② 邓力群：《难忘的岁月珍贵的友谊——回忆在新疆与包尔汉同志相处的日子》，《西域研究》1996 年第 1 期。

6月18日，国民政府正式命令新疆省政府改组。同年7月1日，新疆省联合政府改组成立，基层政权的建设工作也随即展开。早在和平谈判期间，双方争议最大的两个问题便是政府组织问题和军队改编问题，后双方虽然经过妥协让步达成了一致，但在具体组织操作上仍然存在分歧。加之新疆近代长期的军阀专制统治，政治架构与观念上难免存在脱节。此外，和平条款和施政纲领虽然获得通过，"然而无论是我方（指三区，笔者注）还是对方都有一部分力量持有反对意见"①。因此，联合省政府成立后依然面临着巨大的困难，这个困难首先就是基层县政府的选举问题，双方的斗争形式也从军事斗争转变为政治斗争，"事实上，这种局面只是暂时的休战，它没有也不可能解决双方深刻的矛盾和利益冲突"②，"联合只是形式而已，斗争才是实质"③。

根据新疆国民党方面与三区方面达成的和平条款，"事件解决后3个月内，由各县人民选举县参议员，成立县参议会；由县参议会选举县长"④。联合省政府于1946年9月13日制定了选举委员会章程。当时新疆分为10个专区，为了保证选举工作顺利进行，省联合政府向全疆10个专区派出了监选小组。包尔汉担任莎车监选小组的负责人，赶往莎车监选。

包尔汉对这次选举也"倾注了满腔的热忱"，因为"这在新疆历史上是破天荒的大事"。选举问题是三区和国民党方面斗争

---

① 玛依努尔·哈斯木：《回忆阿合买提江》（上），中国文史出版社，2011年，第327页。

② 徐玉圻主编：《新疆三区革命史》，民族出版社，1998年，第150页。

③ 白振声、［日］鲤渊信一：《新疆现代政治社会史略》，中国社会科学出版社，1992年，第445页。

④ 白振声、［日］鲤渊信一：《新疆现代政治社会史略》，中国社会科学出版社，1992年，第422页。

的焦点之一，双方对这次选举极为重视。从国民党方面来讲，希望通过这次选举，使支持他们的部分少数民族保守派当选而顺利打入三区；对于三区方面来说，这次选举是通过合法斗争的手段打入七区的机会，而决不允许国民党染指三区。“选举中的斗争，实质上是各方通过合法选举的手段来达到争夺选举权的目的。”①诚然，这次选举对于渴望和平的新疆人民而言，也是一次重要的机会，但选举的结果往往不甚理想。②

当时，国民党在新疆的统治时间较短，在民众中的认可度和威望也不高，加之组成联合政府的双方——国民党和三区方面本身是在彼此妥协让步的基础上达成协议。从国民党方面来说，它对于新疆的基本政策是“维持现状，力求安定”；而三区方面斗争的目的就是使新疆摆脱国民党统治，势必希望能把革命运动推向全疆。因此，问题的症结就在于“双方各自代表着两个截然不同的政治立场”③，表现出来就是双方的政治斗争。张治中在国民党内备受指责，被认为“太软弱”“过分退让”，甚至连陶峙岳也感慨“如果就是这样把新疆搞丢了，我们将来要对历史负责”。因此，两头受气的张治中态度也在慢慢发生变化。对于南疆的监选，包尔汉事后感觉“我的发言，确实幼稚可笑”，也明确地坦诚自己“对省联合政府寄以不切实际的幻想和有意粉饰”，并得出“民主选举并非一件轻而易举的事，特别是不改变旧制度，想用民主选举来改换统治者，也实在过于天真”的结论。但在当时特定的社会环境中，包尔汉的这种“愿望”是可以理解的，希望通过一种新的方式来实现新疆的和平稳定，但事

① 徐玉圻主编：《新疆三区革命史》，民族出版社，1998年，第153页。
② 赛福鼎：《赛福鼎回忆录》，华夏出版社，1993年，第394—396页。
③ 宋希濂：《鹰犬将军》，中国文史出版社，1986年，第216页。

情的发展远超过他的预想。也正因此，促使包尔汉越来越对国民党政府感到失望。包尔汉在与喀什专员阿布杜克日木汗·买合苏木交谈时也流露出对时局的看法，国民党政府恰似一棵枝叶尚茂、根已腐朽的大树，大风一吹就会倾倒。这样的认识，似乎也为后来的新疆和平解放埋下了伏笔。

对包尔汉来说，更大的挑战还在后面，随后的“二·二五”事件将他彻底推到了斗争的最前面。国民党和三区方面的矛盾终于在1947年2月迪化发生的“二·二五”事件中达到了高潮。这次事件是三区方面和国民党方面斗争激化的结果，是“激进保守两派斗争的白热化高峰”①，双方都试图通过合法斗争的手段将自己的力量推进到对方的控制区内，由此愈演愈烈，最终演变成流血事件。在这次事件中，自始至终，包尔汉都处于斗争双方之外，也就是说，他既不是国民党一方，也不是三区力量的一方，即使从内心倾向而言，他的态度倾向于三区，但从外在的表现来看，他是处于斗争双方之外的。虽然如此，他还是不可避免地卷入了这场纷争。当时作为国民党中央代表的张治中也认为，包尔汉“态度比较中和，在激进和保守两派中容易通过”，因此，包尔汉成为双方斗争的一个政治缓冲，他的态度和立场是双方力图争取的，是平衡双方力量的重要砝码。“二·二五”事件是联合政府内部国民党力量同三区力量的一次矛盾公开化，双方力图通过合法政治斗争的手段来使自己赢得主动权，从实际效果来看，双方的政治斗争只是手段，双方从“合作”的“四拼八凑、周转不灵”的联合政府中并没有获得大的进展，因此关系不断恶化。之后发生的乌斯满事件更是令双方的关系雪上加霜。

① 张治中：《张治中回忆录》，华文出版社，2007年，第315页。

新疆三区方面与国民党方面的和平谈判，一开始就是在极不对称的条件下进行的，随后建立的联合政府也是“四拼八凑、周转不灵”，“实际上它是三区与国民党在新疆斗争暂时妥协的结果，如同内地国共两党在抗战胜利后的政治斗争局势一样，双方的深刻的矛盾和利益冲突不仅没有解决而且愈演愈烈”①。就像一个“早产儿”，在当时的全国政治背景下，根本不可能存活下来，因此，它的夭折也就成为必然。麦斯武德的上台，与其说是玩弄一场扬此抑彼的政治权术游戏②，毋宁说是传统封建政治视野中“以夷制夷”政策的翻版③。随着局势的发展，联合省政府名存实亡，包尔汉不得不退出这场纷争，转任国府委员。

张治中在辞职时向中央推荐麦斯武德，并在附带要求中提出将包尔汉调到中央，特任国府委员。张治中认为“这是一着准备的工作”，在给蒋介石的电报中说：“包尔汉是大可培植的人才，现在先使他和中央熟悉，发生关系，作为将来新疆领导人物的准备。”④ 实际上，麦斯武德是个“泛土耳其主义者”，上台之后不久就发生了吐鲁番、托克逊、鄯善三县反麦的武装暴动，三区方面则爆发了反对麦斯武德上台的游行集会活动，表示“非常不满”⑤，认为这个“重新组织起来的、这个反动政府成了给殖民

① 彭武麟：《试评张治中的治新思想与实践》，陈理、彭武麟、白拉都格其主编：《中国近代边疆民族问题研究》，中央民族大学出版社，2008 年，第 265 页。

② 黄建华：《国民党政府的新疆政策研究》，民族出版社，2003 年，第 163 页。

③ 彭武麟：《试评张治中的治新思想与实践》，陈理、彭武麟、白拉都格其主编：《中国近代边疆民族问题研究》，中央民族大学出版社，2008 年，第 273 页。

④ 张治中：《张治中回忆录》，华文出版社，2007 年，第 337 页。

⑤ 《伊犁专署转达人民游行示威的申请书报告》，《新疆三区革命资料汇编》之六（内部资料），第 89 页。

主义者国民党反动派磨马刀的，执行它的毒害政策的傀儡”①。三区在迪化的工作人员退回伊宁，对峙局面重新开始，联合政府分而不裂，阿合买提江在三区仍沿用新疆省副主席的名义活动。②

对于包尔汉，一方面，国民党方面看重其才能和在新疆地方的影响力，将其作为新疆地方七区的代表进行拉拢；另一方面，又对其心存猜忌，认为包偏向三区一方，自然不会授之权柄。从三区方面来说，包尔汉作为地方代表自然与其具有亲切感，但由于包既不属于国民党方面，也不属于三区革命力量一方，从某种程度上来说让他处在一种中立的境地，反而与两方都疏远了。但是，我们应该看到，包尔汉在这一时期的表现尤为出色。由于他特殊的政治立场，让他具有一种政治协调缓冲作用，这也是他被推选为联合省政府副主席的一个重要原因。因此，联合政府虽然摇摇欲坠，但是却一直“分而不裂”，得以残喘到最后，这不得不说是一个奇迹。包尔汉的中间立场，使他后来接任新疆省政府主席变得水到渠成。

（三）“就任最后一个省主席”

麦斯武德上台后，张治中很快意识到用人失误。麦斯武德作为一个“大土耳其主义”者，表现的“顽固而低能，完全受少数人包围”；他不但反苏，而且逐渐反汉，反对国民党中央，甚至提出了“高度自治”的论调。在劝阻无果后，张治中开始调

① 《回忆建立在和平条款基础上的省政府时》，《新疆三区革命资料汇编》之六（内部资料），第119页。

② 邓力群：《新疆和平解放前后——中苏关系之一页》，《近代史研究》1989年第5期。

整人事安排。在军事上将宋希濂调到内地带兵，由陶峙岳以西北行辕主任来兼任新疆警备总司令。紧接着，张治中向国民党中央建议撤换麦斯武德，推荐包尔汉担任省主席。按照张治中的想法："包自调南京充当国府委员一年多了，他会说汉话，待人态度也和蔼可亲，南京政府中知道他的人也不少，此时提出他来继任新疆省主席，就比较容易通过。"[①] 其实，以新疆本地人主政，早前国民党内部就有人提出，如蒋介石侍从室高级幕僚唐纵在 1945 年给蒋介石的处理新疆问题意见上就建议："为加强新疆内向，确立以新疆区域为扶助土人（系唐纵以大汉族主义对新疆各少数民族的称谓，引文注）与汉人达于自治地位，以捍御强邻侵略，而巩固国防根基。"[②] 此即建议以新疆当地少数民族来治理新疆，以巩固其统治。1949 年 1 月 10 日，蒋介石明令任命包尔汉为新疆省政府主席。[③] 对于新疆的前途命运，包尔汉在内心深处是有着清醒认识的，并希望通过自己的努力，适时促成新疆的转变。包尔汉上任之初，当务之急是"继续执行联合政府时期的和平条款，维护和谈的成果，填平同三区的鸿沟，使新疆各族人民能在和平的道路上安稳地生活"[④]。因此，他走马上任后的第一步就是阐明自己的施政方针，发表了《告全疆民众书》。

在《告新疆民众书》中，包尔汉表示就任省主席"深感这

---

① 张治中：《张治中回忆录》，华文出版社，2007 年，第 355 页。

② 唐纵：《处理新疆问题之意见具申》，见《在蒋介石身边八年——侍从室高级幕僚唐纵日记》，群众出版社，1991 年，第 683 页。

③ 据《民国大事日记》记载：1949 年 1 月 10 日，蒋总统明令任命包尔汉为新疆省政府主席。转引自《张治中回忆录》，华文出版社，2007 年，第 355 页。

④ 包尔汉：《新疆五十年》，中国文史出版社，2013 年，第 338 页。

个责任艰巨重大，恐力难胜任”，阐明这次省政府改组是“为求本省和平条款以及施政纲领之彻底执行，和张长官四项政治主张的实现，尤其为奠定新疆的永久和平”。他在回顾了新疆过去黑暗专制的历史后，劝勉民众避免悲剧的再次发生：

在新疆过去，曾经有过相当长的一个时期，由于少数专制和顽固分子在政治经济高压的手段下，激起了民族间的仇视，演成互相残杀的惨剧。我们还记得破坏后凋残破敝的惨状，还看见饥寒交迫，人民流离失所的情形。因此我们需要和平，需要统一，需要民主，需要团结，同时也为各民族民众的幸福而努力，为提高各族文化，改善人民生活，为争取人类共同幸福而奋斗。①

包尔汉对历史回顾的同时，也提出了“和平”“统一”“民主”“团结”的希望，又对专制之遗毒做了剖析：

一、官吏自说为统治者，其他民众是被统治者。

二、不尊重本省境内各民族的民族和历史、文化、风俗、生活习惯。

三、权利地位不平等，实施政治的、经济的压迫。

四、挑拨和破坏民族间的感情，形成互相猜忌与仇视。

五、贪污、赌博与烟毒之风盛行。

① 包尔汉：《告新疆民众书》，见包尔汉：《新疆五十年》，中国文史出版社，2013年，第337—340页。

以上五点是包尔汉对于当时新疆和平条款实行中遇到困难的总结，继续重申张治中的四条建设纲领“增进中苏亲善”“维护国家统一”“实行民主政治”“加强民族团结”，并进而指出：

> 凡是反对中苏亲善的，就是破坏和平，我们就认为他是反动；凡是反对国家统一的，就是破坏和平，我们就认为他是反动；凡是反对民主政治的，就是破坏和平，我们就认为他是反动；凡是反对民族团结的，就是破坏和平，我们就认为他是反动！

在这里，我们可以看到，包尔汉的施政方针基本上是张治中治新政策的延续。张治中辞职后，麦斯武德主新时期基本上破坏了原有的张治中既定的政策，造成了民族间关系紧张，省政府与三区方面隔阂加重，新疆处于分裂的危险之中。包尔汉上台后，重新推行实施张原先制定而未贯彻的治新政策，并且提出要“奠定本省永久和平”“增进中苏亲善”、加强民族团结，整顿吏治等，可以说缓和了当时新疆局势，改善了同三区方面的关系，维持了新疆的和平局面，为后来的工作奠定了基础。该文告以汉、维吾尔、哈萨克、蒙古四种文字印发全疆各县及伊、塔、阿三区。[①]

从张治中的角度来说，包尔汉的政策无疑让他欣慰。[②] 从包

① 张治中：《张治中回忆录》，华文出版社，2007 年，第 360—361 页。

② 1948 年，张治中离开新疆时，曾对时任社会处处长的赵剑锋说：“要想安定新疆局面，首先要搞好民族团结。”因此，包尔汉上台力倡民族团结从根本上说是张治中政策的延续。玉范：《新疆近代史的见证人——记赵剑锋将军》，赵挺：《赵剑锋新疆见闻录：1933—1949》，江苏人民出版社，2013 年，第 214—216 页。

发给他的报告中，张治中感到“包对我的政策是了解的，拥护的，真诚执行的”，也感觉包尔汉“为人和作风也是厚重的，灵活的，精明强干的”，并认为包“真是一个好领导”。

1949年1月3日，上任不久的包尔汗即写信给阿合买提江通报迪化情况，并就新政府具体行政事宜与之磋商，在选举专员、改革财政、人事安排方面提出建议并征询三区方面的意见，表达了与之会面的期望。①

对于包尔汉的盛情邀请，三区方面感情复杂。一方面，包尔汉对于三区方面来说，是比较开明的人士，在联合政府时期是比较偏向三区方面的，在三区方面撤离迪化时包尔汉也向阿合买提江等提供了很多便利，并表示将来根据形势的发展，必要时将会撤离迪化去伊犁。② 从这方面来说，三区方面对包尔汉有心理上的亲近，前已述及，包尔汉之前担任联合政府副主席，不仅为苏联方面所认同，而且也为三区方面所接受。麦斯武德上台，三区坚决反对，如今省政府再次改组，对三区方面来说未尝不是一件好事。另一方面，联合政府的成立，是三区与国民党方面暂时妥协让步的情况下形成的，双方由之前的军事斗争转移到政治斗争。联合政府成立后，双方一直处于激烈的政治斗争之下，且有愈演愈烈的趋势，最终张治中辞职，双方分道扬镳，又重新回到对峙的局面，呈现出特殊的“联而不和、分而不‘裂’”现

---

① 包尔汉1949年1月3日给阿合买提江的信，见玛依努尔·哈斯木：《回忆阿合买提江》，中国文史出版社，2011年，第714—716页。

② 玛依努尔·哈斯木：《回忆阿合买提江》，中国文史出版社，2011年，第717—718页。

象。[1] 从这个角度来说，双方的隔阂已经不断扩大，三区人员撤离迪化，与玛纳斯重新对峙，可以说已经达到极限，几乎没有和解的可能。加之之前张治中不告而辞，推举麦斯武德上台，三区方面心存芥蒂，也是国民党方面的“扬此抑彼的政治权术游戏”的结果。[2] 三区方面怀疑国民党方面的诚意，因此表现消极。

此外，从三区方面的反应来看，似乎也印证了上述推测。据阿合买提江（1949 年）1 月 15 日日记记载：

> 15 日，乌依古尔·萨依然[3]将包尔汉先生 3 日写的信带来给我看。他们于 10 日接任了省政府的工作。无论如何，副主席穆罕默德·伊敏在当前复杂的情况下，有可能会成为我们的对手。政府的这种变更，不能说明张部长没有另有所思。[4]

从这里我们可以得出两个方面的推论：一是阿合买提江对此次改组由伊敏担任副主席表示不满；二是怀疑张治中此举是否别有用意，可能是上次推举麦斯武德上台“扬此抑彼的政治权术游戏”的再现，有可能是对之后新疆政局发展的准备。无论是哪种可能，阿合买提江在这里是表示怀疑的。其后阿合买提江召见乌依古尔·萨依然，要求他用翁婿关系，继续与远在迪化的岳父包

① 黄建华：《国民党政府的新疆政策研究》，民族出版社，2003 年，第 167—170 页。

② 黄建华：《国民党政府的新疆政策研究》，民族出版社，2003 年，第 163 页。

③ 包尔汉女婿，时任三区方面伊犁报社报社社长兼总编辑。

④ 阿合买提江 1949 年 1 月 15 日日记，见玛依努尔·哈斯木：《回忆阿合买提江》，中国文史出版社，2011 年，第 723 页。

尔汉保持联系，并于当日回信转告包尔汉，“在胜利的一天我们会再次相逢”，对于包尔汉的来信做了“软处理”。

1月26日，阿合买提江在伊宁维、哈、克俱乐部发表的关于形势的声明中再次表达了三区的态度：最近，发布的有关省政府改组的消息，已经成为我省人民注意的焦点，要正确评价省政府的改组，就应该回顾一下国内发生的情况和我省近两年来所推行的政策。①

阿合买提江在对内地的现状和联合政府成立后的情况做了简单介绍和回顾后，新疆省内发生的事情都与国民党在军事斗争和政治斗争上的胜负有着密切关系，斗争胜利时，态度就强硬，斗争处于下风时，态度就软化。因此，他再次表明了自己对省政府改组的看法：

> 最近获悉，中央政府改组了省政府，免去了麦斯武德和艾沙的职务，任命包尔汉先生为省主席，穆罕默德·伊敏为副主席，支援乌斯满匪帮的宋希濂也被免去了职务。这样，我省的问题是否完全解决了呢？这是大家很感兴趣的问题。
>
> 伊犁方面在信中把问题讲得很明确，尽管白帽子摘掉戴上了蓝帽子，但省政府本质还是没有改变，问题在于《和平条款》的基本精神——必须根据《和平条款》把我省的国军力量裁减到最低数量。但是强盗军队却在增多，压迫比过去更凶，在这样的情况下，仅仅派一个

① 阿合买提江：《在伊宁维、哈、克俱乐部对我省形势发表的生命》，见玛依努尔·哈斯木：《回忆阿合买提江》，中国文史出版社，2011年，第724—732页。

进步的人做省主席我们就会同意吗？当然，改组省政府是改善我省情况的紧急措施之一，我们不否认这一点。但是，正如前一次没有与伊犁方面商量任命麦斯武德为省主席一样，这一次也没有同我们商量，独断专行任命包尔汉先生为省主席，伊敏为副主席。

……

我们的要求主要是，必须正确执行《和平条款》，假如接受这个条件，就应该从我省把专制军队撤走，但是现在丝毫没有这方面的行动。所以，我们认为省政府进行的改组，并不等于政治上有什么改变，同时，我们也绝不赞成省政府的这种改组。

……

在2月15日给包尔汉的回信中，阿合买提江对包尔汉表示："您做出的成绩，给我们带来了欢乐。可是，但愿您能谅解我对原则性问题的态度。"① 委婉地拒绝了包尔汉的邀请。

包尔汉主政新疆后，省政府方面与三区尝试着建立联系，恢复曾经的合作，但是，由于双方之前的系列矛盾冲突，互不信任，隔阂太大，已经无法回到合作的阶段。从根本上来看，双方本来就处于敌对的状态，三区革命的目标就是推翻国民党在新疆的统治，实现高度自治；而对国民党来说，三区始终是心腹大患，必欲除之而后快，因此无论谁主政省政府，只要国民党在新疆还占有主导地位，双方就不可能恢复合作。此后，双方在对峙的情况下都加强了自身的内部建设，静待时机。

① 玛依努尔·哈斯木：《回忆阿合买提江》，中国文史出版社，2011年，第733页。

1949年2月5日至11日，张治中在兰州召开西北三省首脑会议。[①] 这次会议是包尔汉上任之后与张治中进行的政策商定，张治中在此次会议期间对包尔汉下一步的新疆具体政策推行方面做了进一步的部署。在包尔汉去兰州之前，他先给张治中提交了一份报告，在报告中将联合省政府的一些措施做了详细汇报，并就行政、人事、经济、基层行政制度等方面拟行的措施向张治中做了请示。[②] 对于这次西北三省会议，包尔汉的个人想法是，"向张治中汇报省政府重新改组后的情况，取得他对今后工作的指示意见"[③]。当时就全国形势而言，国共两党展开战略大决战，国民党已经明显处于劣势，统治风雨飘摇，随时可能崩溃。西北各主要军政人物也各有想法，马步芳、马鸿逵是坚定的主战派，表示"如果共产党来，他们要反抗，要打仗"，打算在西北地区战败就退入新疆。[④] 与此同时，美国驻华人员也试图拉拢包尔汉。[⑤]

在西北三省会议上，张治中向包尔汉指示："十一项和平条款和施政纲领要全面实现，一定要加强与苏联的友好关系，同伊犁需要尽快和好。在整个西北范围内，我们一定要维持和平局面，要制止战争"。强调在经济方面"不管你们采取什么措施，我都同意"。并拟定了几方面的经济措施，准备在新疆发行独立的新币，建立类似土产公司的贸易机构，将贸易关税留在新疆等。[⑥] 在政治方面，对于新疆未来的前途命运发展走向，张治中

---

① 指甘肃、青海、新疆三省。

② 张治中：《张治中回忆录》，华文出版社，2007年，第360—361页。

③ 包尔汉：《新疆五十年》，中国文史出版社，2013年，第341页。

④ 包尔汉：《新疆五十年》，中国文史出版社，2013年，第341—344页。

⑤ 包尔汉：《新疆五十年》，中国文史出版社，2013年，第343页。

⑥ 包尔汉：《新疆五十年》，中国文史出版社，2013年，第343页。

做了两方面的推测：一是国共合作，成立联合政府；二是成立一个共产党领导下的新政府。在两个推测的基础上，张治中偏向于第二种情况，并嘱咐陶峙岳，提高省政府的威望。在返疆前夕，张治中再次暗示包尔汉可以采取联苏联共的政策。[①] 在西北三省会议上，包尔汉就新疆发行新币与张治中达成了一致。包尔汉随后采取了一系列的相关措施。

其一，发行新疆银圆券，取代金圆券。

经省府委员会议决议，决定进行币制改革，由财政厅具体执行。1949 年 5 月 20 日，新疆银圆券开始发行，物价得到了一定控制，但是金圆券还是不断地冲击新疆市场。5 月中旬，中央银行曾空运一批巨额金圆券，由于新疆省政府抵制才原封运回。8 月，兰州解放前夕，一批在兰州的商人、官员等大批返疆用金圆券抢购物资，迪化工商界以市商会的名义宣布拒绝使用金圆券，很快兰州也宣布不使用金元券。不过，“在国民党统治全面崩溃的情况下，想通过币制改革来稳定金融是不可能的，因其正病入膏肓，回天乏术”[②]。

其二，签订《苏联与新疆贸易协定》，发展对苏贸易。

1948 年，新疆省政府草拟《苏联与新疆贸易协定》，给予苏联方面较大的贸易自由，但中央政府以此未予批准。包尔汉等人坚持苏联在稳定新疆政治与经济中举足轻重的地位，最终以新疆方面的重大让步达成协定草案。1949 年，对苏出口额达到 7200 万卢布，且进出口额持平，对苏贸易有了较大的发展。

其三，发展青年地下组织。

---

① 包尔汉：《新疆五十年》，中国文史出版社，2013 年，第 345—348 页。

② 白振声、[日] 鲤渊信一：《新疆现代政治社会史略》，中国社会科学出版社，1992 年，第 469 页。

在当时，新疆有很多青年地下组织，这些组织或自发形成，或具有初步的民族解放思想，或具有强烈的地方民族主义思想，成分较复杂，相互间的斗争也比较尖锐。[①] 在迪化比较著名的地下革命组织主要有“战斗社”“先锋社”“新疆民主同盟”等[②]，另外与包尔汉有联系的有“民主青年团”等。这些地下组织四处活动，对国民党军政人员进行分化瓦解，对于新疆的和平解放起到了重要作用。包尔汉还在省政府一些要害部门安排地下组织成员担任重要职务。

其四，分化瓦解贾尼木汗、乌斯满等反叛势力。

贾尼木汗是哈萨克族的部落头目，“大字不识一个”[③]，在省政府中担任财政厅长，与伊敏、艾沙、马呈祥等关系密切，思想比较反动，后来与乌斯满搅和在一起，在美国驻迪化领事的支持下叛乱。乌斯满是新疆和平解放的一个重大阻力，为了分化瓦解这股势力，包尔汉派社会处处长赵剑锋和滕继中与哈萨克民众族联络，对站过来的哈萨克族头目认真接待，增拨草场，赠送毡房用品，使他们能够及时联络自己的部落；对归顺政府的部落保障其安全，救济贫困牧民，使他们的生产生活不受骚扰；向归顺政

---

① 以伊敏、艾沙为主的泛土耳其主义者打着“我们是民族主义者、信仰宗教者，我们的祖乡是‘土耳其斯坦’”的口号，煽动一小部分激进的地方民族主义青年加入他们，与进步力量斗争尖锐。包尔汉：《新疆和平解放的回忆》，全国政协文史资料委员会编：《中华文史资料文库》第7册，中国文史出版社，1996年，第460页。

② 白振声、[日] 鲤渊信一：《新疆现代政治社会史略》，中国社会科学出版社，1992年，第473页。

③ 包尔汉：《新疆五十年》，中国文史出版社，2013年，第353页。

府的部落群众广泛宣传全国的形势，使他们不听信谣言，不轻易受骗。[①] 通过这些措施，稳定了哈萨克族牧民的生活，为和平解放赢得了良好的社会环境。

包尔汉接任麦斯武德担任新疆省主席，是在特殊的历史时期下上任的，因此，对其主新期间的评价与认识也应该结合当时特定的历史时期情况去分析。从全国的形势来看，国民党的统治摇摇欲坠，已处于崩溃的危机之中。从新疆的具体情况来看，联合政府“联而不合”“分而不裂”，双方重新恢复对峙局面。在这样的情况下，包尔汉主新期间面临巨大的内外部压力。从困局出发，包尔汉适时地采取了一系列措施，他的主政方针基本上是张治中治新政策的延续。通过改善与三区方面的关系，实行亲苏政策，推行币制改革，稳定社会秩序，力图改善现状。通过这些措施，在一定程度上有效遏制了局面的恶化，取得了一定成效。但正如前文所述，在国民党统治局面全面崩溃的情况下，想通过局部的改革来稳定局面是不可能的，也就是所谓的“病入膏肓，回天乏术”。换个角度来看，包尔汉也是在旧有的体制下采取力所能及的措施，他也看到了时局的局限，开始为新疆的前途命运做准备，这些不仅改变了新疆的命运，也改变了自己的命运。事实证明，不打破旧有的社会体制，任何局部措施最终都不可避免地失败。

从国内环境考虑，随着解放战争的不断推进，国民党在大陆的统治也接近尾声。三大战役后，国民党主要军事主力损失殆

① 赵挺：《赵剑锋新疆见闻录（1933—1949）》，江苏人民出版社，2013 年，第 184—187 页。又见赵剑锋：《我的回忆》，1968 年 6 月 25 日，系其在“文革”中写的交代材料的一部分。

尽。1949年4月23日，人民解放军占领南京，国民党统治分崩离析，在新疆的统治也江河日下，渐失民心。民间骂国民党为“刮民党”，甚至还有骂“青天白日满地红”（国民党国旗）如“阴天黑日满地虫”（指国民党官吏）。[①] 这样巨大的变化，对新疆的军政人员也产生了巨大冲击。各方人员思想涌动，逐渐形成了主战派和主和派。在省政府中，则形成了以省主席包尔汉、秘书长刘孟纯、迪化市市长屈武为主的主和派；军方则形成了以陶峙岳、陶晋初、梁客浔为主的主和派。

从国际因素考虑，苏联也不断催促中国共产党早日解决新疆问题。1949年，米高扬访华期间，曾向毛泽东表示苏联“不赞成新疆地区的独立运动”，且“对新疆没有任何领土要求”，并一再表示“新疆也应是中国的组成部分”[②]。与此同时，苏联多次希望中国共产党“能在最快的时间内到新疆开展工作”[③]，表示会“提供苏联空军援助和空运部队”[④]，这为新疆问题的解决营造了一个良好的外部环境。

从中国共产党的角度来说，在苏联的催促和斯大林一再允诺

---

① 马平林：《喀什地区和平解放的一些回忆》，《新疆文史资料》第4辑，第92页。马平林时任驻喀什骑九旅旅长。

② 《米高扬给苏共中央主席团的报告：1949年1—2月中国之行》（1949年9月22日），《米高扬关于苏中合作等问题与毛泽东的会谈备忘录（1949年2月4日）》，沈建华译：《俄国解密档案：新疆问题》，新疆人民出版社，2013年，第289、第295页。

③ 《斯大林给科瓦廖夫转毛泽东电：关于中共建立政府等问题》（1949年6月18日）；《斯大林与中共代表团会谈纪要：苏共对中共的援助》（1949年6月27日），沈建华译：《俄国解密档案：新疆问题》，新疆人民出版社，2013年，第322、第324页。

④ 《刘少奇致斯大林函：关于访苏安排问题》（1949年7月6日），沈建华译：《俄国解密档案：新疆问题》，新疆人民出版社，2013年，第336页。

帮助的条件下，对新疆的政策也在发生变化。7 月 20 日，彭德怀报告，已消灭胡宗南部 5 万人，此时毛泽东也改变态度，指示彭德怀在苏联的帮助下尽快解决新疆问题。[①] 在此情形下，中国共产党派邓力群以中国共产党联络人的身份去新疆建立无线电台。[②] 随着宁夏、甘肃等地的相继解放，新疆问题的解决也逐渐成熟了。[③]

对于包尔汉来说，他对形势的认识也比较清醒，早在得知就任新疆省主席时，他似乎就有了“实现新疆民族解放”的念头。[④] 在参加西北三省会议时，张治中也向他暗示了“联俄联共”政策的可行性[⑤]，对促使他走上和平起义的道路起到了“非常微妙的作用”[⑥]。在省主席的任内，他积极同地下革命组织联系，暗中资助地下力量，同时在人事方面做了一定的部署，在一些要害部门安排了进步分子，分化安抚地方上的不稳定因素，与军方代表陶峙岳等进行密切接触，为起义打下了良好的基础。

9 月 15 日，中共中央联络员邓力群到达迪化，被安排住到包尔汉家中。包尔汉向邓力群介绍了新疆政局情况和地下革命组

① 武斌：《中国新疆地区的政治变革（1945—1950）》，硕士学位论文，华东师范大学人文学院，2010 年。

② 《刘少奇致斯大林函：转交毛泽东的电报》（1949 年 7 月 25 日），沈建华译：《俄国解密档案：新疆问题》，新疆人民出版社 2013 年版，第 337 页。

③ 毛泽东给彭德怀的电报中提及：自胡宗南主力被歼后，两马（指马步芳和马鸿逵）节节后退，我一路已占平凉固原，另路日内可占天水，接着即向兰州进军，八月底或九月初可能占领兰州，那时即可准备进取新疆。《毛泽东关于转发彭德怀进军新疆时间安排致刘少奇电》（1949 年 8 月 4 日），新疆维吾尔自治区党史工作委员会等部门编：《新疆和平解放》，新疆人民出版社 1990 年版，第 45 页。

④ 包尔汉：《新疆五十年》，中国文史出版社 2013 年版，第 334 页。

⑤ 包尔汉：《新疆五十年》，中国文史出版社 2013 年版，第 346 页。

⑥ 包尔汉：《新疆五十年》，中国文史出版社 2013 年版，第 348 页。

织，并和苏联领事馆联络。9 月 19 日，包尔汉通过邓力群向毛泽东发了一份电文，在电文中表示“决意与国民党反动政府脱离关系”“接受（中国共产党）领导”[①]。毛泽东在回电中希望包尔汉“联络各方爱国民主分子，配合人民解放军入疆之行动，为解放全新疆而奋斗”[②]。9 月 26 日，包尔汉在省政府召集省府委员召开紧急会议，讨论通过了新疆省政府起义通电，并要求各机关人员切实负责保护一切文件，稳定社会秩序，新疆最终和平解放。12 月 16 日，新疆省人民政府成立，包尔汉被中央人民政府任命为新疆省人民政府主席。

包尔汉就任新疆省主席，预示着新疆一个新的历史阶段的开始，而这个阶段，从一开始就向着新疆的光明前途前进。国民党在内地大溃败，为新疆的和平解放赢得了一个相对安定的外部环境，也对新疆产生了重大影响，使新疆的历史走向不得不向着和平的局面转变。在这样的局面下，包尔汉表现出了卓越的政治才能和爱国精神。稳定新疆政治经济局面是他上台之初的重要任务。麦斯武德上台造成的联合政府分裂敌视局面急需扭转，以稳定新疆政局，赢得安顿时间。事实上，省政府和三区方面在这一时期一直维持着一种较为和平的局面，双方都在发展经济，整顿内部，积蓄力量，客观上有利于新疆的和平稳定。包尔汉上任后出台了一系列的政策，其核心目标就是“和平”“统一”“民主”。当然，在当时混乱的情况下，这些措施不可能从根本上改变局势，但是却为下一步的行动打下了坚实的基础。这一时期，包尔汉最出色的表现就是与陶峙岳紧

---

① 包尔汉：《新疆五十年》，中国文史出版社，2013 年，第 363 页；又见前引邓力群《难忘的岁月珍贵的友谊》一文。

② 包尔汉：《新疆五十年》，中国文史出版社，2013 年，第 364 页。

密配合，最终使新疆走上了和平起义的道路，这一功绩影响巨大，使新疆避免了生灵涂炭的战火危害，走上了光明的坦途。爱国主义精神始终是指导包尔汉行动的方向标，新疆只能统一于祖国，不能分裂，这是历史的教训，也是包尔汉在新疆几十年的经历切身体验领悟到的真理。在当时的形势下，美国、苏联、英国等外部力量都期待能影响新疆的政治走向。从国内来说，国共内战已进入最终的战略决战阶段，对新疆一时鞭长莫及，新疆也有可能走向分裂的境地。但是，在包尔汉、陶峙岳等一批地方主和派的坚持努力下，新疆最终实现了和平解放，占国土面积 1/6 的新疆未费一枪一弹，就这样和平易帜，包尔汉的功绩不容抹杀。

结　语

1945—1949 年是新疆近代史上一个特殊的时期。一方面，由传统的军阀独裁统治转向国民党中央政府力量入主新疆，新疆开始逐步纳入同内地相同的行政管辖体制之中；另一方面，长久畸形的“地方本位主义”① 政治留下的后遗症，各种矛盾在该时期集中爆发，国民党的统治和新疆民族主义的矛盾斗争如同梦靥一直持续到新疆解放。作为少数民族地方代表的包尔汉登上了历史舞台，在多方政治力量的角逐捭阖的新疆政局中最终成为新疆省主席，并最终影响了新疆的政治走向，该时期包尔汉的活动主要表现在以下几个方面：

第一，坚持爱国，即新疆无论在任何时期都是中国领土不可分割的一部分，坚决反对分裂。这个原则是包尔汉始终坚守的底

① 周泓：《民国新疆社会研究》，新疆大学出版社，2001 年，第 95 页。

线。这种意识，对包尔汉来说有一个从模糊到清晰的过程，近代新疆面临的民族主义与分裂主义的斗争，给包尔汉上了生动的一课，团结则兴，分裂则亡。以包尔汉为代表的民族地方政治代表的态度是影响民族关系的动力因素。伊宁事变后苏联方面曾试探其态度，包尔汉具有强烈的“祖国观念”[①]，坚持“新疆是中国的一个省”[②]，绝对不能独立。在新疆学院时，面对泛土耳其主义者伊敏的反动分裂宣传，挑拨民族仇恨，包尔汉坚持与之斗争，力主“新疆不是一个民族的新疆，而是各民族的新疆”，有效遏制了泛土耳其主义的逆流，维护了祖国统一和民族团结。正如他临终前给家人的遗言：“我终生都在为祖国的统一和各族人民的团结而奋斗。无论人们对我一生的奋斗毁誉如何，你们都要坚定不移地继续为祖国的统一和各民族人民的团结而奋斗。没有祖国的统一和各民族人民的大团结，既不会有国家的富强和人民的幸福，也不会有我们个人和家庭的幸福。”他不仅是这样说的，也正是这样做的，他一生的行动也正是这个原则的生动体现。因此，作为历史人物来说，包尔汉应该是一位伟大的爱国者。首先，在政局危亡之际始终坚持国家统一，坚决反对民族分裂。其次，在新疆前途的问题上，也保持了一个爱国者应有的清醒和冷静，使新疆避免了战火，迎来了和平。试想，如果不是这样，新疆的历史或将重写。再次，对一个历史人物的分析，不应该取其某一点或某一时刻的活动，应从他的整个人生活动来分析。对包尔汉来说，他一生的思想和实践都是围绕着爱国这一根本点，包尔汉是一个伟大的爱

① 张治中：《张治中回忆录》，华文出版社，2007 年，第 337 页。

② 包尔汉：《新疆五十年》，中国文史出版社，2013 年，第 285 页；苏尤木、乌依古尔·沙依然：《父亲包尔汉的传奇人生》，《武汉文史资料》2013 年第 9 期。

国者。

第二，作为少数民族地方政治精英代表，包尔汉在联合政府的矛盾斗争中始终扮演了缓冲调和的角色。从新疆的政局发展来看，无论国民党还是三区方面，都不能容忍对方在新疆省政府中占据绝对地位。处于其中的包尔汉恰逢其时，作为中间力量的代表，成为新疆省主席，在当时的历史背景和政治环境下，是一种必然的选择。而从后来新疆政局的发展方向来看，也证实了这个选择是恰到好处的一步安排。“个人即政治”，个人的活动，也会影响政治发展的大趋势。作为中间力量的代表，从实际行动来看，包尔汉并不是完全意义上的中立者，他及时看到了政治发展的历史走向，在政治斗争中主动表明自己的态度，积极支持进步力量，在省主席任内主动推行经济改革，发展地下革命组织，为新疆的和平解放创造条件，并最终促成了新疆和平解放，从这个方面来说，包尔汉是一个杰出的少数民族政治家。

第三，应该看到的是，包尔汉省主席任内的各项改革措施，虽然取得了一定的成效、缓和了社会危机，但毕竟是在旧有的体制框架内的细微调整，在国民党黑暗统治的笼罩下，其个人在体制内的改良于大局的发展来说于事无补，这就说明了个人的活动是受制于具体的社会背景之下的。经济基础决定上层建筑，旧有的社会制度不打破，仅在原有的框架内进行变革，注定是要失败的。关于这一点，包尔汉看得也很清楚，新疆地处边陲，但是它的走向都与内地局势的发展紧密相连。辛亥革命的爆发，使得新疆断绝了“协饷”之源，从此日益封闭。杨增新维持了一个“稳定”的新疆，但是并没有维持住他的统治。继任的金树仁更不必说。之后的“新疆王”盛世才依靠苏联支持上台，他的每一步动向都是与国内局势和国际局势亦步同趋。包尔汉上任后的乱局，让他对新疆未来的走向愈加明晰。可以说是包尔汉选择了光明前途，也可以说是时局的发展促使他选择和平起义。

作者简介：王光鑫，1988 年生，山东潍坊人，汉族，硕士，中央党史研究室。